박일호 경제경영 서평집

경제는 살아있는
인문학이다

박일호 경제경영 서평집

경제는 살아있는
인문학이다

박일호 지음

현장의
마을

인문학적 성찰이 돋보이는 경제경영서를 읽자

무슨 모임에서 자기소개를 할 때 보면 정형화된 멘트가 있다. 직장인 혹은 회사원들은 "저는 평범한 직장인(회사원)인데요~"로 자기소개를 시작하는 경우가 많다. 평범한 변호사, 평범한 의사, 평범한 사업가, 평범한 자영업자는 없는데 왜 평범한 직장인과 평범한 회사원만 있는지 모른다.(하긴 나도 21년 동안 그랬지만!) 이들은 왜 대체 자신들을 평범하다고 여기는 걸까? 2천만 대한민국 직장인과 회사원은 결코 평범한 사람들이 아니다. 이들은 대한민국 경제를 움직이는 중심축이다. 이들이 자신들이 하는 일에 자부심을 갖고 스스로 탁월한 비범함을 갖는 방법 중 하나가 문제해결 능력과 업무에 필요한 관련 지식을 갖추는 일이다. 이를 위해 필요한 것이 경제경영서와 친해지는 것이다.

경제경영서는 시대를 읽는 창窓이다

간혹 재테크나 부동산을 다룬 책을 경제경영서로 오해하는 경우가 있다. 경제경영서 40권을 묶은 이 서평집은 바로 그런 사람들을 위한 책이다. 경제경영서에도 고전, 혹은 사상서에 가까운 책에서부터 업무에 바로 써먹을 수 있는 실무관련 책까지 그 종류와 범위가 다양하다. 심지어는 만화나 소설형식으로 쓰여진 책까지 있을 정도다. 또 경제경영서는 교수나 학자, 혹은 기업에서 경영자급에 해당하는 사람들에게만 소용되는 것이라는 생각도 오해 중 하나다. 우리 아버지 세대에서야 그저 상사가 시키는 일만 성실하게 하면 충분했다. 그러나 지금의 직장인은 그때와 다르다. 디지털과 스마트폰이 제공하는 공평한 정보의 토대위에서 각각의 구성원에게 업무의 권한과 책임을 위임하고 있다. 누가 시켜서가 아니고 스스로 목표를 설정하고 업무를 수행해야 한다는 뜻이다. 국가나 기업뿐만 아니라 가정이나 사회도 마찬가지다. 학생이나 주부, 일반인들 역시 경제경영원리가 끊임없이 작동하는 속에서 일상생활을 꾸리고 있다. 점심메뉴를 짜장면으로 할지 짬뽕으로 할지, 곱빼기를 시킬지 보통으로 주문할 지에서부터 신용카드, 포인트, 마일리지, 쇼핑, 모바일, 경품, 외식, 카드, 육아지원금, 은행금리, 국민연금 등에 이르기까지 우리 생활 전반에 걸쳐 경제경영과 연결되지 않은 것이 하나도 없을 정도다. 경제경영서는 시대를 읽는 창이다. 우리 삶을 구성하는 다양한 경제활동이라는 팩트 뒤에 숨겨진 문제의 본질을 정확하게 꿰뚫어 보기 위해서 경제경영서를 읽는 일은 이제 필수가 되었다.

경제는 살아있는 인문학이다

현대인은 자기계발이 선택이 아닌 필수가 되어버린 사회를 살고 있다. 가정, 학교, 회사는 물론 사회의 전 영역에서 자기계발을 강요받고 있다. '자기경영'이라는 그럴듯한 포장으로 자기계발의 소비자가 되는 일에 스스로 앞장서고 있다. 그러나 자기계발이 가져오는 긍정에 대한 강박과 힐링에 대한 집착은 공허함과 피로감으로 이어지기 마련이다. 반면 인문학적 지평이 확대된 경제경영서는 저성장 시대를 건너야 하는 경영자와 직장인은 물론 창조적 크리에이터가 되고 싶은 사람에게 자기계발서가 주지 못하는 구체적인 정보와 지식은 물론 묵직한 사유와 통찰을 제공한다. 마음 깊숙한 곳에 똬리를 틀고 숨어있는 결핍과 욕망을 끄집어낼 수 있는 인문학적 통찰과 감성이 녹아있는 경제경영서에 주목해야 하는 이유가 여기에 있다.

책에 소개한 대부분의 서평은 필자가 지난 2011년 이후부터 지금까지 한국출판마케팅연구소의 출판서평잡지 〈기획회의〉에 연재했던 '경제경영전문가리뷰' 중에서 되도록 최근에 나온 책 위주로 추려내어, 현재 시각에 맞게 다시 다듬고 고쳐 쓴 것이다. 부족한 글에 귀한 지면을 내어주고,

책으로 묶어 내는 것을 흔쾌히 허락해 주신 한국출판마케팅 연구소 한기호 소장님께 감사의 말씀을 드린다.

"모든 독서가(Reader)가 다 지도자(Leader)가 되는 것은 아니다. 그러나 모든 지도자는 반드시 독서가이다"
                              - 해리 트루먼(전 미국 대통령)

이제는 하도 많이 들어서 진부하게 들릴지 모르지만 책의 위력을 이만큼 잘 표현한 말도 없다. 부디 여기에 소개한 40권의 책을 디딤돌로 활용해 많은 독자들이 평범한 직장인이 아닌, 날카로운 지성과 인문학적 감성을 겸비한 탁월한 직장인으로 거듭나기를 바란다.

차례 ✎

강의실 밖에서
배우는 경제학

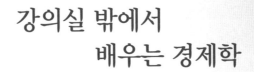

"경제학 지식이 무기다"

돈에 관한 문제라면, 모든 사람이 같은 종교
출신이 되고 만다.

– 볼테르(프랑스 철학자)

양극화, 복지 문제, 감세 논쟁, FTA 논란 등 경제현안이 생길 때마다 대중들은 혼란스럽기 그지없다. 경제학자들이 내놓는 해법이 저마다 다르기 때문이다. 특히 경제학의 위상에 대한 사람들의 불만은 금융 위기가 발발한 이후에 더욱 심해졌다. 무엇보다 기존의 경제이론이 2008년 금융 위기를 내다보지 못했고, 위기가 지나간 뒤에도 이를 만족스럽게 설명하지 못했기 때문이다. 심지어 어떤 경제학자들은 금융의 무모한 팽창을 열렬히 지지하기까지 했다. 그러니 경제학이 '우울한 과학'이라는 불명예를 뒤집어쓸 만하다. 장맛비를 예고할 때는 기상캐스터를 탓하고 싶은 심정이 드는 것처럼, 높은 실업률과 오랜 경기 침체라는 우울한 경제 전망을 내놓는 경제학자들은 밉게 보이기 마련이다. 그러나 정부와 시장을 등에 업고 국가의 경제정책과 기업의 흥망성쇠를 걸고 끊임없이 대리전을 해야 하는 것이 경제학의 숙명이다. 그런 면에서 경제학자를 정치가나 기업인보다 훨씬 더 용감무쌍한 사람들이라 불러야 할 지도 모른다.

바야흐로 총성 없는 경제전쟁시대이다. 기업이나 국가는 물론이고 개인 역시 경제학적 지식으로 무장해야 살아남을 수 있다. 요즘 우리나라 뉴스와 신문은 거의 모두가 '경제신문'과 구분이 안 될 정도로 경제기사를 쏟아 놓는다. 학교에서 배운 경제지식이야 대부분 기억에도 없을 정도로 날아갔을 테니, 이제 강의실 밖에서 틈틈이 갈고닦은 '실전 경제학'으로 필드에 나서는 수밖에.

세상 밖으로 나온
경제학자들

『죽은 경제학자의 살아있는 아이디어』
토드 부크홀츠 지음, 류현 옮김, 김영사, 2009(개정판)

경제사상사의 맥락과 진수를 살아있는 언어로 흥미롭게 전해주는 매혹적인 책. 저자는 위대한 경제학자들의 불꽃 튀는 비판과 논쟁을 통해 독자들을 지성의 향연으로 초대한다.

대부분 사람들에게 경제학은 어려운 학문으로 여겨진다. 그도 그럴 것이 쉽지 않은 개념과 온갖 수식, 그리고 복잡한 그래프 등으로 인해 난해하고 복잡한 과목으로 치부되기 때문이다. 거기다 방법론을 익히는 데 많은 기간을 투자해야 하는 부담 때문에 현실 문제에 대한 해답에 목말라하는 사람들은 경제학을 답답하고 잔인한 학문으로 생각하기 일쑤다. 예를 들어 경제학에서는 이자율을 명목 이자율nominal interest rates과 실질 이자율real interest rates로 구분한다. 그런데 둘의 차이를 제대로 설명할 수 있는 사람이 얼마나 될까. 명목 이자율은 보통 은행 벽면에 고시되어 있는 대출 금리를 말한다. 반면 실질 이자율은 명목 이자율에서 물가 상승률을 뺀 수치를 말한다. 그러나 일반 사람들에게 실질 이자율이 무엇인지 물어보면 십중팔구 은행에서 돈을 대출 받을 때 '실제로really' 지불해야 하는 이자라고 대답하기 십상이다. 『죽은 경제학자의 살아있는 아이디어』는 학생들과 일반인에게 경제학의 난해함과 현실 문제에 대한 갈증을 해소시켜 줄 수 있는 입문용으로 맞춤한 책이다. 애덤 스미스, 마르크스, 케인스의 이론부터 카너먼의 경계를 허무는 새로운 연구까지 위대한 경제학 대가들이 펼치는 300년 경제사상사를 한눈에 보여준다. 제목과 달리 개정판에서는 죽은 경제학자들뿐만 아니라 살아있는 경제학자들도 만날 수 있다. 저자인 토드 부크홀츠Todd G. Buchholz는 저명한 경제학자이자 세계적인 베스트셀러 작가다. 아버지 조지 부시(조지 허버트 워크 부시를 말함) 행정부 시절에 대통령 경제담당 비서관을 지낸 관록과, 직접 강단에서 학생들을 가르쳤던 경험이 특유의 입담과 어우러져 방대하고 난해한 경제학 및 경제사상사를 쉽고 재치 있게 풀어 놓았다.

많은 사람들이 애덤 스미스Adam Smith(1723~1790)를 경제학의 창시자로 떠받들지만 그는 경제학을 가르친 적이 없다. 심지어 경제학 자체를 배운 적도 없다. 그는 경제학의 바이블이라고 하는『국부론』을 쓰기 전에 이미『도덕감정론』이라는 인간의 윤리적 행동을 다룬 책을 출간한 철학자였다. (하긴 마르크스도 철학자였고, 케인스는 수학자, 폴라니는 역사학자였다). 어쨌든 스미스가 프랑스에 머물며 무료한 시간을 달래기 위해 200년도 훨씬 전에 쓴『국부론』은 출간되자마자 베스트셀러가 되었다. 세상사에 대해, 특히 철학·정치학·상업·경제의 세계를 사실, 분석, 예언, 우화 등 명료하고 매력적인 방식으로 설명했다. 특히 '국가의 부의 본질과 원인에 대한 연구'라는 원제가 말해주듯이 스미스는 부를 창출하는 방법을 설명해 줄 인과법칙을 찾아내는 데 특별히 주안점을 두었다. 그는 인간은 지금보다 더 잘살고 싶어 한다는 본성을 갖고 있으며 자신이 가진 것을 다른 사람의 것과 교환하고, 교역하고, 거래하고자 하는 성향을 갖고 있음에 주목했다. 그래서 국가의 부를 키우기 위해서는 이런 인간의 자연적인 충동을 적극적으로 개발하고 활용해야 하며, 인간의 이기심을 억압해서는 안 된다고 주장했다. 경제사상사에서 가장 자주 인용되는 다음 구절이 그것이다.

우리가 저녁 식사를 기대할 수 있는 것은 정육점 주인이나 양조장 주인, 또는 빵집 주인의 자비가 아니라 그들이 자신들의 이익, 즉 돈벌이에 관심이 있기 때문이다.(66쪽)

소를 잡고, 술을 빚고, 빵을 굽는 것을 즐겨하는 사람도 그에 따른 아무런 보상이 주어지지 않거나 받을 수 없다면, 결코 그것을 하고 싶어 하지 않을 것이다. 즉, 우리는 그들의 박애심이 아니라 이기심에 호소하며, 우리의 필요가 아니라 그들의 이익에 기대야 한다. 스미스는 저마다 자신의 이익을 추구한다면, 사회 전체가 번영할 것이라고 말한다.

그는 자신의 이익만을 추구할 뿐이며, 그리고 이런 경우에, 다른 많은 경우에서처럼 자신이 의도하지 않은 목표를 증진시키기 위해 보이지 않는 손에 이끌린다.(67쪽)

주류 경제학자들이 앵무새처럼 늘 반복해서 말하는 것이 바로 『국부론』과 '보이지 않는 손'이다. 그러나 정작 이 말은 스미스가 『도덕감정론』에서 먼저 언급했고 두 책 모두 한 차례 밖에 나오지 않았다. 그리고 자신의 주장을 모두 이런 보이지 않는 유령에게 맡긴 것도 아니다. '보이지 않는 손'은 사회적 조화를 이끌어내는 진정한 지휘자, 즉 자유시장을 상징한다. 비록 애덤 스미스가 자유무역과 상인의 동기를 칭송했지만, 그는 부르주아지의 꼭두각시 노릇은 하지 않았다. 『국부론』에서 부자들을 옹호하거나 변론하지도 않았으며 오히려 탐욕스런 상인들을 비판했다.

자유무역의 화신으로 알려진 데이비드 리카도David Ricardo(1772~1823)도 눈길을 끈다. 리카도는 대학 문턱을 넘어본 적도 없지만 비교우위론으로 당당하게 현대 경제학 교과서의 한 단원을 차지하고 있다. 인구론으로 유명한 맬서스와 논쟁을 벌이다 평생지기가 된 사연을 비롯해 스물일곱 살 무렵에 우연한 기회를 통해 애덤 스미스의 『국부론』을 접하고 경제학 작가로 데뷔한 과정 등 흥미로운 사연들이 가득하다. 대부분 경제학자들의 재테크 성적은 낙제점에 가까운 것으로 알려져 있다. 그래서 마크 트웨인은 "10월은 주식투자에 아주 위험한 달이다. 또 위험한 달은 7월, 1월, 9월, 4월, 11월, 5월, 3월, 6월, 12월, 8월 그리고 2월이다"라는 재치 있는 말을 했는지 모른다. 그러나 리카도는 예외다. 그는 주식투자에서도 뛰어난 수완을 보였다. 만약 얼마나 많은 돈을 벌었는지를 기준으로 경제학자들의 능력을 판단한다면, 단연코 1위는 리카도일 것이다. 그런데 리카도 편에서 가장 인상적인 대목은 어려운 비교우위이론을 돈키호테 이야기로 쉽고 재미있게 설명한 158~161쪽으로, 이 책이 경제원론 입문서로서도 손색이 없다는 것을 유감없이 증명하고 있다.

> 이것을(돈키호테와 산초 이야기) 근거로 리카도는 사람이든 국가든 가장 적은 것을 포기하도록 하는 분야를 전문화해야 한다는 것을 보여주었다. 이것이 각자의 '비교우위'다. 그리고 서로 포기해야 하는 것, 즉 산초에게는 물고기, 돈키호테에게는 움막이 각자의 '기회비용opportunity cost'이다.(160~161쪽)

리카도가 비교우위론을 통해 말하고 싶었던 핵심은 자유무역은 교역 상대국이 경제적으로 앞서 있든 그렇지 않든 두 나라 모두에 이롭다는 것이다. 왜냐하면 두 나라 국민들이 더 많은 물건을 소비할 수 있기 때문이다. "프랑스 농민들이 우리보다 더 적은 비용으로 우리를 먹여 살릴 수 있다고 하는데, 프랑스 식량을 먹지 않을 이유가 없다. 우리는 그 시간에 다른 유용한 일을 하는 편이 낫다" 이것이 리카도가 했던 생각이다.

비운의 혁명가이자 경제학계의 이단아인 카를 마르크스 Karl Marx(1818~1883)도 빼놓을 수 없다. 마르크스는 정신분석학자 프로이트, 진화론을 주장한 다윈과 더불어 20세기 인류에게 가장 큰 영향을 끼친 사람으로 꼽힌다. 그는 변증법적 유물론을 주장하며 역사가 노예제사회에서 봉건제, 자본주의, 그리고 사회주의로 나아갈 것이라고 내다봤다. 마르크스의 논리대로라면, 자본주의는 계급 제도에 의존하기 때문에 혁명은 불가피하고, 노동자 계급의 승리 또한 자명한 것이 된다. 마르크스는 강한 어조와 선동적인 문체로 '무덤을 파는' 체제로서 자본주의의 몰락을 예견했지만 그의 예언은 빗나갔다. 노동가치설에 과도하게 의존했던 마르크스는 상상력과 기업가 정신 같은 역동적이고 관념적인 수많은 요인들을 논의 과정에서 간과했다. 현대의 급진 경제학자들이 그들의 정신적 스승인 마르크스의 유물에 맞서 많은 피나는 전투를 벌이고 있지만 그들이 이겼다는 승전보는 지금까지 한 번도 들어본 적이 없다.

이번에는 시선을 1930년대 대공황기로 옮겨보자. 이때 미국의 실업률은 3%에서 25%까지 치솟았고, 국민소득은 반토막이 났다. 많은 사람들이 집과 직장을 잃고 거리로 내몰렸다. 노동자들은 일자리를 찾아 온종일 직업 알선소 주위를 어슬렁거렸고 무료 급식 시설의 줄이 길게 늘어섰다. 자유방임주의에 뿌리를 둔 시장경제학자들의 고전경제학은 대공황 시기에 아무런 손을 쓰지 못했다. 그때 대안을 제시하며 경제학계의 구원투수로 나선 사람이 존 메이나드 케인스John Maynard Keynes(1883~1946)이다. 케인스는 공황 발생의 원인을 경제 전체적 시각에서 바라보며 가계와 기업의 수요를 늘리는 것이 정답이라고 생각했다. 그는 유효수요를 회복하기 위해서는 기업과 시장의 합리적 조정 능력에 의존할 게 아니라 정부 지출을 늘려서 대공황에서 탈출해야 한다는 처방을 제시하며 경제학계의 구세주로 떠올랐다. 그러나 케인스 경제학은 1, 2차 석유파동을 겪은 1970년대 중반 이후 동력을 잃고, 밀턴 프리드먼 등 시카고학파를 중심으로 한 통화주의에 자리를 내어주게 된다.

책은 경제사상사를 관통하며 정부와 시장을 등에 업은 경제학자들 간의 끊임없는 대리전을 보여준다. 그 과정이 땀 냄새와 화약 냄새가 진동하는 각개 전투를 연상하게 한다. 존 스튜어트 밀, 앨프리드 마셜, 밀턴 프리드먼, 제임스 뷰캐넌 등 죽은 경제학자는 물론 로버트 루커스나 대니얼 카너먼 같은 살아있는 경제학자들도 만날 수 있다. 저자의 표현대로 프랑스 루브르 박물관에 전시되어 있는 수세기에 걸친 명화들을 롤러스케이트를 타고 번갯불에 콩 구워 먹듯이 후다닥 둘러본 것 같은 기분이 들지 모른다. 그 유명한 모나리자의 수수께끼 같은 미소를 제대로 감상하고 음미할 시간도 가져보지 못한 채 빠르게 달리는 격이다. 그러나 이 책은 기존에 어렵게만 느껴졌던 경제사상사의 맥락과 진수를 살아있는 언어로 흥미롭게 전해주는 매력을 선사한다. 위대한 경제학자들 사이의 불꽃 튀는 비판과 논쟁을 통해 지성의 향연은 물론 굽이치는 열정의 파도를 엿볼 수 있는 놀라운 기회를 제공한다. 그래서 좋은 경제 정책이란 철수에게 돌아갈 몫을 빼앗아 영희에게 주는 '제로섬' 게임이 아니라는 것과, 경제사상의 역사는 종종 배고픈 사람들, 누추한 사람들, 그리고 재빠른 사람들이 성공한다는 것을 보여준다. 600쪽이 넘는 방대한 분량이지만 다 읽고 나면 경제사상사의 거대한 흐름을 꿰뚫는 명강의를 들었다는 포만감이 저절로 들게 되는 책이다. 1994년에 국내에 처음 번역, 소개된 이후 사람들 입에 그토록 자주 오르내린 이유를 알게 된다. 명불허전名不虛傳이란 이런 경우를 두고 하는 말이다.

 함께 읽으면 좋을 책

● 『경제사상사 여행』, 민경국, 21세기북스, 2014

애덤 스미스를 비롯하여 하이에크에 이르기까지 51명의 경제학 거장들이 만들어낸 사상을 만날 수 있는 책이다. 그들 사상의 핵심 내용, 그 사상이 등장하게 된 이념사적, 경제사적 배경을 통해 경제학의 어제와 오늘은 물론 미래까지 엿볼 수 있는 통찰력을 제시한다.

- 『법정에 선 경제학자들』, 조원경, 책밭, 2015

  이름만 들어도 다 알 수 있는 10명의 유명한 경제학자와 그들이 쌓아올린 이론을 법정에서의 공방 형식으로 현대 경제의 주요 이슈와 연결시켰다. 무대를 치열한 법정 안으로 설정하여 살아있는 경제 이야기가 꿈틀대며 재미와 긴장을 배가시킨다. 판결은 책을 읽은 독자의 몫이다.

- 『사람을 위한 경제학』, 실비아 나사르, 반비, 2013

  지난 200년 간의 유명한 경제학자들이 주인공으로 등장하는 대하드라마 논픽션으로, 먼저 읽은 지인들이 침이 마르도록 칭찬하는 책이다. 문제는 800쪽이 넘는다는 것이다. 할 수 없지 뭐, 재미있다는 데 어쩔 것인가.

자유로 가는 길,
노예로 가는 길

『노예의 길』
프리드리히 A. 하이에크 지음, 김이석 옮김, 나남, 2006

시장의 모든 활동에 대한 자유와 진입의 개방, 경쟁만이 인간의 개별적 노력을 정당하게 조정하고 평가할 수 있다.

20세기 가장 위대한 경제학자 중 한 사람으로 꼽히는 프리드리히 A. 하이에크Friedrich von Hayek(1899~1992)는 밀턴 프리드먼과 함께 신자유주의의 최고봉을 이루는 헌신적인 자유지상주의자로 알려져 있다. 하이에크는 1974년 노벨경제학상을 받으면서 제2차 세계대전 이후 20여 년 간 지속되던 케인지안 시대의 종결자가 되어 1980년대 신자유주의의 만개를 전 세계에 알렸다. 그는 제2차 세계대전 이후 미제스와 더불어 오스트리아학파의 부흥에 결정적 공헌을 했는데, 오스트리아학파는 자유주의의 가장 철저한 옹호자일 뿐만 아니라 대처와 레이건 이후 각국의 경제 개혁에 사상적 토대를 마련해 준 학파라고 할 수 있다. '젊어서 좌파가 아니면 가슴이 없는 것이고, 늙어서도 좌파면 머리가 없는 것'이란 말처럼 하이에크도 젊은 시절 한때는 사회주의에 관심을 두었으나, 빈 대학에서 미제스의 영향으로 자유주의자로 돌아섰다. 자유시장과 사유재산제도를 폐지하면 다른 모든 자유도 소멸된다는 것이 그가 줄곧 가졌던 믿음이었다. 하이에크는 케인스식 총수요관리정책의 실패를 예견했으며, 화폐 및 경기순환에 관한 이론으로 1974년에 노벨경제학상을 받았다. 그는 경제학자로서 뿐만 아니라 사회철학자로서 사회주의의 오류를 철저히 증명하고 자유와 문명을 가능케 하는 토대로서 자생적 질서와 문화적 진화의 중요성을 강조했다.

당시는 모든 사람들이 세계 경제의 구원투수로 나선 케인스에 목을 매고 있을 때였다. 탁월한 이론으로 무장하고 논리적 일관성과 원칙을 옹호했던 하이에크지만 최전성기를 구가하던 케인스와 정면으로 맞서는 것은 부담스런 일이었다. 더구나 사회주의가 지식인 사회의 유행이 되어 있던 그 시기에 사회주의는 반드시 붕괴할 수밖에 없다는 그의 주장은 번번이 무시되곤 했다. 그러나 1970년대 이후 케인스의 처방은 서서히 약발이 떨어지기 시작했다. 투자와 소비를 늘리기 위한 정부의 노력은 경기 활성화 대신 인플레이션과 실업을 가져왔다. 또 그가 죽기 몇 년 전에는 소련과 동구 사회주의가 무너지기 시작했는데 베를린 장벽이 무너질 때 하이에크의 아들이 텔레비전을 보면서 이렇게 말했다고 한다. "아버지, 지금 베를린 장벽이 무너지고 있어요. 사회주의가 무너지고 있다구요" 이때 하이에크가 한 말은 간단했다. "거 봐, 내가 뭐랬어!" 결과적으로 보면 케인스는 위기에 빠진 자본주의를 '단기적'으로 구하는 데는 성공했다고 할 수 있지만 '장기적'인 측면에서 자본주의의 작동원리를 간파한 것은 하이에크였다. 영국 경제 주간지 「이코노미스트」는 그를 가리켜 '금세기 경제적 자유주의의 가장 위대한 대변자'라고 평가했다.

하이에크가 쓴 책 중에서『노예의 길』이 특히 유명하다. 이 책은 제2차 세계대전 즈음인 20세기 중반 확산되었던 사회주의 열풍에 대한 반박으로 개인의 자유와 사회주의 계획경제의 진실에 대한 통찰을 담고 있다. '왜 히틀러나 스탈린과 같은 전체주의 체제가 탄생하는가', '왜 사회주의는 필연적으로 전체주의로 갈 수밖에 없는가' 등 여러 가지 질문에 대한 답이 거기에 있다. 그는 경쟁을 소비자의 수요와 더 나은 생산방법을 발견해 나가는 절차로 보고, 경제학에서 지식과 정보, 인식의 문제에 천착하여 자유시장경제의 작동원리를 새로이 부각시켰다. 자유주의의 주장은 인간 노력들을 조정하는 수단으로 경쟁의 힘을 최대한 잘 활용하자는 것이지 그냥 그대로 놔두라는 것이 아니다. 경제적 자유주의는 개인들의 개별적 노력을 조정하는 방법으로 경쟁보다 더 열등한 방법들이 경쟁을 대체하는 것에 반대한다. 사실 경쟁은 대개의 경우 알려진 방법 중 가장 효율적이라는 이유뿐만 아니라 더 크게는 권력의 강제적이고도 자의적인 간섭 없이도 각자의 행위들이 서로 조정될 수 있는 유일한 방법이다. 그렇다고 이를 독단적 자유방임의 태도와 혼동해서는 안 된다. 오히려 경쟁이 유익하게 작동하려면, 세심하게 배려된 법적 틀을 필요로 한다는 사실을 강조하고 있다. 개인주의 역시 사람이 자기중심적이라거나 이기적이라고 가정하지 않는다. 개인이 정해진 한계 안에서는 다른 사람의 가치나 선호에 의해서가 아니라 자기 자신의 가치와 선호에 따라 행동할 수 있어야 한다. 이 영역들 안에서는 개인의 목적체계가 최고의 선이며, 다른 그 누구의 그 어떤 지시에도 종속되지 않아야 한다. 개인주의 입장의 본질은 바로 개인을 자기 자신의 목적에 대한 최종적 재판관으로 인식하는 것, 즉 가능한 한 자신의 견해가 자신의 행동을 지배해야 한다는 믿음이다.

자유주의는 이렇게 개인의 자유롭고 자발적인 노력을 통해 복잡한 경제활동에 하나의 질서를 구축하게 됐는데 이것이 바로 '자생적 질서'이며 그 결과가 '자유시장경제'이다. 하이에크는 "자유주의는 가능한 한 최대한 사회의 자연발생적 힘을 이용하고, 가능한 한 최소한에 그치는 강제력에 의존해야 한다는 기본원리에 토대를 두고 있다"며 시장의 모든 활동에 대한 자유와 진입의 개방, 경쟁만이 인간의 개별적 노력을 정당하게 조정하고 평가할 수 있다고 강조했다. 반면 어떠한 형태로든 '경쟁을 대체하는 계획'은 자의적 권력의 개입이 가능해지면서 인간의 노력에 대한 정당한 조정에 실패하고 말 것이라고 경고했다. 또한 '더 큰 평등', '직업과 소득의 보장'과 같은 사회주의를 민주주의와 함께 융합시켜 사회주의 이상을 실천할 수 있다는 생각에 대해서도 비판했다. 그런 생각은 소련의 공산주의나 독일의 나치 같은 극단적인 전체주의로 빠질 수 있는 위험을 언제나 내포하고 있기 때문이다. 즉 사회주의의 길은 결과적으로 '자유'의 길이 아닌 '독재'와 '노예'로 가는 길이라는 것이다.

이제 공산주의나 나치주의와 같은 극단적 형태의 전체주의는 찾아보기 어렵다. 그럼에도 불구하고 이 책은 여전히 개인의 자유와 정부의 권위에 대해 생각하고자 하는 모든 사람들이 반드시 읽어야 하는 고전으로 꼽히고 있다. 개인의 자유를 심각하게 제한하는 법률도 다수만 동의하면 합법적으로 입법할 수 있다는 생각이 만연되어 '법의 지배Rule of the Law'의 원칙이 너무 쉽게 무너지는 상황이 자주 연출되고 있고, 이 책은 우리가 노예의 길로 들어서지 않도록 경계하고 있을 뿐만 아니라 법의 지배 원칙의 중요성도 일깨워 주고 있기 때문이다. (7쪽)

집산주의와 전체주의 세력 확장에 대해 경종을 울리는 이 책을 읽다 보면 대선과 총선 등 선거가 있을 때마다 여기저기서 넘쳐나는 정치권의 시끄러운 구호에 둘러싸인 대한민국호號를 생각나게 한다. 혹시라도 기업과 시장이 악의 근원이라고 무차별적으로 공격하며 정부 개입을 필연적인 것인 양 외쳐대는 정치 선동이 있다면 이는 실로 우려할 만한 일이다. 성경에 나오는 말처럼 "목욕물을 버리려다가, 목욕하고 있던 아기조차 내던져 버리는" 실수를 범할까 두렵

기 때문이다. 하이에크는 1978년 우리나라를 방문해서 "한
국에는 창의적인 기업가들이 많다는 것이 긍정적"이라고 분
명한 메시지를 던졌다. 그런데 우리도 모르는 사이에 그 기
업가 정신을 어둠속으로 내모는 걱정스런 상황이 생긴다면,
"세상을 천국으로 만들려고 나서는 사람 때문에 세상이 지
옥으로 바뀐다"는 이 책의 경구에 귀 기울여야 할 것이다.

 함께 읽으면 좋을 책

● 『**치명적 자만**』, 프리드리히 하이에크, 자유기업원, 2004

　자유주의와 시장경제에 대한 고찰을 통해 사회주의와 파
시즘에 대한 신랄한 비판을 담고 있는 하이에크의 최후작
이다. 인간 본성과 사회의 구성 원리에 대한 정확한 이해
를 정립할 수 있는 기회를 제공한다.

● 『**경제학 1교시**』, 헨리 해즐릿, 행간, 2006(개정판)

　저자는 하이에크가 극찬한 열렬한 자유주의자이자 경제
저널리스트이다. 이 책은 경제원리를 무시한 근시안적인
사고가 어떻게 시장의 올바른 기능을 방해하는지를 설명
한다. 제목처럼 어려운 이론이 아닌, 경제학적 사고를 가
르쳐 주기 때문에 경제학 입문용으로 적당하다.

● 『열린사회와 그 적들』, 칼 포퍼, 민음사, 2006(개정판)

20세기 가장 위대한 사상가로 평가 받는 칼 포퍼의 기념

비적인 책이다. 전체주의 정치체제의 이념적 허구성과 비

도덕성에 대한 통렬한 비판을 담고 있다. 투자전문가 나

심 니콜라스 탈레브가 이 책을 읽고서는 재고가 바닥날까

걱정된 나머지 그의 책을 닥치는 대로 샀다는 이야기가

있다.

경제가 아니고 사회다

『거대한 전환』
칼 폴라니 지음, 홍기빈 옮김, 도서출판 길, 2009

폴라니는 시장경제를 목적 그 자체로 보지 않으며 훨씬 근본적인 목적들을 달성하기 위한 수단으로 본다. 폴라니는 진정으로 자유로운 자기조정 시장경제란 역사상 한 번도 존재한 적이 없으며, 전혀 도달할 수 없는 황당한 유토피아에 불과하다고 봤다.

지난 2015년 4월, 아시아에서 처음으로 칼 폴라니 사회
경제연구소의 아시아 지부가 서울에 문을 열었다. 오스트
리아 빈에서 태어난 사회철학자이자 경제학자인 칼 폴라니
Karl Polanyi(1886~1964)는 1930년대 대공황을 겪었고
나치즘의 부상과 미국·소련의 냉전까지 경험했다. 폴라니
는 생전에 비주류에 머물렀지만 사후 반세기가 지난 지금,
21세기 신자유주의 경제가 위기에 몰리면서 새롭게 조명
받고 있다. 2012년 내로라하는 세계의 경제 엘리트들이 모
인 다보스 포럼에서는 '폴라니의 유령이 떠돌았다'고 할 정
도로 회의 내내 그의 사상을 주제로 활발하게 토론이 이어
졌다. 그의 대표작인『거대한 전환』은 유럽 문명이 산업혁명
이전의 세계로부터 산업화의 시대로 넘어가는 거대한 전환
시기의 여러 사회적·경제적 기원과 정책들의 변화를 담고
있다. 제2차 세계대전이 끝나기 한 해 전인 1944년에 출간
된 이 책은 세 부분으로 이루어져 있다. 1부와 3부는 제1차
세계대전, 세계 대공황, 유럽 대륙에서의 파시즘 발흥 등 당
시의 세계정세에 초점을 맞추고 있다. 이 책의 핵심이라고
할 수 있는 2부에서는 1815년에서 1914년까지 100년 간에
걸쳐 평화와 번영을 누리던 유럽이 왜 갑자기 세계대전에

빠져들고, 경제적 쇠퇴로 이어졌는지를 보여준다.

책에서 폴라니는 자유시장의 신화를 폭로한다. 제1차 세계대전으로 인한 평화의 붕괴와 대공황으로 이어진 경제 질서의 몰락 모두가 지구적 경제를 시장 자유주의의 기초에서 조직하려 들었던 것의 직접적 결과라고 말한다. 폴라니의 사상은 시장경제를 목적 그 자체로 보지 않으며 훨씬 근본적인 목적들을 달성하기 위한 수단으로 보고 있다. 진정으로 자유로운 자기조정 시장경제란 역사상 한 번도 존재한 적이 없으며, 전혀 도달할 수 없는 황당한 유토피아에 불과하다는 것이다. 640쪽에 이르는 방대한 내용을 통해 폴라니가 주장하려는 핵심이 바로 이것이다.

> 이 자기조정 시장이라는 아이디어는 한마디로 완전히 유토피아이다. 그런 제도는 아주 잠시도 존재할 수가 없으며, 만에 하나 실현될 경우 사회를 이루는 인간과 자연이라는 내용물은 아예 씨를 말라버리게 되어 있다. 인간은 그야말로 신체적으로 파괴당할 것이며 삶의 환경은 황무지가 될 것이다.(94쪽)

그는 토지(자연) · 노동(인간) · 화폐(사회계약)를 허구 상품이라고 정의하며 이 셋을 상품으로 보는 것은 큰 실수라고 생각했다. 이를 상품으로 만들어 시장에 맡겨둔다면, 결국 인간의 자유와 이상을 근본적으로 파괴하는 비극만 낳고 모두 실패할 수밖에 없다는 것이다. 노벨경제학상을 받은 조지프 스티글리츠 역시 이 책의 발문에서 "오늘날 자기조정 시장경제라는 신화가 실질적으로 사망했다"(21쪽)고 말한다. 영국 케임브리지 대학교 경제학과의 장하준 교수 역시 놀라울 정도로 비슷한 말을 하고 있다. "자유시장이라는 것은 환상이라는 이야기이다. 자유시장처럼 보이는 시장이 있다면 이는 단지 그 시장을 지탱하고 있지만 눈에 보이지 않는 여러 규제를 우리가 당연하게 받아들이기 때문에 그런 것일 뿐이다"(장하준, 『그들이 말하지 않는 23가지』, 부키, 2010, 22쪽)

폴라니는 독일에서 나치가 집권하자 영국으로 망명하여 노동자들과 사귀면서 시장 자본주의가 인간을 어디까지 망가뜨릴 수 있는지를 보고 경악을 금치 못했다. 강력한 계급 사회, 노동자 계층의 빈곤, 돈이 중심이 되는 사회관계의 일반화를 지켜본 것이다. 이것은 흔히 말하는 '경제적 착취'의 문제가 아니었다. 그보다는 인간이 영혼을 가진 존재라는 사실을 무시하고 인간을 단순히 시장에서 상품 취급하며 인간을 파괴하는 모습에 대한 분노였다. 그렇다고 이 책의 핵심논지를 단지 '시장경제의 비인간성에 대한 고발'과 이를 막기 위한 '적절한 국가 개입과 규제의 필연성'을 설파하는 것으로 오독하는 것은 곤란하다. 그의 주장은 시장경제라는 제도가 도덕적 차원의 비판 대상이 아니라 애초부터 현실과 동떨어진 망상에 불과하다는 것이다. 그렇다고 폴라니를 국가에 의한 시장 개입을 적극 옹호한 케인지언이라고 생각하는 것은 오해다. 시장 자유주의에 대한 케인스의 비판에 많이 동의하긴 했지만, 그가 주목한 것은 국가나 시장이 아니다. 폴라니가 남기는 마지막 단어는 바로 '사회'다. 그가 강조하고자 하는 핵심은 이제 우리가 사회라는 실체를 발견해야 한다는 것이며, 국가도 시장도 이 사회라는 실체가 필요로 하는 기능을 수행하기 위한 제도에 불과하다는 것이다. 토지 · 노동 · 화폐는 상품이 아니고 사회를 구성하는 가장 기본적인 요소라는 것이 폴라니의 기본 전제다.

> 노동 · 토지 · 화폐에 관해서는 이런 원리를 적용할 수 없다. 인간과 자연환경의 운명이 순전히 시장 메커니즘 하나에 좌우된다면 결국 사회는 완전히 폐허가 될 것이다. 구매력의 양과 그 사용을 시장 메커니즘에 따라 결정하는 것도 똑같은 결과를 낳는다.(244쪽)

이렇게 경제가 사회의 구성 요소에 불과한 데도 사회에서 경제가 차지하는 비중에 대한 뿌리 깊은 오해로 말미암아 마치 사회가 경제에 예속된 것처럼 인식되고 있는 것이 문제라고 폴라니는 지적한다. 사회 속에 경제가 묻혀 있어야 마땅함에도 오히려 사회가 경제에 매몰돼 있다는 것이다. 그렇다면 어떤 경제와 사회를 구성해야 할까. 인간이 철저하게 이기적 동기로만 움직인다는 틀에서 벗어나 '나와 나를 둘러싼 관계가 삶을 풍요하게 하는 것'이 곧 '경제'라는 것이 폴라니식 사고이다. 또 폴라니를 마르크스주의자들과 같은 줄에 세우려는 것도 무리한 시도 중 하나다. 폴라니는 일생 동안 모종의 사회주의자로서의 정체성을 가지고 있었지만, 22세 이후로는 주류 마르크스주의를 포함하여 모든 종류의 경제결정론의 여러 교조들에 완전히 흥미를 잃었다. 산업혁명의 결정적인 역할에 대해서는 마르크스의 분석에 동의하면서도 계급투쟁에 관해서는 다른 의견을 피력했다. 마르크스주의의 사적 유물론이나 노동가치론을 비판했고, 공산주의적 중앙계획경제에 대해서도 명확하게 선을 그었다.

『거대한 전환』은 70여 년 전에 쓴 책이지만 전통적인 경제학에 몇 백 년째 절어 있는 기존의 경제학과 경제사상을 근본적으로 흔들만한 거대한 명제들을 품고 있다. 자유주의, 집단주의, 개인주의를 뛰어넘어 모든 지적인 이들에게 현재적인 메시지와 함께 깊은 통찰과 자극을 준다. 애덤 스미스에서 케인스, 심지어 마르크스까지도 그 시야가 '경제'라는 협소한 영역에서 크게 벗어나지 못했던 데 비해 폴라니는 새로운 문제의 틀, 즉 '자연과 사회'를 보았다. 오늘날 폴라니가 주는 함의는 단순히 경제체제에 대한 방향성만이 아니다. 삶에서, 사회에서 경제가 분리되어 나가고 경제영역에 삶의 진 영역을 종속시키고 난 뒤에 벌어진 인간 영혼의 파괴 현상 등 인간을 기계 부속품이나 상품으로만 보려는 모든 행위에 대한 반성이 그의 궁극적인 시각이다. 21세기의 현 시점에서 지구적 사회가 마주하고 있는 생태 위기, 불평등, 사회 파괴 등의 딜레마를 이해하는 데 있어 폴라니의 주장의 적실성과 중요성은 더 커져가고 있다. 그러나 그의 사상이 인류학, 정치 사회학, 국제 정치학, 사회 사상사, 경제학 등 방대한 영역에 걸쳐 있는 나머지 그의 저작들이 배경으로 깔고 있는 역사적, 지적 배경이 복잡하다는 것이 앞을 가로막는다. 이것이 때때로 그의 사상과 저작에 쉽게 접근하는 것을 방해한다. 그러니 이토록 복잡하고 정교하면서도 난해한 책의 내용을 단선적으로 요약하거나 정리하는 일은 애초에 불가능한 일에 가깝다. 다행인 것은 지극히 수사학적이며 능숙한 메타포를 구사하는 폴라니의 역동적이고 유려한 문체가 어려운 내용을 극복하며 나아가게 해준다는 데 있다. 이 책이 어려운 독자에게는 『전 세계적 자본주의인가 지역적 계획경제인가 외』라는 해설을 겸한 얇은 편역서를 먼저 읽기를 권한다. 폴라니 사상에 가깝게 가는데 디딤돌이 되기에 맞춤한 책이다. 또 프리드리히 하이에크의 가장 유명한 책 『노예의 길』과 비교하며 읽는 것도 한 방법이다. 우연의 일치로 『거대한 전환』과 같은 해에 출판된 이 책은 폴라니의 정반대 쪽에 위치하고 있다. 굳이 비유하자면 폴라니가 신자유주의의 원조 저격수라면 하이에크는 자유주의의 전투적 수호자쯤이 될 수 있겠다.

함께 읽으면 좋을 책

● 『전 세계적 자본주의인가 지역적 계획경제인가 외』,
칼 폴라니, 책세상, 2002

시장 만능주의에 날카로운 비판의 날을 들이댄 칼 폴라니
사상에 대한 해설을 겸한 편역서이다. 주석을 빼면 200쪽
에도 미치지 못하는 문고판이지만 폴라니가 하고픈 말의
대강을 알 수 있기 때문에 폴라니에 입문하는 첫 책으로
적당하다.

● 『칼 폴라니, 새로운 문명을 말하다』, 칼 폴라니,
착한책가게, 2015

1919년부터 1958년까지의 폴라니의 미출간 원고와 강연
중에서 정치 · 경제 · 사회를 아우르는 폴라니 사상의 정수
를 가려 모은 책이다. 20세기 전반기에 자기조정 시장의
폐해가 불러온 서구사회의 붕괴를 문명사적 관점에서 조
명하고 새로운 문명으로 나아갈 바를 제시한다.

● 『살림/살이 경제학을 위하여』, 홍기빈, 지식의날개, 2012

세계적인 경제 위기 속에서 '고장난 자본주의'에 대한 새
로운 대안으로 상품화와 화폐경제에 매몰된 기존 경제학
인 '돈벌이 경제학'에서 벗어난 '살림/살이 경제학'을 제안
하고 있는 책이다. 이 책의 가장 핵심이 되는 원리는 '인간
존재의 전면적 발전'이다.

왜 경제학을
공부해야 하는가

『장하준의 경제학 강의』
장하준 지음, 김희정 옮김, 부키, 2014

일반인도 핵심 경제 이론만 알고 있으면, 생활 속에서 부딪치는 다
양한 경제 문제들(금융 규제 완화, 복지 예산 삭감, 의료 개혁 등)
에 대해 충분히 합리적인 판단을 내릴 수 있다.

2011년 11월에 미국 하버드 대학에서 상징적인 사건이 일어났다. 갓 입학한 하버드대생 70명이 저명한 경제학자인 그레고리 멘큐 교수의 경제학 원론 수업을 거부한 것이다. 멘큐는 주류 경제학인 신고전파 패러다임을 대표하는 상징적인 인물이고, 그가 주장하는 핵심은 시장에 대한 무한한 신뢰다. 학생들은 멘큐 교수를 향해 항의 서한을 낭독했다. "당신의 강의는 편향됐다. 우리에게 주입하는 경제학은 빈부 격차를 영구화하고, 세계 금융 위기를 유발하는 이데올로기다. 우리는 균형 잡힌 양면을 알고 싶다. 단편적인 지식만을 배운 나 같은 학생들이 경제 정책을 주도하게 될까 봐 우려스럽다" 영국 케임브리지 대학 장하준 교수의 신작 『장하준의 경제학 강의』 출간은 그런 면에서 시의적절하다. 'Economics : The User's Guide(경제학 사용설명서)'라는 영어 제목이 말해 주듯이 보통 사람을 위한 경제학 입문서이며, 사람들이 경제학을 어떻게 바라봤으면 하는지에 대한 저자의 오랜 고민의 결과물이다. 저자는 자유시장 자본주의를 뒷받침하는 주류 경제학의 통설을 여지없이 깨뜨리는 여러 도발적인 문제 제기로 내는 책마다 국내외의 주목을 받아왔다. 박사 학위도 받기 전인 1990년에는 27세

나이에 한국인 최초로 케임브리지 대학 교수가 돼 화제가 되기도 했다. 2003년에 신고전학파 경제학에 대한 대안을 제시한 경제학자에게 주는 뮈르달 상을, 2005년에는 경제학의 지평을 넓힌 공로를 인정받아 레온티예프 상을 최연소로 수상했다. 2014년에는 영국의 정치 평론지 〈프로스펙트〉가 매년 선정하는 '올해의 사상가 50인' 중 9위에 오르기도 했다. 장하준 교수의 인기는 거기서 그치지 않는다. '국민이 뽑은 드림내각'이라는 흥미로운 설문조사에서 관심이 쏠린 경제부총리 자리가 67%의 지지를 받은 장하준 교수에게 돌아갔다. 정치 행보와 관련 없는 경제학자에게 경제부총리를 맡기고 싶어 할 만큼 장하준이라는 이름에 대한 일반 대중들의 신뢰가 상당하다는 것을 짐작케 하는 대목이다. (이 설문조사에서 자신의 이름이 거론되지 않은 것에 대해 내심 불만인 정치가나 경제 관료가 분명 있을 것이다. 조용히 손 모으고 기도하면 그 이유를 알게 된다). 실제 많은 국민이 『나쁜 사마리아인들』, 『사다리 걷어차기』 같은 그의 책을 통해 선진국 경제정책의 이중성과 자유무역주의의 맹점을 처음 인식하였고, 다양한 경제 이슈에 대해 새로운 시각을 갖게 되었다.

경제학의 위상에 대한 사람들의 불만은 금융 위기가 발발한 이후에 더욱 심해졌다. 무엇보다 기존의 경제이론이 2008년 금융 위기를 내다보지 못했고 위기가 지나간 뒤에도 이를 만족스럽게 설명하지 못했기 때문이다. 심지어 어떤 경제학자들은 금융의 무모한 팽창을 열렬히 지지하기까지 했다고 한다. 이 책에서 가장 돋보이는 부분은 자본주의 역사를 다룬 3장과 경제학의 대표적인 학파들을 소개한 4장 '백화제방'이다. 우리는 경제학 하면 대개 신고전주의학파 한 가지 정도만 아는 경우가 많다. 한국뿐 아니라 대부분의 나라들이 신고전주의학파를 편식하고 있는 탓이다. 그러나 경제학 이론이 하나만 있는 게 아니다. 책에서 소개하는 주요 학파만 해도 9개에 이른다. 고전주의학파, 신고전주의학파, 케인스학파, 마르크스학파, 슘페터학파, 개발주의전통, 행동주의학파, 제도학파, 오스트리아학파가 그것이다. "망치를 쥔 사람은 모든 것을 못으로 본다"라는 말처럼 어떤 문제를 특정 이론의 관점에서만 보면 특정 질문만 하게 되고, 특정한 각도에서만 답을 찾게 된다. 그러나 경제학적 현실은 너무나 복잡하기 때문에 하나의 이론만으로는 완전히 분석할 수 없다. 그러니 '망치만 쥔 사람', 더욱이 다른 연장이 있다는 것조차 모르는 사람이 되어서는 곤란하다. 책에는 각각의 학파에 대한 개요 및 특징과 주된 논점을 자세하게 기술하고 있다. 뼈를 바르고 살을 헤쳐 비교 분석하며 조목조목 설명해주는 덕분에 시야가 확 트인다. 아예 작정하고 경제학파에 대한 요약 비교를 4쪽에 걸쳐 표로 상세히 설명하는 부분(168~171쪽)을 대하면 오랜만에 대학 강의실에 앉아 '열공'하고 있다는 느낌마저 든다.

현재 경제학의 주류인 신고전주의 경제학파에서는 생산 부문을 심각하게 간과한다. 한 나라가 단순히 무엇을 얼마나 생산하느냐 만이 아니라, 그것을 생산하는 것이 그 나라의 생산 능력 발전에 얼마나 영향을 미치느냐가 더 중요하다. 이런 측면에서 제조업 부문의 중요성은 아무리 강조해도 지나치지 않다고 저자는 말한다. 제조업이야말로 지난 2세기 동안 새로운 기술과 조직능력을 만들어 낸 주된 원인이기 때문이다. 더구나 한국은 수출을 통해 클 수밖에 없다. 한국이 수출할 수 있는 것은 제조업이고, 제조업이 커져야 좋은 일자리도 많이 생긴다. 금융은 실물경제의 그림자일 뿐 스스로는 새끼를 치지 못하는 불임산업이다. 반드시 제조업이라는 부가가치 창출 메커니즘이 따라야만 불어난다. 실제로 금융으로 큰돈을 벌 수 있는 나라는 미국을 제외하고는 별로 없다. 서비스 산업이 주도해 번영을 이룬 경제의 대명사라고 생각하는 스위스와 싱가포르가 사실은 세계에서 가장 산업화된 제조 강국이라는 것이 그 방증이다. 싱가포르는 2010년 기준으로 제조업 비중이 국내총생산(GDP)의 22%를 차지한다. 선진국 중에서 가장 높은 수준이다. 책에서 저자는 지금까지 대부분 사람들이 친숙하게 품고 있던 통념과 상식을 조목조목 반박하고 있다. 예를 들어 싱가포르 하면 '자유 무역'과 '외국인 투자 유치'로 성공한 나라의 본보기로 알고 있지만 사실은 다르다. 토지의 90% 이상을 국가가 소유하고, 주택의 85%를 국영 주택공사에서 공급하고, 국민총생산의 22%를 국영 기업에서 생산하는 나라가 싱가포르다. 한편으로 보면 제일 자본주의적인 나라인데 다른 한편으로는 가장 사회주의적이다. '규제 완화나 민영화가 만능은 아니다', '빈곤과 불평등은 인간이 제어할 수 있다', '금융은 너무나 중요하기 때문에 더 엄격하게 규제해야 한다' 등의 주장은 그의 전작들을 읽어온 독자들에겐 그리 낯설지 않다. 그렇지만 동어반복은 아니다. 주장은 더 단호해졌고 논리는 한층 정교해졌다. 거기에다 다양하고 풍부한 사례가 설득력을 높인다.

장하준의 경제학에서는 '그들만의 리그'에서 벗어나 끊임없이 현실에 닿고 대중과 소통하기를 바라는 그의 열망이 곳곳에서 느껴진다. should나 must가 아닌, let's와 shall we의 경제학이다. 경제학 교육의 미래는 우리 모두의 문제이다. 그렇지 않으면 다른 사람이 내린 결정의 수동적인 피해자가 되고 만다. 사실 인류 역사가 시작된 이후 자신의 견해를 과도하게 확신한 전문가들이 너무도 많은 사람들의 삶을 망쳤다. 가까운 예로 2008년 글로벌 금융 위기는 더 이상 경제를 전문 경제학자와 기술관료에게 맡겨 둘 수 없다는 사실을 처참하게 깨닫게 해준 값비싼 교훈이었다. 전문 경제학자가 아닌 사람들도 핵심 경제 이론에 대한 지식을 어느 정도 알게 되면, 생활 속에서 부딪치는 다양한 경제 문제들(금융 규제 완화, 복지 예산 삭감, 기름값, 의료 개혁 등)에 대해 충분히 합리적인 판단을 내릴 수 있다. 오히려 보통 사람들이 전문 경제학자들에 비해 현실에 더 깊이 밀착돼 있고 시야도 편협하지 않기 때문이다.

이 책을 쓴 목적은 독자들이 경제에 대해 무엇을 생각해야 하는지가 아니라 어떻게 생각해야 하는지를 보여 주기 위해서이다. (중략) 결국 이 책은 '경제학 사용 설명서' 아닌가.(435쪽)

이 경제학 강의의 결론을 요약하면 이렇다. "경제학은 전문가에게 맡기기엔 너무 중요하다. 경제 문제에 정답이 하나만 있는 것이 아니라면 우리는 더 이상 이 문제를 전문가들 손에만 맡겨 둘 수 없다. 우리가 능동적이고 책임 있는 시민으로서 역할을 제대로 하기 위해서는 어느 정도 경제학적 지식을 갖춰야 된다. 그리고 그게 그렇게 어려운 일만은 아니다" 사실 포스트모더니즘이나 양자역학을 공부하는 게 약간의 경제지식을 쌓는 것보다 더 어려울지 모른다. 난 이 책을 주위에 널리 소개하는 것으로 수업료를 대신하기로 했다.

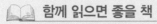

함께 읽으면 좋을 책

● 『나쁜 사마리아인들』, 장하준, 부키, 2007

신자유주의에 대한 불편한 진실을 담은 책이다. 자유무역
이 진정 개발도상국에게 도움이 되는지, 경제를 개방하면
외국인 투자가 정말 늘어나는지, 민주주의와 경제 발전은
진짜 상관관계가 있는지 등을 따라가다 보면 이제까지 갖
고 있던 상식이 여지없이 깨지고 만다.

● 『그들이 말하지 않는 23가지』, 장하준, 부키, 2010

'더 나은 자본주의를 말하다'라는 부제처럼 신자유주의 추
종자들이 전 세계를 상대로 어떻게 사기를 치는지 깔끔하
게 요약정리를 해서 보여준다. 영국에서는 책이 나오자마
자 아마존 경제 부문 1위에 올랐던 책이다.

● 『경제학은 배워서 어디에 쓰나요?』,
진선여고 경제경영동아리 JUST, 뜨인돌, 2015

진선여고 학생들이 경제학에 솔직하고 거침없는 질문을
던지고, 경제학자들이 십대들의 눈높이에 맞춰 친절하고
명쾌하게 답변하는 인터뷰 형식으로 꾸민 책이다. 경제학
개념과 기본 원리부터 FTA 같은 큰 이슈들까지 멀게만 느
껴지던 경제학이 친숙하게 다가온다.

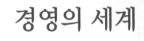

경영의 세계

"비지니스맨의 교실이자 놀이터"

가장 강한 종이 살아남는 것이 아니다. 가장
두뇌가 뛰어난 종이 살아남는 것도 아니다. 단
지 변화에 잘 적응하는 종이 살아남는다.

– 찰스 다윈(영국 생물학자)

'경영학'이나 '경영'이라는 말이 낯설지 않은 세상이다. 인사동에서 아기자기한 공방을 운영하는 아가씨에서부터 대기업을 경영하는 CEO에 이르기까지 경제 활동을 하는 모든 사람들이 살면서 만나는 온갖 일들을 해결해 나가는 일련의 과정이 경영이다. 취업을 준비하는 대학생의 경우도 매일 매일을 '자기경영'을 하며 살아가고 있다. 그럼에도 불구하고 우리 사회에서 경영학은 그저 이론일 뿐이며 실전에 그대로 적용할 수 없다는 편견이 여전하다. 사실 거칠게 말하자면 경제학이 어렵다면 경영학은 단조롭고 지루하다. 생산, 조직, 인사, 재무 등 경영학의 분과를 들여다보고 있노라면 학문으로 공부를 하는 경영학자나 업계 당사자가 아닌 '평범한 독자'라면 굳이 가까이 할 이유가 없어 보인다. 다행히 요즘에는 실생활에서 사례를 끌고 와서 지식과 재미라는 두 마리 토끼를 잡는 책들이 많이 나오고 있다. 거기다 경영 이론을 그저 모아 놓은 것이 아니라 경영 현장에서 직접 적용시켜 본 사례들을 정리하거나, 실전경험을 바탕으로 쓴 살아있는 경영학을 소개하는 책들도 눈에 띈다. 그런 책들은 어려움에 빠진 조직을 탁월한 조직으로 변화시키거나 기업경영에 대한 구체적인 팁을 제공함은 물론 우리 사회의 작동 원리에 대한 놀라운 통찰을 주기도 한다. 기업현장이 교실이자 놀이터에 다름 아닌 직장인들에게 경영은 '가까이 안 하기엔 너무 친근한' 당신일 것이다.

달라이 라마도
세일즈를 한다고?

『장사의 시대』
필립 델브스 브러턴 지음, 문희경 옮김, 어크로스, 2013

세일즈는 비즈니스의 최전선에서 벌어지는 가장 치열한 전투이며,
매출과 이익을 직접적으로 좌우하는 수단이다.

'세일즈' 하면 현대 희곡사의 걸작이라 할 만한 아서 밀러의 〈세일즈맨의 죽음〉이 먼저 떠오른다. 치열한 경쟁을 헤치고 평생을 세일즈 전선에 투신해 온 60대 남자 윌리 로먼은 성공에 도움이 되는 일이라면 무엇이든 했고 한때는 승승장구하기도 했다. 하지만 무정한 세월과 잔인한 사회 앞에 지쳐 쓰러지고 만다. 밀러는 희곡 속에서 현대의 세일즈맨을 부정적인 관점에서 묘사했다. 그러나 생각해 보면 인생은 세일즈와 여러 모로 닮았다. 우리는 장사를 밥벌이로 하지 않더라도, 모두 상업적으로든 개인적으로든 혹은 정서적으로든 무언가를 사고팔며 살고 있다. 식탁에서, 거리에서, 생맥주집에서 뿐만 아니라 이성을 유혹하고 심지어는 등교하는 아이들에게 아침밥 한 숟가락을 먹일 때도 장사의 기술은 필요하다. 특히 현대사회는 상품뿐만 아니라 모든 것에 가치를 매겨 팔 수 있는 장사의 전성시대다. 미국 노동부 자료에 따르면 미국 근로자 9명 중 8명이 누군가를 설득하고 의사결정에 영향을 미치는, 어떤 형태로든 세일즈와 관련된 일을 하고 있다. 달라이 라마와 넬슨 만델라도 세일즈를 한다면 믿겠는가? 달라이 라마가 티베트를 탈출해서 처음으로 서구 세계와 접촉했을 때만 해도 그는 거리감이 느껴지는 난해한 인물로 비쳐졌다. 세계 사람들은 그를 동정하기는커녕 이해하는 사람도 거의 없었다. 그래서 그는 지금까지 해오던 방식이 아닌, 일종의 청중 맞춤형 판매 방식으로 말하면서 그의 존재를 알릴 새로운 홍보 방법을 익혔다. 때로는 매력적이고 빙그레 웃는 모습으로 무대에 올라가서 티베트 독립과는 무관해 보이는 행복 철학을 설파하며, 청중에 따라 강연 내용과 방식을 능수능란하게 조정해서 사람들의 마음을 열었다. 2013년 12월에 95세를 일기로 죽은 전 남아공 대통령 넬슨 만델라도 세일즈의 달인이었다. 그는 감옥에 있으면서 아파르트헤이트(인종차별)를 철폐하려면 백인들 스스로 인종차별정책을 없애고 그들을 자신의 뜻에 동조하는 세력에 가담하도록 설득하는 수밖에 없다고 판단했다. 그래서 그는 우선 아프리카 백인들의 역사와 시를 공부하고 그들의 말을 배우는 등 그때까지 남아프리카를 지배해 온 백인들의 사고방식을 이해하는데 힘을 쏟았다. 만델라의 방법은 시간도 오래 걸리고 수많은 난관에 가로막혔지만 거칠고 의심 많은 교도관들의 마음을 사로잡았고, 백인 지도부는 결국 만델라를 최선의 정치 파트너로 받아들였다. 만델라가 세일즈를 했다면 인류는 그에게 가장 귀중한 무엇인가를 산 것이다. 그러나 인류 역사상 가장 위대한 세일즈맨은 부처가 아닐까? 석가모니는 눈에 보이지도 않는 무념과 해탈을 팔았다. 현재 전 세계 불교신자는 3억명이 넘는다. 그리고 해마다 수요는 계속 늘어나고 있다.

세일즈 자체는 도덕적으로 중립적인 행위이고, 중요한 것은 동기라는 세일즈의 본질을 그들은 정확하게 파악한 것이다.

세일즈를 못하는 사람은 대체로 "전 거짓말을 못해요"라거나 "남을 괴롭히는 일에는 재주가 없어요"라고 말하며 무능을 미덕인 양 자랑삼아 떠벌리기 일쑤다. 세일즈는 모든 비즈니스의 기본임에도 불구하고 구차하거나 사람을 귀찮게 하는 어떤 것이라는 오명을 뒤집어쓰고 있다. 그리고 흔히 세일즈맨이라고 하면 말만 번지르르한 장사꾼이거나 법대나 의대에 들어가지 못해 별 수 없이 자동차 대리점에 취직한 사람이라고 여긴다. 대학에서조차 세일즈 과목은 잘 가르치지 않는다. "마케팅의 목표는 세일즈를 불필요한 작업으로 만드는 것"이라는 피터 드러커의 말은 세일즈가 처한 위상을 단적으로 보여준다. 그러나 세일즈는 비즈니스의 최전선에서 벌어지는 가장 치열한 전투이며, 매출과 이익을 직접적으로 좌우하는 수단이다. 세일즈를 공부하지 않고 MBA를 받는 것은 모든 경영대학원의 필수과목인 회계학을 이수하지 않고 MBA를 받는 격이다. 영국 일간지 〈데일리 텔레그래프〉의 뉴욕 및 파리 지국장을 지낸 저널리스트 필립 델브스 브러턴Philip Delves Broughton은 하버드 경영대학원 교과과정에 장사의 기술을 가르치는 세일즈 과목이 없다는 사실을 알고 어리둥절했다. 그는 장사와 세일즈에 관한 특별한 이야기가 필요하다는 생각으로『장사의 시대』

를 썼다. 이 책은 '마케팅 원론에는 없는 세일즈의 모든 것'이라는 부제처럼 현대사회를 움직이는 세일즈에 관한 거의 모든 것을 담고 있다. 온전히 자기 힘만으로 위대한 판매전을 통해 살아남아야 하는 자본주의의 고독한 전사들이 펼치는 '설득 심리전'의 속내를 담은 생생한 보고서이다. 세일즈맨과 세일즈에 대한 그동안의 오해를 벗겨내고 그들의 판매 경험과 사례를 철저히 분석하여 치열한 장사의 현장을 낱낱이 보여준다.

모로코 북부 항구도시 탕헤르의 유명한 상인 마지드는 탁월한 장사꾼이자 이야기꾼이었던 아버지로부터 인생과 사업에 대해서는 누구도 절대 '아니요'라고 말하지 못하게 해야 한다고 교육받았다. "장사꾼이라면 모름지기 품이 넉넉해야 합니다. 절대 화를 내서는 안 됩니다. 물론 가끔 죽이고 싶은 손님도 있어요. 그래도 죽여서는 안 되지요. 팔지 못하는 건 마누라뿐입니다. 신께서 금하는 일이니까요" 넉넉한 품이란 일종의 회복탄력성을 의미한다. 얼굴에 꿀을 발라 곰들이 출몰하는 숲 속에 내던지고 싶은 까다로운 손님을 만나더라도 평정심을 잃지 않는 능력이다. 그래서 기업에서 세일즈맨을 고용할 때는 기꺼이 실패할 자세를 갖춘 사람을 찾는다. 항상 성공만 해봤다는 사람은 우물 안 개구리로 살았다는 뜻이고 모욕을 느끼는 순간 단번에 무너지기 쉽다. 책에서 세일즈맨에게 가장 도움이 되는 영화로 피터 오툴이 연기한 「아라비아의 로렌스」를 추천하고 있는데, 이는 인간이 상상할 수 있는 가장 혹독한 환경에서 설득과 저항 사이를 끊임없이 오가는 과정을 잘 보여주기 때문이다. 제1차 세계대전 중 이집트에 주둔한 영국 병사 로렌스는 아라비아 반도에서 서로 반목하는 부족들을 규합해서 터키군에 대항한다. 파란 눈의 이방인을 경계하는 그들의 신뢰를 얻기 위해 로렌스는 영국군 장교로서의 안락을 버리고 부족민들과 거친 사막 생활을 함께한다. 그들이 물을 마실 때만 마시고, 같은 음식을 먹고, 같은 옷을 입고, 그들의 언어로 말한다. 영화를 통해 세일즈는 자포자기와 거절과 속임수를 통해 금전적 보상을 추구하는 과정이 아니라 섬세하고 영리하고 상상력을 발휘하여 공동의 원대한 목표를 추구하는 과정이라고 설명한다.

원하는 것을 얻기 위해서, 그리고 자신의 열망과 욕구를 충족시키기 위해서는 상대에게 무엇인가를 팔 줄 알아야 한다. 팔 줄 아는 사람이 힘이 세다. 이 책은 세일즈를 단순한 상행위의 한 과정에서 벗어나 상대를 움직이고 설득하고 원하는 것을 얻어내는 삶의 기술로 파악한다.

당신이 내일 당장 죽는다면 자식들이 꼭 갖추기를 바라는 능력은 무엇입니까? 그가 들려준 정답은, 자식들이 스스로 욕구를 충족시키는 능력이었다. 자녀 양육에 필요한 모든 노력의 핵심이었다. 우리는 자식들이 경제적으로 자립하기를 바랄 뿐 아니라 한 인간으로서 충만하게 살기 위해 스스로 욕구를 충족시킬 줄 알기를 바란다. (중략) 세일즈는 스스로 욕구를 충족시키는 데 반드시 필요한 능력이다. 우리는 물건을 팔기 위해 세일즈를 할 뿐 아니라 삶의 목표를 달성하기 위해 세일즈를 한다.(306쪽)

책에 나오는 뛰어난 장사꾼들과 세일즈맨들의 이야기에는 고객을 끌어당기고 거래를 성사시키는 노하우뿐만 아니라, 자신의 욕망을 발견하고 그것을 어떻게 관리해야 하는지에 대한 지혜와 삶의 기술이 녹아 있다. '우리는 항상 무언가를 팔며 살고 있다', '오카가 매일 아침 변기를 닦는 이유', '제약회사가 치어리더 출신을 고용하는 까닭' 등 소제목만으로도 귀를 솔깃하게 만든다. 책을 덮고 나면 '누구나 세일즈하는 시대고, 당신도 무언가를 팔고 있다'는 사실에 확실하게 동감하게 될 것이다. 이 책을 출판사는 팔았고, 나는 읽고 권했다. 이젠 당신이 살 차례다.

함께 읽으면 좋을 책

● 『파는 것이 인간이다』, 다니엘 핑크, 청림출판, 2013

미국 전체 인구의 9명 중 1명이 판매 일을 하는 것으로 조사되었다. 놀라운 것은 나머지 8명 역시 직접 상품을 판매하는 것은 아니지만, 비슷한 일에 종사하고 있다는 것이다. 이 책의 부제가 '누구나 세일즈하는 시대, 당신도 지금 무언가를 팔고 있다!'인 이유를 알 것 같다.

● 『필립 코틀러의 마케팅 모험』,
필립 코틀러, 다산북스, 2015

마케팅의 대가이자 세계적인 경영사상가인 필립 코틀러가 50여 년 간 마케팅을 연구해 온 자신의 삶과 '마케팅으로 본 모든 세상'을 고스란히 담았다. 그의 삶과 마케팅의 역사를 생생하게 경험할 수 있다.

● 『세일즈 천재가 된 홍대리』, 신윤순, 다산라이프, 2012

이 책은 기획팀에 있다가 어느 날 세일즈마케팅부로 발령을 받은 홍 대리가 좌충우돌하며 세일즈를 배워나가는 과정을 담은 경제소설이다. 세일즈의 기본부터 현장의 디테일한 전략까지, 바로 써먹을 수 있는 세일즈 실전 노하우를 재미있게 보여주고 있다.

경영의 본질은
모험이다

『경영의 모험』
존 브룩스 지음, 이충호 옮김, 쌤앤파커스, 2015

1950~60년대의 기업과 증권가를 배경으로 성장·혁신·소통·
금융 등 경영을 둘러싼 첨예한 주제를 파고든 책. 그 과정에서 끈
질기게 핵심가치를 찾는 '모험'을 멈추지 않은 경영인들의 도전기.

『경영의 모험』은 경제전문기자로 이름을 날리던 존 브룩스John Brooks(1920~1993)가 미국 주간지 〈뉴요커〉에 기고했던 12편의 기업 경영 사례를 묶은 책이다. 1950~60년대의 기업과 증권가를 배경으로 성장·혁신·소통·금융 등 경영을 둘러싼 첨예한 주제를 파고들었다. 그 과정에서 끈질기게 핵심가치를 찾는 '모험'을 멈추지 않은 이들의 도전기가 담겨 있다. 책에 얽힌 드라마틱한 사연도 화젯거리다. 1969년에 미국에서 처음 출간되었다가 1971년 이후 절판된 책을 빌 게이츠가 팀까지 만들어 재출간을 도왔고 결국 존 브룩스의 아들을 찾아내 40여 년 만에 책을 살려냈다. 워런 버핏은 "내가 가장 좋아하는 책"이라고 빌 게이츠에게 추천했고, 빌 게이츠는 "내가 읽은 최고의 경영서"라며 세상에 알렸다. 책을 관통하는 핵심은 하나로 모아진다. 성공적인 기업 경영을 위한 규칙은 결국 인간의 본성에 대한 깊은 통찰에 기반하며 시대가 바뀌어도 쉽게 변하지 않는다는 점이다. 빌 게이츠는 "이 책의 내용은 오래 됐음에도 유효한 게 아니라 오래 됐기 때문에 유효하다. 존 브룩스의 책은 인간 본성에 관한 것이고, 바로 그래서 시간을 초월한다"고 말했다. 저자는 월스트리트와 기업 세계를 상세하게 파헤친 작품으로 금융 부문 저널리스트로서 명성을 쌓았다. 〈뉴욕타임스〉는 "그는 단순명쾌한 이야기나 문장으로 인물을 압축해서 설명하는 특별한 재능을 지닌 천부적인 이야기꾼이자 매우 비상한 사람이었다"고 표현했는데, 책을 읽어보면 과장이 아님을 알 수 있다. 브룩스는 이 책에도 포함된 '주식 시장을 움직이는 손', '파운드화 구출 작전'과, 1960년대 월스트리트의 투기 거품을 다룬 『호시절』로 비즈니스와 금융 부문에서 가장 뛰어난 기자에게 수여하는 제럴드 롭 상을 받았다.

『경영의 모험』에는 600여 쪽에 걸쳐 12개의 서로 다른 이야기가 펼쳐진다. 차례랑 상관없이 아무 장에서부터 읽어도 된다. 기자 신분으로 쓴 글이지만 '뉴스'라기 보다 굵직굵직한 경제 분야 사건들에 역사적 · 사회심리학적 의미를 부여한 '시나리오형 심층분석'에 가깝다. 치열한 취재를 통해 길어올린 방대한 정보가 흥미로운 스토리텔링을 뒷받침하고 있다. 저자는 다양한 인터뷰를 담기 위해 수시로 비행기를 탔고, 9장에 등장하는 데이비드 엘리 릴리엔셀을 취재할 때는 그의 집 지하실까지 들어가 예전에 그가 쓴 일기까지 꼼꼼하게 훑었다. 잘 나가는, 혹은 잘 나갔던 많은 기업들이 겪은 성공과 실패의 경험담 속에서 다양한 인물들이 마주친 희로애락을 한 편의 드라마처럼 눈앞에 보여준다. 때로는 문학작품에서 통찰과 인용을 빌려오기도 했다. 경영은 살아

있는 인문학이다. 미국의 경우에는 이미 오래 전부터 MBA 과정에 소설, 역사, 철학, 과학 등 인문학 책들을 교재로 사용하고 있다. 이 책이 단조롭고 천편일률적인 기존 비즈니스 책들과 차별화되는 지점이 바로 여기다.(그러고 보니 브룩스는 직업으로 기자 외에 소설가도 겸했다).

첫 장에서는 자동차 회사 포드가 벌인 신차개발 프로젝트를 다뤘다. 포드 자동차는 미국의 소비자층을 하류층, 중하류층, 중류층, 중상류층, 상류층으로 나눈 뒤 중상류층을 겨냥해 1955년에 준중형 세단인 '에드셀'이라는 새로운 차종을 야심차게 내놓았다. 포드는 이를 위해 투자·디자인·홍보 등 거의 모든 부문에 걸쳐 전사적인 노력을 기울였다. 그러나 에드셀은 소비자의 관심을 끌지 못했다. 투자를 덜한 다른 모델보다도 판매가 부진했다. 2억 달러를 투자했지만 판매는 지지부진했다.

정확하게 말하면, 2년 2개월 15일이 지날 때까지 포드가 판매한 에드셀은 고작 10만 9466대에 그쳤다. 그중 수천 대는 아니더라도 수백 대는 포드의 중역과 딜러, 영업사원, 광고와 홍보회사 직원, 조립라인 노동자, 그 밖에 에드셀의 성공에 개인적 이해가 달린 사람들이 샀을 것이다. 10만 9466대는 같은 기간에 미국에서 판매된 전체 승용차 대수의 1%에도 못 미치는 숫자였다. 결국 1959년 11월 19일, 외부 평가에 따르면 포드는 약 3억 5000만 달러의 손실을 안은 채 에드셀 생산을 영구 중단했다. 어떻게 이런 일이 일어날 수 있었을까? 돈과 경험 그리고 고급 두뇌까지 무엇 하나 부족한 게 없는 회사가 어떻게 그런 엄청난 실수를 저지를 수 있단 말인가?(18쪽)

사실 에드셀의 추락은 이름을 짓는 그 순간부터 시작되었다. 에드셀은 포드 창립자인 헨리 포드의 유일한 아들이자 헨리 2세의 아버지인 에드셀 포드의 이름에서 따왔다. 3억 5000만 달러의 손실을 입은 에드셀의 실패에 대한 당시 업계의 통상적인 설명은 포드측이 과도한 소비자 행태 분석을 했다는 것이다. 전문 컨설팅팀을 따로 운영하면서까지 자동차로부터 받는 성적性的 매력을 분석하는 등 불필요한 조사로 정작 실질적인 소비자의 욕구를 파악하는 데 소홀했다는 지적이다. 그러나 브룩스의 시각은 다르다. 포드 경영진은 과학적인 소비자 분석 기법을 도입하는 시늉만 했지 정작 이를 충분히 활용하지 않은 것이 실패의 원인이었다고 진단한다.

5장에는 빌 게이츠가 '저널리즘 명예의 전당'에 이름을 올릴 만하다고 치켜세운 제록스의 탄생기가 나온다. 무명 발명가의 아이디어를 붙잡고, 결국 복사기 제록스를 만들기까지의 성공 드라마가 실려 있다. 복사기를 처음 출시한 1959

년 제록스의 매출은 3300만 달러에 불과했다. 그러나 중간에 위기도 있었지만 제록스는 1966년에는 미국 내 순이익률 9위, 시가총액 15위의 기업으로 성장했다. 제록스의 창세기는 구글과 애플이 태어나던 실리콘밸리의 초창기와 비슷하게 닮아 있다. 혁신기업의 상징으로 우뚝 선 제록스의 신화는 20세기 기업의 전범典範이 되었다. 거대한 성공으로 제록스는 '복사하다to xerox'라는 고유명사가 되었는데, 직원들이 공유하는 철학과 비전이 그 바탕이 되었다고 브룩스는 강조한다. 책에는 그밖에도 월가의 내부자 거래와 주가 조작 등 주식시장의 생생한 민낯도 적나라하게 드러내고 있다. 특히 소득세를 두고 첨예하게 맞서는 주장들과 파운드화의 평가 절하를 둘러싸고 벌어진 국제적 공조를 다룬 부분은 현재 우리나라 경제 이슈와도 맞닿아 있어 실감나게 읽힌다.

책에 나오는 에피소드 자체는 이미 50년 전의 이야기들이지만 지금 이 순간 기업이 고민하고 있는 부분과 너무나도 유사하다. 기업이 처한 상황이나 개인의 관심에 따라 바짝 당겨 읽어야 할 대목이 많다. 개인적으로는 8장, 10장, 12장 등 절반 정도를 그렇게 읽었다. 혹시 요란했던 광고 때문에 지나치게 큰 기대를 가졌다가 실망하는 경우가 있다면 빌한테 낚인(?) 것이다. 그렇다 해도 이 책은 충분히 읽을 가치가 있다. 그것은 단순히 '경영의 성공법칙'을 요약해서 말해주는 여느 경영서와 달리 제목처럼 비즈니스라는 광대한 영역을 둘러싸고 있는 '경영의 모험'을 실감나게 보여주기 때문이다. 경영자는 물론이고 기업과 조직에서 일하는 사람이라면 일독할 가치가 있다. 일반 독자들 역시 가독성 높은 비즈니스 책의 진수를 맛볼 수 있는 모처럼의 기회다. 이 정도면 독서의 모험치고는 안전한 모험이다.

 함께 읽으면 좋을 책

● 『세상을 바꾼 비즈니스 모델 70』,
   미타니 고지, 더난출판사, 2015
   시장을 주름잡았던 총 70가지 비즈니스 모델, 200개 기업, 140명의 기업가 및 비즈니스 리더를 소개한다. 다양한 분야에서 비즈니스 모델의 흥망성쇠를 통해 새로운 비즈니스 모델과 지속적 경쟁우위에 대한 힌트를 얻을 수 있다.

● 『일상의 경영학』, 이우창, 비즈페이퍼, 2015
   일상적 지식에서 혁신과 창조, 리더십, 마케팅, 소통의 원리를 찾아 비즈니스 현장에 효과적으로 적용하기 위한 구체적인 방법을 제시하는 책이다. 역사, 문학, 철학, 예술에 이르는 인문학의 다양한 프레임을 통해 경영의 숨겨진 이면을 들여다보는 재미가 쏠쏠하다.

● 『하버드 경영학 수업』,
필립 델브스 브러턴, 어크로스, 2015

하버드 비즈니스 스쿨은 경영학을 공부하는 이들이 선망하는 꿈의 학교다. 기사 쓰기가 너무 지겨운 나머지 새로운 인생의 기회를 만들기 위해 하버드 비즈니스 스쿨에 진학한 경력 10년차의 신문기자가 자본주의의 신전이라고 불리는 이 학교에 관한 회고와 기록을 썼다.

행복한 기업이 성공한다

『딜리버링 해피니스』
토니 셰이 지음, 송연수 옮김, 북하우스, 2010

단기적인 이익을 쫓기보다는 직원과 고객의 행복을 극대화하기
위한 재포스의 다양한 실험과 경영철학을 유쾌하고 실감나게
소개한 책.

미국의 한 여성이 온라인 쇼핑몰에서 남편에게 선물할 부츠를 주문했다. 그런데 주문한 신발이 도착하기 전에 남편이 교통사고로 세상을 떠났다. 소식을 들은 온라인 쇼핑몰의 고객서비스 담당 직원은 다음날 곧바로 남편을 잃은 그 부인에게 자신의 판단에 의해 조화弔花를 보냈다. 부인은 장례식에 참석한 친지와 친구들에게 이 특별한 경험을 털어놓았다. 이 놀라운 경험을 선사한 회사는 미국의 인터넷 쇼핑업체 '재포스'다. 1999년에 설립한 이 회사는 온라인 신발판매로 시작해 의류·가방·가정용품으로 품목을 넓혔다. 하지만 재포스의 대표 상품은 따로 있다. 바로 고객을 감동시키는 최고의 서비스다.

『딜리버링 해피니스』는 재포스의 설립자인 젊은 천재사업가 토니 셰이Tony Hsieh가 몸으로 부딪히며 써내려간 경영분투기이자 재포스의 생생한 사례와 노하우가 담긴 비즈니스 매뉴얼이다. 그는 대만계 미국인으로 하버드 대학을 졸업하고 높은 보수의 안정된 직장인 오라클을 다니다 "지루한 것은 싫다"며 직장을 그만두고 룸메이트와 집 거실에서 인터넷 기업 '링크익스체인지'를 차렸다. 이 회사는 2년 만에 직원 100명 규모로 성장했고, 1999년에 2억6500만 달러(약 3200억 원)에 마이크로소프트에 매각됐다. 토니 셰이는 24세에 단박에 백만장자가 되었다. 그 후 그는 온라인 신발회사 재포스에 투자자로 합류하면서 매출액 제로였던 재포스를 10년 만에 총매출이 10억 달러가 넘는 기업으로 성장시켰다. 2009년에는 세계 최대 온라인 기업인 아마존이 12억 달러(약 1조4000억 원)라는 가격으로 재포스를 사들여 주위를 놀라게 했다. 이 책은 2010년 〈뉴욕타임스〉, 〈월스트리트저널〉, 〈아마존닷컴〉에서 1위를 차지했고 '오프라 윈프리 쇼'에서 다룰 만큼 주목을 받았다. 행복을 배달한다는 책 제목처럼 단기적인 이익을 쫓기보다는 직원과 고객의 행복을 극대화하기 위한 재포스의 다양한 실험과 경영 철학을 유쾌하고 실감나게 소개하고 있다.

토니 셰이에게 회사란 단순히 돈을 벌기 위한 수단이 아니라 끊임없는 에너지로 새로운 가치를 창조하는 대상이다. 그는 크고 작은 실패의 경험을 통해 '기업문화'와 '핵심가치'의 중요성을 일찌감치 알아챘다. 재포스는 행복을 전하는 생활방식을 구축하는 걸 목표로 삼았고 자유분방하지만 가족적인 문화를 추구한다. 재포스식 표현으로는 고객이 '와우' 하고 놀랄 만한 경험을 선사하는 것이다(실제로 재포스의 브랜드와 문화를 소개하는 5장에 '와우'라는 단어가 30번 이상 등장한다). 그래서 그런지 재포스엔 다른 회사에 없는 게 한둘이 아니다. 예를 들어 재포스의 인트라넷에는 초기 화면에 무작위로 선택되어 뜨는 직원들의 사진을 보고 그 이름을 맞춰야 로그인할 수 있다. 기분전환으로 사장이 머리를 삭발하기도 하고(책 표지에 실린 토니 셰이 사진도 삭발한 모습이다) 직원들의 건의사항이나 불평불만을 '재포스 컬쳐북'이라는 책으로 가감 없이 출판하기도 한다.

> 당시 우리는 기업문화라는 것에 신경을 써야 한다는 점을 몰랐다. 첫해에 우리는 친구들뿐만 아니라 재미있고 신나게 무언가를 구축하고 싶어 하는 사람들을 고용했다. 의도적인 것은 아니었지만, 그 결과 즐길 수 있는 기업문화를 함께 창조했다. 하지만 직원 수가 곧 25명을 넘어섰고 우리는 초창기 멤버들과는 다른 이유로 우리를 찾아오는 사람들을 채용하는 실수를 저질렀다. 똑똑하고 의욕적이라는 점은 좋았다. 하지만 그들 중 다수가 돈을 많이 벌려고 하거나 이력서를 메우려는 데 혈안이 되어 있다는 점은 좋지 않았다.(80쪽)

무엇보다 고객 서비스를 강조하는 재포스의 경영원칙은 절대로 아웃소싱하지 않는 콜센터 운영에서 잘 드러난다. 인터넷 기업임에도 고객의 관심을 독점할 수 있는 전화 상담을 가장 중요시한다. 신입사원이 들어오면 일정기간 동안 무조건 콜센터에 배치하고 콜센터로 전화를 걸면 365일 24시간 사람이 응답한다. 고객 응대 매뉴얼이 따로 있지 않다. 미리 준비된 대본을 앵무새처럼 반복하지 않으며 자신의 판단에 따라 상담한다. 절대 시간에 쫓기지 않으며 다른 상품을 권유하지 않고, 고객이 원하면 다른 용무까지 알아봐 준다(이쯤에서 우리 주위를 한편 살펴보자. 이런 것까지는 바라지도 않는다. 제발 고객 응대 전화번호를 누르면 걸리기라도 했으면 좋겠다. ARS에 녹음된 통화음과 씨름하며 1분 가까이 버튼을 누르다 보면 제 아무리 부처님 같은 사람이라도 돌아앉아 버린다. 회사 홈페이지에 전화번호라고는 눈을 씻고 찾아보려 해도 찾을 수 없는 경우가 아직도 있다. 정말이다). 한편, 다른 회사엔 있는데 재포스에 없는 것도 많다. 모든 상품은 배송비가 없다. 심지어 반품할 때에도 소비자가 배송비를 부담하지 않는다. 반품도 구입 후 365일 이내에만 하면 된다.

토니 셰이는 고객이 행복하기 위해선 직원이 행복해야 하고, 직원이 행복하기 위해서는 좋은 기업문화가 있어야 한다고 주장한다. 좋은 기업문화는 경영진이 직원을 존중하고 서로 소통하며 공통된 목표를 공유할 때 가능하다. 그는 회사 내 중요한 이슈가 생기면 보도자료를 뿌리기 전에 전 직원에게 이메일을 쓴다. 2009년 7월 아마존닷컴이 재포스를 인수하는 발표를 할 때에도 전 직원 약 1800명에게 그간의 협상과정, 합병 후 변화 등을 설명하는 이메일을 보냈다. 311~320쪽에 전문이 소개되어 있는데 직원을 존중하는 재포스의 기업문화를 단적으로 보여준다. 토니 셰이는 독립성과 기업문화를 인수조건으로 보장받아 아마존에 인수된 뒤에도 여전히 재포스를 이끌면서 직원과 고객의 행복을 극대화하는 실험을 계속하고 있다. '변화를 적극 수용하고 추진한다', '열정적이고 결연한 태도로 임한다', '성장과 배움을 추구한다' 등 재포스가 내세우는 경영철학은 여느 기업들의 그것과 별반 다르지 않다. 그러나 책의 앞부분에 인용된 영화 〈매트릭스〉의 대사인 "길을 아는 것과 그 길을 걷는 것은 분명히 다르다"라는 말처럼 그것을 실천하느냐 하지 않느냐에 따라서 결과는 판이하게 나타난다. 대부분의 기업들이 그런 핵심가치를 신입사원 연수 때나 한번 읊조리고 팽개치고 말 때 재포스는 이를 내면화하고 공감을 이끌어내기 위해 부단히 노력했다. 그리고 그것이 어떻게 기업의 성공으로 이어지는지를 생생하게 보여준다. 덕분에 재포스는 2009년에 〈포춘〉에서 매년 발표하는 '일하기 가장 좋은 기업 100'에 선정되었고, 2010년에는 여덟 계단을 뛰어오르며 15위를 차지했다.

결국 행복한 기업이 돈을 버는 게 자명하다. 갈수록 소비자가 만족할 만한 서비스를 제공하는 '딜리버링 해피니스'가 중요해질 것이고 나의 행복, 직원의 행복, 고객의 행복을 극대화한 기업이 성공할 것이다. 그런 면에서 재포스는 미래 기업의 상징적인 모습이다. 미래 기업이 어떤 모습일까 궁금해 하던 사람에게는 정답지가 주어진 셈이다. 〈월스트리트 저널〉은 "당신은 읽지 않더라도 상사에게는 선물해야 하는 책"이라며 추천했는데, 누군가의 '상사'인 사람들 책상마다 이 책이 꽂혀 있다면 그 회사는 '딜리버링 해피니스'에 한발 가까이 다가간 셈이다. 또 그동안 단조롭고 딱딱했던 경제경영서에 식상했던 사람들은 소설처럼 술술 읽히는 이 책에서 뿜어져 나오는 유쾌한 엔돌핀을 기대해도 좋을 듯하다.

 함께 읽으면 좋을 책

● 『죽은 CEO의 살아있는 아이디어』,
토드 부크홀츠, 김영사, 2009

위대한 CEO들의 작은 평전이다. 에스티 로더, 월트 디즈니, 샘 월튼 등 생각의 경계를 허물고 한계에 도전한 10명의 비즈니스 리더들의 깊이 있는 경영철학과 뜨거운 삶을 저자 특유의 재치 있는 문체로 담아내어 소설처럼 쉽고 재미있게 술술 읽힌다.

- 『최고의 직장』, GWP연구소 외, 위즈덤하우스, 2012

  세계적인 경제지 〈포춘〉과 협력하여 '일하기 좋은 100대 기업'을 선정하는 GWP연구소의 연구원들이 20여 년 동안 '최고의 기업'들을 분석하고 설문하여 얻은 결과를 정리했다. 결론은 "직원들이 행복하게 일할수록 회사는 더 큰 부자가 되었다!"이다.

- 『어니스트 티의 기적』, 배리 네일버프 외, 부키, 2014

  돈과 미션을 모두 잡은 정직한 기업, 보온병 5개로 창업해 15년 만에 매출 1억 달러를 달성하고 코카콜라의 대표 브랜드가 된 유기농·공정무역 음료회사 '어니스트 티'의 성공기를 담은 비즈니스 만화다.

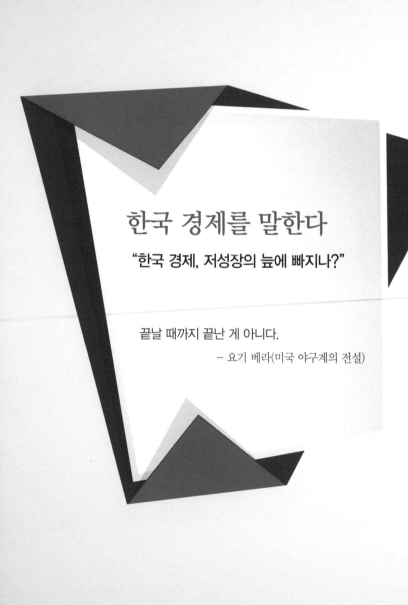

한국 경제를 말한다

"한국 경제, 저성장의 늪에 빠지나?"

끝날 때까지 끝난 게 아니다.

– 요기 베라(미국 야구계의 전설)

한국 경제가 저성장의 늪에 빠졌다는 징후가 곳곳에서 나타나고 있다. 2015년 9월 현재 국내총생산은 5분기 연속 전기 대비 0%대에 머물렀다. 가계 부채는 1100조원대로 불어나 소비를 위축시키고 있다. 8월 수출 증가율은 6년 만에 가장 낮은 마이너스 14.7%였다. 내수와 수출의 동반 침체로 성장률이 답보하는 저성장이 본격화된 것이다. 경제성장률은 지난해 3.3%에서 올해는 3%에도 못 미칠 것으로 예상된다. 정부는 올해 성장률 3% 달성을 위해 각종 부양책을 쏟아내고 있지만, 실현 불가능한 목표가 돼가고 있다. 최근 1년 간 네 차례 기준금리를 내려도 경기 부양 효과는 없었다. 여러 경제연구소들은 올해 1인당 국민소득이 지난해보다 줄어들 것이라고 예측하고 있다.

주변 여건도 한국 경제에 우호적이지 않다. 미국이 곧 금리를 인상하면 국내에 투자한 외국인 자금이 급격히 이탈할 우려가 크다. 경기 둔화에서 벗어나지 못하는 중국의 침체가 지속된다면 수출 역시 살아날 수 없다. 중국의 성장률 둔화와 금융시장 불안의 '차이나 쇼크' 속에 미국이 금리까지 올리면 제2의 동남아 외환 위기가 닥칠 것이라는 우려마저 나온다. 가계 부채, 일자리 부족, 소득 정체 등으로 내수도 회복되기 어렵다. 수출 감소와 내수 부진, 경제성장률 하락 등으로 장기 침체가 고착화되고 있는 모습이다. 한국 경제의 민낯을 들여다보는 일이 불편한 이유다.

한계에 이른 한계가족

『한국 경제의 현주소 한계가족』
김광수경제연구소 지음, 더팩트, 2013

한국 경제의 절박한 현주소를 민낯으로 보여주는 책. 연령대별로 현실에서 직면하고 있는 경제적 고통에 관한 구체적인 사례를 통해 벼랑 끝으로 내몰리고 있는 한계가족의 현실을 가감 없이 드러내 보인다.

2013년에 글로벌 컨설팅업체인 맥킨지는 "한국의 위기는 북핵보다 경제다"라며 한국의 경제상황에 대해 우려를 나타냈다. 한국개발연구원(KDI) · 삼성경제연구소 · 매킨지 · 골드만삭스가 공동 작성한 '한국 경제 보고서'에 따르면 2001~2010년 4.5% 수준이던 우리 경제성장률이 2011~2020년 3.6%, 2021~2030년 2.7%, 2031~2040년 1.9%로 계속 추락할 것이라는 전망이다. 이대로 가면 저성장 시대가 30년 지속될 수 있으며, 1999년 이후 악화되어온 우리 사회의 분배구조도 더 나빠질 것이라고 경고했다. 거기다 2016년이 되면 생산활동인구(15~64세)가 감소하기 시작하고, 2026년엔 65세 이상 인구가 전체의 20%를 넘는 초고령사회로 진입할 것으로 보인다. 언제 닥칠지 모를 통일 부담까지 감안하면 저성장 시대는 30년을 넘어설 가능성이 크다. 더 큰 문제는 갈수록 심화되는 우리 사회의 양극화 현상이다. 양극화 문제는 이미 한계를 넘어 폭풍 속의 찻잔과 같다. 우리나라 인구 6명 중 1명이 빈곤층이다. 가계 부채도 여간 고통스러운 것이 아니다. 경제가 어려워짐에 따라 자력으로 생계를 유지하기 어려운 가계가 빠르게 늘어나고 있다. 상당수 가계가 빚으로 생계를 이어가면서

악성 가계 부채가 급증함에 따라 중산층에서 중하위 계층으로 전락하는 가계가 늘어나고 있다. 금융 부채를 가진 995만 가구의 68.7%가 허리띠를 졸라매고 있지만 원리금 상환을 할 수 없거나, 오히려 빚을 더 지게 될 것이란 절망 속에 살고 있다. 소득 상위층은 자산이 갈수록 늘고, 하위층은 줄어들 수밖에 없어 그 격차가 5.7배에서 6.81배로 벌어졌다. 낳고 싶지 않은 사회(최악의 출산율), 살고 싶지 않은 사회(최악의 자살률)가 우리 경제의 현주소이다.

미국발 금융 위기와 한국의 부동산 버블의 심각성에 대해 일찌감치 경고해 전문성을 인정받은 김광수경제연구소에서 나온『한국 경제의 현주소 한계가족』에서 말하는 '한계가족'은 바로 이들을 가리킨다. 이 책은 시민이 함께 올바른 정보를 공유하고 공부하며 토론하고자 만든 〈김광수경제연구소 포럼〉의 무료 시민대학이라고 할 수 있는 '시민공부방'에서 해온 미니강연들을 중심으로 정리한 것이다. '한국 경제의 현주소, 한국 경제의 미래, 가족이 무너지고 있다'라는 부제가 말해 주듯이 절박한 상황을 가감 없이 전달하고 있다. 1장에서는 연령대별로 현실에서 직면하고 있는 경제적 고통에 관한 구체적인 사례를 통해 벼랑 끝으로 내몰리고 있는 한계가족의 현실을 보여주고 있다. 아무리 노력해도 자신과 가족을 책임지기 어려운 일반 국민의 힘든 삶을 냉정하게 진단한다. 하우스 푸어, 렌트 푸어, 카 푸어 등의 신조어가

이들의 현실을 대변한다. 지금 30~40대인 1970년대생들은 취업과 결혼, 출산을 포기한 '3포세대'로 불린다. 사회에 첫발을 내딛는 젊은 청년은 일자리를 찾지 못하거나 겨우 일자리를 얻어도 비정규직이 태반이라 시작부터 저소득 계층에 편입되고 있다. 자영업에 뛰어든 40~50대의 현실도 막막하긴 마찬가지다. 우리나라는 경제력 규모에 비해 자영업자가 너무 많다. '경제협력개발기구(OECD) 자영업자 비율' 자료에 따르면 한국의 자영업자 비율(2013년)은 27.4%로 나타났는데 이는 OECD 국가 가운데 넷째로 높은 비율이다. 2014년 기준 우리나라 자영업자는 537만 명에 이르고, 무보수로 함께 일하는 가족을 포함하면 700만 명이 넘을 것으로 추산된다. 2021년까지 매년 퇴직자가 20만 명에 이르는 것을 감안하면 자영업 종사자는 더 늘어날 전망이다. 문제는 우리나라의 경우 상당수가 자영업을 비자발적으로 선택하고 있다는 점이다. 1955~63년에 태어난 베이비붐 세대의 퇴직과 경기 침체, 산업 재편에 따른 조기퇴직과 취업난 때문에 자영업에 뛰어드는 것이다. 너도나도 비슷한 영세업종에 뛰어든다. 대부분 퇴직금에 빚을 더해 창업하지만 경쟁에 밀려나 문을 닫으면 노년엔 빈곤층으로 추락한다. 하지만 자영업자들이 겪는 현실은 녹록하지 않다. 갈수록 월 평균 매출액은 떨어지는 반면 부채는 늘어나고 있다. 수입이 줄어 생활비를 충당하느라 빚이 늘어난 것이다. 생존율도 낮다. 창업 3년이 넘은 자영업자의 비율은 40.5%에 불과하다. 자영업자 증가로 경쟁이 치열해지고 수익이 떨어지는 악순환이 반복되고 있다. 방치할 수 없는 사회적 문제다. 무엇보다 퇴직자들이 재취업할 수 있는 양질의 일자리를 만드는 것이 중요하다. 그래야 무분별한 창업이 줄어들고, 자영업자들끼리의 경쟁도 완화되며 정부의 부담도 덜어질 것이다.

2장에서는 실제로 가계소득 분포에 대한 통계청 자료를 바탕으로 한계가족의 정의와 실태를 설명했다. 아직 적자상태는 아니지만 조금만 뒤로 밀리면 언제라도 벼랑 끝에 서게 될 수 있는 가구 수도 480만에 달한다. 이들 가구 역시 시간이 지날수록 벼랑 끝으로 내몰릴 위험이 매우 큰 한계가족 예비군이라고 할 수 있다. 결국, 이미 한계가족이거나 한계가족이 될 가능성이 매우 높은 가족은 약 790만 가구로 한국 전체 가구의 60%에 이른다고 할 수 있다. 3장에서는 1, 2장의 사례와 개념 설명을 바탕으로 한계가족이 벼랑 끝으로 내몰리고 있는 경제적 어려움과 그 원인을 체계적으로 분석했다. '실업과 일자리의 진실', '3포 세대의 진실', '가계부채 문제의 진실', '고령자 노후 문제의 진실' 등 두렵지만 반드시 알아야 할 사실을 알려준다. 혹시 이 책을 읽는 순간 자신이 한계가족임을 인정하는 것 같아 책을 집어 들지 못하겠다면 50여 쪽에 달하는 '교육과 교육비 문제'(184~231쪽)만이라도 꼭 읽기를 바란다. 한계가족이 아니더라도 대한민국 부모라면 자녀교육 문제는 반드시 넘어야 할 큰 산이기 때문이다. 4장은 한계가족을 위한 희망 만들기에 할애했다. 지금 당장은 한계가족이 아니지만 한계가족 예비군에 속하는 계층은 한계가족의 현실을 애써 외면하려는 경향을 보인다. 무섭고 두렵기 때문이다. 그러나 외면한다고 해서 문제가 해결되는 것은 아니다. 문제의 해결은 진실을 직시하는 데서부터 시작된다. 적자 가계를 양산하는 잘못된 경제구조를 고치지 않고서는 문제를 해결할 수 없다. 경기 악화가 경기 순환에 기인하는 일시적인 현상이 아니라 구조적인 요인에 기인하는 추세라는 것에 주목해야 한다. 수많은 한계가족을 만든 2008년 금융 위기 역시 단순한 경기순환의 결과가 아닌 100년 단위의 세계적 대격변이라는 해석이 설득력을 갖는 이유다. 복지보다 더 급한 게 사실은 분배구조 개혁이다. 땜질식 임시 처방으로 이들의 문제를 해결하긴 어려워 보인다. 한계에 달한 국민의 삶을 직시하고, '성장이냐 복지냐'라는 그릇된 이분법적인 정치논쟁에서 벗어나야 한다. 많은 가구가 자력으로 생계를 유지하지 못하는 현재 구조에서 복지 문제를 놓고 왈가왈부하기 보다는 분배 구조의 개혁이 시급하다고 촉구한다. 마지막으로 한계가족을 양산하지 않고 한계가족에게 희망을 줄 수 있는 처방으로 21세기 자본주의 시장경제의 패러다임으로서 대중자본주의를 제시한다. 한국 경제가 냉전이데올로기와 섞여 왜곡된 자본주의 체제에서 벗어나서 평범한 국민 환경과

더불어 공생하는 대중자본주의로 바뀌지 않으면 안 된다고
강조한다.

> 대중자본주의는 평범한 사람이라도 누구든지 열심히 일하고
> 노력하면 자기 삶을 스스로 책임질 수 있도록 자본의 소유구조
> 와 시장의 경쟁 관계를 개혁하자는 것이다. 일반 대중의 행복
> 한 삶과 희망을 모든 경제정책의 최우선으로 하여 잘못된 한
> 국적 자본주의 시장경제를 근본적으로 바꾸어가자는 것이다.
> (286~287쪽)

대중자본주의란 모든 사람이 땀 흘려 노력하면 비록 부
자는 못 되더라도 자기 삶을 스스로 책임질 수 있는 자립적
인 경제를 말한다. 직업의 귀천에 관계없이 최선을 다해 노
력하면 누구든지 가족을 부양하고 평균적인 삶을 유지할
수 있는 21세기형의 건전한 자본주의 시장경제가 그것이
다. 대다수 국민들은 지난 외환 위기와 금융 위기를 견뎌내
며 정부도, 언론도, 은행도 내 재산을 지켜주지 못한다는 사
실을 뼈저리게 경험했다. 이해관계에 오염된 정보에서 벗어
나 냉철한 시선으로 우리가 처한 경제 현실을 직시하고, 내
가족의 든든한 재정적 울타리를 치고 싶다면 서둘러 읽어야
할 책이다.

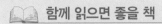 **함께 읽으면 좋을 책**

● 『한국 경제의 미필적 고의』, 정대영, 한울, 2011

'잘사는 나라에서 당신은 왜 가난한가' 하는 질문을 던지는 책이다. 저자는 우리 사회를 살고 싶지 않은 사회로 만든 '미필적 고의'에 가까운 경제 금융 정책들을 준엄하게 고발하고 있다. 이 책을 '무림 최강 비급秘笈'이라고 치켜세우며 추천하는 이가 있다. 동감한다.

● 『불황 10년』, 우석훈, 새로운현재, 2014

'불황이라는 거대한 사막을 건너는 당신을 위한 경제생활 안내서'라는 부제에 먼저 눈이 멈춘다. 30대를 위해 부동산부터 금융, 취업, 창업, 개인 재무관리, 자녀교육 등 저자가 지난 15년 동안 가장 가까운 지인들에게만 전수했던 경제활동 노하우를 총망라했다.

● 『박종훈의 대담한 경제』, 박종훈, 21세기북스, 2015

오랫동안 경제 분야를 취재해 온 저자의 인기 칼럼을 엮은 책이다. 감세 논란, 가계 부채, 청년 실업, 빈부 격차 등 2015년 대한민국에서 가장 '핫'한 메뉴를 다뤘다. 이 책은 한국 경제의 위기 요인인 여러 가지 경제 현상의 원인을 분석하고, 다가올 최악의 장기 불황의 위협 속에서 한국 경제를 구할 대안을 모색한다.

자본주의,
버릴지 고쳐 쓸지

『한국 자본주의』
장하성 지음, 헤이북스, 2014

수입담론이나 포퓰리스틱한 정치적 수사를 걷어내고 기형적인
한국 자본주의에 대한 구체적인 현실진단과 실현 가능한 대안을
제시하는 책.

지난 글로벌 금융 위기 이후 세계 경제가 유례없는 장기 침체의 늪에 빠지자 자본주의에 대한 사람들의 신뢰가 땅에 떨어졌다. 자본주의의 심장이라고 일컬어지는 뉴욕 월스트리트 한복판에서 '점령하라!(occupy wall street)' 시위가 1년 이상 지속되었다. 결코 좌파라고 할 수 없는 제프리 삭스 같은 경제학자까지 시위대를 이끌었다. 자본주의가 고장 났다는 진단에 조셉 스티글리츠나 폴 크루그만 같은 노벨경제학상 수상자들까지 합세했다. 자본주의라는 체제의 위기는 경기가 침체해서만은 아니고 경제가 성장 잠재력을 잃어서도 아니다. 체제 위기란 그 체제가 정당성을 잃었다고 믿을 때 온다. 지금 체제 위기의 핵심은 성장으로 얻은 부富가 공평하게 분배되고 있지 않다고 보기 때문이다. 그렇다면 한국의 경우는 어떤가? '경제민주화를 넘어 정의로운 경제로'라는 부제를 달고 있는『한국 자본주의』는 이 질문에 정면으로 답하는 책이다. 한국 경제에서 세계 경제까지, 경제이론에서 현실경제 문제에 이르기까지 한국 사본주의의 '거의 모든 것'을 담고 있다. 책을 쓴 장하성 고려대 경영학과 교수는 한국의 현실 속에서 학문을 고민하고 현장에 이를 투영하는 대표적인 실천 운동가로 알려져 있다. 참여연대에서 국내 처음으로 '경제민주화' 시민운동을 실험했고, 일명 '장하성 펀드'라고 불리는 라자드한국기업지배구조펀드를 주도해서 국내에 가치 투자의 가능성을 열었다. 책은 크게 3부로 구성되어 있다. 한국 자본주의 톺아 보기, 따져 묻기, 고쳐 쓰기가 그것이다. 1부에서는 한국 자본주의의 현실을 진단하고 발전 과정을 톺아 본다. 2부에서는 한국 자본주의의 현실적인 이슈들에 대한 논쟁들을 비판하고 재구성한다. 그리고 3부에서는 한국 자본주의의 대안을 논의한다.

한국도 소득 불평등과 양극화 심화, 고용 없는 성장, 고용 구조와 질의 악화 등 선진국 자본주의 체제가 드러낸 구조적인 문제를 고스란히 가지고 있다. 유럽을 비롯한 선진국과 같이 복지 정책이나 소득재분배 정책이 제대로 제도화되어 있지 않기 때문에 소득 불평능 문제가 더 심각하게 나타난다. 단지 불평등이 심화되는 속도만 빠른 것이 아니라 소득 불평등 정도 역시 높은 것은 분명 소득재분배 정책의 실패 증거다. '고용 없는 성장'과 더불어 한국 경제의 또 다른 심각한 현상은 '임금 없는 성장'이다. 이는 단지 성장의 과실을 누가 더 가져가는가의 분배 문제만이 아니다. 성장과 과실이 시장 참여자들에게 균형적으로 분배되는 것은 분배정의 차원에서뿐만 아니라 더 많은, 그리고 지속적인 성장을 위한 필요조건이다. 근로자들의 임금이 성장과 비례적으로 증가해야 시장 수요를 창출하고 투자를 유인하며 고용을 창출할 수 있다. 이제 더 이상 '개천에서 용 나지 않고', '티끌 모아 태산 되지 않는' 것이 한국의 시장경제다. 출발선의 1등이 결승점에서의 1등이고, 한 번 1등이면 영원한 1등이 되는 것은 경쟁이 아니다. 역대 정부가 가계소득을 높이거나 소비를 촉진시키는 정책에는 관심이 없고, 투자 촉진에만 열을 올리는 접근 방법을 택한 것은 전혀 번지수를 잘못 찾은 것이라고 지적한다. 저자는 재벌 문제에 대해서도 따져 묻기를 멈추지 않는다. 어느 선진국에서도 소수의 대기업이 모든 사업을 다 하는 경우는 없다. 그러나 한국의 재벌 그룹들은 사람들이 생각하는 것처럼 모든 것을 다 잘하지 않으면서도 모든 것을 다 하려고 한다. 만약 재벌들이 계열사에 몰아주고 있는 일감을 독립적인 전문 기업에 준다면 세계적인 경쟁력을 가진 새로운 기업들이 탄생할 가능성이 그만큼 높아진다. 시장경제체제로 전환한 이후의 한국 경제는 '신자유주의의 문제가 아니고 시장의 규칙이 제대로 갖춰지지 않은 천민자본주의의 문제'가 더 심각하게 나타나고 있다. 이렇듯 한국은 선진국들에게는 없는 문제들도 가지고 있으며, 그 원인과 과정 역시 선진국들과는 크게 다르다. 선진국들이 복지로부터 후퇴하고 있는 반면에 한국은 이제야 복지를 시작하고 있는 것도 그 중 하나다. 지금의 한국 자본주의가 어떤 모습을 하고 있는가를 제대로 들여다봐야 하는 이유가 여기에 있다. 책을 읽다가 갑자기 '한마을 이야기'라는 제목의 꽁트가 등장하는 459쪽에 이르면 고개를 갸우뚱하게 될지 모른다. 일단 등장인물이 예사롭지 않다. 자유주의 정치사상의 원조인 존 스튜어트 밀, 골수 자유주의자 프리드리히 하이에크, 평등주의적 정의론의 대가인 존 롤즈, 그리고 마르크스주의 혁명가인 레온 트로츠키까지 출연한다. 읽고 나면 한국 자본주의 실상에 관한 우화적 이야기임을 금세 알게 된다.

그렇다면 자본주의를 버릴 것인가, 고쳐 쓸 것인가? 선택은 '자본주의 대안 찾기' 아니면 '자본주의 고쳐 쓰기' 중 하나가 될 것이다. 수많은 종말론에도 불구하고 자본주의가 여전히 건재한 것은 자본주의 스스로의 생명력이라기보다는 대안 부재로 인한 생존이라 할 수 있다. 자본주의가 바람직한 체제가 아니라면, 그래서 자본주의를 종식시키려면 먼저 자본주의를 대체할 현실적인 대안이 모색되어야 한다. 그게 불가능하다면 자본주의 고쳐 쓰기를 할 수밖에 없다.

그렇다면 지금의 일그러진 모습의 자본주의 대안은 무엇인가? 그 답은 '자본주의 고쳐 쓰기'이다. 자본주의도 아니고, 사회주의도 아니며, 더구나 '제3의 체제'도 대안이 아니라면 지금의 선택은 '자본주의 고쳐 쓰기'일 수밖에 없다. 바다 한 가운데에서 배에 구멍이 났다고 해서 배를 버리고 바다로 뛰어드는 것은 죽는 길이다.(420쪽)

저자는 한국에서 자본주의 고쳐 쓰기의 또 하나의 지향점을 '함께 잘사는 정의로운 자본주의'로 설정하고 있다. 함께 잘사는 정의로운 자본주의는 소득 불평등을 완화하고 양극화를 해소하는 지금의 문제를 해결하는 차원을 넘어서는 것을 의미한다. 그리고 이를 위해서는 무엇보다도 자본이 정의로워야 한다. 여기서 정의란 시장경제가 작동하는 절차와 과정에서의 공정함이 보장되는 절차적인 정의와, 그러한 과정을 통해서 만들어진 결과가 함께 잘살 수 있도록 하는 분배의 정의를 동시에 달성하는 것을 의미한다.

원고지 3000매와 주석 737개를 700쪽이 넘는 분량에 담은 대작이다. 이를 부담스러워 하는 독자를 위해 저자는 나름대로의 독법을 제시하고 있다. 1부와 3부를 먼저 읽어보라며, 특히 자본주의 체제에서의 공정성과 정의에 대한 논의를 나누고 있는 3부의 6장은 필독하기를 권한다. 결론에 해당하는 정의로운 자본주의에 대한 이론적인 틀을 제시하기 때문이다. 개인적으로는 론스타의 '외환은행 먹튀' 논쟁이나 소버린의 'SK 경영권 분쟁' 논쟁 등을 담고 있는 2부 내용이 흥미롭게 읽혔다. 『한국 자본주의』는 수입담론이나 포퓰리스틱한 정치적 수사를 걷어내고 기형적인 한국 자본주의에 대한 구체적인 현실 진단과 실현 가능한 대안을 제시하는 책이다. '가장 관심을 갖는 경제 문제'에서 '가장 관심을 가져야 할 경제 문제'로 시선이 옮겨질 것이다. 철저하게 한국의 현실에 포커스를 맞추고 있기 때문에 시간이 걸리더라도 통독할 가치가 있다. 한동안 회자膾炙되었던 토마 피케티의 『21세기 자본』보다 먼저 읽어야 할 책이라는 생각이 든다. 그만큼 우리 현실에 대한 절박함이 담겨 있기 때문이다.

 함께 읽으면 좋을 책

● 『박애자본주의』, 매튜 비숍 외, 사월의책, 2010

2008년 9월 리먼브러더스가 파산하고 며칠 뒤에 이 책의 초판이 나왔다. 세계에서 가장 부유하고 성공한 이들이 이끄는 자선기부와 자선산업의 르네상스 시대를 다루고 있다. 승자만을 위한 자본주의에서 모두를 위한 자본주의를 위한 박애자본주의가 필요함을 역설하고 있다.

● 『무엇을 선택할 것인가』, 장하준 외, 부키, 2012

2005년 〈쾌도난마 한국경제〉 이후 다시 뭉친 장하준, 정승일, 이종태의 대담집으로 한국 경제에 대해 거침없는 직설을 쏟아내고 있다. 무엇보다 보수와 진보가 갖고 있는 경제에 관한 잘못된 편견들을 시원하게 날려준다.

● 『성숙 자본주의』, 우석훈, 레디앙, 2015

C급 경제학자를 자처하는 우석훈이 기로에 놓인 한국 경제에 '논쟁'의 폭탄을 던졌다. 덩치만 커진 한국 경제의 불합리와 불균형에 작심하고 시비를 건다. 목차를 훑어보다 보면 궁금해서 도저히 책을 읽지 않을 수 없게 만든다.

아직도 세계는 넓고
할 일은 많다

『김우중과의 대화』
신장섭 지음, 북스코프, 2014

'아직도 세계는 넓고 할 일은 많다'라는 부제를 달고 있는 이 책은
여러 모로 독특하다. 대우라는 한 그룹의 흥망사와 IMF 터널을 뚫
고 지나온 과거사실을 흥미롭게 전하면서 한국 현대경제사에 대한
재해석 작업을 시도한다.

1997. 11. 한국 IMF 구제금융 신청, 1999. 8. 대우그룹 해체, 1999. 10. 대우 김우중 회장 해외 출국, 2005. 6. 김우중 회장 귀국, 18년 전 한국 경제를 강타하고 지나갔던 IMF 사태와 대우그룹 해체관련 기록을 간략하게 간추린 것이다. 『김우중과의 대화』는 신장섭 싱가폴 국립대학 교수가 2010년 이후 김우중 전 대우그룹 회장과 150시간 가량에 걸쳐 나눈 대화들을 바탕으로 정리한 것이다. 그동안 베일 속에 가려 있던 IMF 관련 숨은 비화와 대우그룹 해체과정을 주요 내용으로 하고 있다. 저자는 현대경제사를 연구하는 경제학자이다. 한국 경제의 '캐치업catch-up(요컨대 후발주자가 선발주자와 뭔가 다르게 새로운 일을 하는 것을 말한다)'에 관한 국제비교를 주로 연구하고 있다. 1997년 한국 경제가 금융 위기에 들어간 뒤에는 IMF 처방 및 구조조정에 비판적인 글을 쓰고 한국 경제의 대안을 모색해 왔다. 이 책은 크게 세 부분으로 이루어져 있다. 첫 번째는 대우그룹의 성장과정이다. 단돈 500만 원의 자본금으로 시작한 대우그룹이 중화학산업 진입, 아프리카와 중동시장 개척을 거쳐 '세계경영'을 추진하며 매출 71조 원, 자산 78조 원의 한국 재계 순위 2위 그룹으로 도약하는 과정을 다루었

다. 두 번째는 대우그룹의 몰락과정이 담겨 있다. 1997년 아시아 금융 위기가 왜 벌어졌는지에 관한 대화로 시작해서 대우그룹이 어떤 과정을 통해 해체되었는지, 그 결과 대우와 한국 경제에 실제로 어떤 일이 벌어졌는지를 살핀다. 세 번째는 현재와 미래를 위한 대화이다. 대우의 '세계경영'은 과거의 일이 아니다. 현재 경영 일선에 있는 경영자들이 참고해야 할 유익한 조언은 물론, 특히 신흥시장에 진출하려는 기업인들이라면 귀담아 들어야 할 알짜배기 정보와 노하우를 담고 있다.

당시 대우그룹은 '세계경영'의 깃발을 들고 창업 30년 만에 신흥국 최대 다국적기업으로 뛰어올랐다. 한국 경제개발의 삼박자인 경공업 수출, 중화학산업, 해외건설을 묶어서 성장한 그룹은 대우밖에 없었다. 해체 직전인 1998년에는 한국 전체 수출의 13%를 넘어 섰다. 그런 대우가 세계경영을 무리하게 추진하다가 부실이 쌓여 금융 위기를 당했는데 구조조정을 제대로 하지 않고 오히려 확장 경영을 하다가 시장의 신뢰를 잃고 망했다는 것이 그동안의 일반적인 견해였다. 그러나 대우그룹이 해체되는 과정과 그 결과에 대해 보다 긴 안목으로 재평가해 보면 얘기가 달라진다. 한국 경제사에서도 비슷한 일이 벌어졌다. 정부는 'IMF 구제금융 사상 가장 성공적인 회생'을 했다는 치적治績을 내세웠다. 한국 경제에 원래 구조적인 문제가 심각했는데 '뼈를 깎는 구조조정'을 한 결과, 한국 경제의 체질이 개선됐고 외국인투자자들의 신뢰도가 높아져서 금융 위기를 빨리 벗어났다는 것이다. 이것이 지난 15년 간 한국 경제의 '정사正史'로 굳어져 왔다. 그동안 이와 정반대의 '야사野史'를 써온 저자는 여기에 반론을 제기한다.

> 금융 위기가 온 데에는 한국 경제가 일부 잘못한 것도 있지만 국제금융시장이 근본적으로 불안정했던 것에 큰 원인이 있다고 지적했다. 또 한국 경제는 "IMF프로그램에도 불구하고 회복됐다"라고 주장해 왔다. 한국이 다른 금융위기국들보다 빨리 회복한 것은 IMF프로그램 때문이 아니라, 원래 투자도 많이 해놓고 성장률도 높았던 '건강체질'이었기 때문이다.(25쪽)

대우 해체에 관해서는 그동안 무수한 언론보도와 후속 연구가 이어졌다. 그렇지만 당사자인 김우중 회장이 그 과정에 대해 직접 공개한 것은 이 책이 처음이다. 김 회장과 DJ정부 신흥관료들은 애초부터 한국 금융 위기의 원인과 극복 방안에서 커다란 시각 차를 보였고 갈등이 끊이지 않았다. 당시 한국 재계의 대표라 할 수 있는 전국경제인연합회(전경련) 회장이었던 김 회장은 'IMF플러스'라고 불릴 정도로 IMF가 실제로 요구한 것보다도 더 강한 구조조정 프로그램을 충실히 집행하려고 하는 정부측 경제 관료들과 사사건건 대립했다. 김 회장은 '구조조정'에 매달리지 말고 대신 수출을 적극적으로 늘려 매년 500억 달러의 무역흑자를 올리고 외환보유액을 확충해 IMF체제를 조기 탈출하자는 대안을 내놓았다.

그는 한국의 금융 부문이 잘못해서 금융 위기를 불러왔다는 점에는 동의하지만 기업 부문이 금융 위기를 불러왔다는 진단에는 전혀 동의하지 않았다. 특히 IMF프로그램에서 요구하는 기업 구조조정은 한국 기업들과 한국 경제의 경쟁력을 오히려 약화시키고 선진국 경쟁자들을 도와주는 것이라고 생각했다.(143쪽)

결국 '수출 확대를 통한 IMF체제 극복론'과 '구조조성을 통한 금융 위기 극복론'이 충돌하는 사태가 벌어졌다. 그러나 정부는 대우가 신흥시장에서 적극적으로 벌인 자동차 투자를 '부실'로 판단하고 유동성을 지원해 살리기보다 대우그룹을 해체시키는 길을 택했다. 1999년 대우는 IMF에서 제시한 처방전을 따르지 않고 '구조조정을 가장 등한시한 재벌'로 몰리면서 유동성 위기에 처하고 그룹이 공중 분해되는 비운을 맞았다. 김우중 회장은 한국 최대의 부실 기업인으로 낙인찍혔다. 그런데 과거 다른 개발도상국에 IMF프로그램을 적용할 때에는 기업 구조조정이라는 것이 없었다. 한국 프로그램에 사상 처음 들어온 것이다. 그 뒤 2006년에 법원은 정처 없이 해외에서 떠돌다 6년 만에 귀국한 김 회장에게 징역 10년과 추징금 21조4000억 원을 선고한다. 대우 해체는 당시 '세계 역사상 최대 규모의 기업 파산'으로 기록됐다. 반면에 2008년부터 시작된 세계 금융 위기의 와중에 도산 위기를 맞은 세계 자동차회사인 제너럴모터스(GM)는 2009년 미국 정부가 인수하고 유동성을 무제한 공급함으로써 불과 4년 만에 회생한다. 대우그룹이 해체된 후에는 정부가 나서서 대우차를 거의 공짜나 다름없는 헐값으로 GM에 넘겼다. 덕분에 GM은 대우가 개발한 소형차를 앞세워 중국이라는 거대 신흥시장으로 진출하는 계기를 마련했다. '죽 쒀서 개준 격'이 된 셈이다. IMF 사태 처리를 잘했으면 지금쯤 1인당 국민소득이 3~4만 불 되어 있을지도 모른다는 아쉬움이 드는 대목 중 하나다.

김우중 회장은 '세계에서 마지막 남은 시장'을 열기 위해 북한을 부수히 드나들며 한국 기업 최초로 평안남도에 남포 공단을 세웠다. 대북특사로 김일성, 김정일과만 스무 차례 이상 직접 만나며 남북기본합의서를 만들어내고 노태우 대통령과 김일성 주석과의 정상회담을 거의 성사시켜 놓았다. 그러나 아쉽게도 정상회담은 이루어지지 못했다. 그 뒤 김영삼 대통령 때에도 남북정상회담을 열기로 합의하고 실무회담을 진행하는 과정에서 김일성의 갑작스런 사망으로 정상회담은 또다시 좌절되고 말았다. 책에는 이렇게 김 회장이 남북문제에 대해 깊숙이 관여하며 막후 접촉활동을 한

뒷이야기 등 다른 데서는 좀처럼 들을 수 없는 이야기도 심심찮게 나온다. 그밖에도 리비아 진출에 성공한 이야기, 삼성과의 자동차 빅딜, GM을 꺾고 폴란드 자동차회사 FSO를 전격적으로 인수하여 전 세계에 커다란 파장을 일으킨 일 등 대우의 수많은 경영일화가 등장한다.

'아직도 세계는 넓고 할 일은 많다'라는 부제를 달고 있는 『김우중과의 대화』는 여러 모로 독특한 책이다. 대우라는 한 그룹의 흥망사와 IMF 터널을 뚫고 지나온 과거 사실을 흥미롭게 전하면서 한국 현대경제사에 대한 재해석 작업을 시도하고 있다. 과거 자료를 뒤적이고 오래된 기억을 더듬어가며 나눈 대화를 바탕으로 했기 때문에 일반적인 전기보다 더 어려운 과정을 거쳤다. 그러니 정확히 말하면 저자가 두 명인 셈이다. 과거는 현재와 미래를 바라보기 위한 창窓이기도 하다. 이 책은 역사의 교훈을 통해 한국의 기업과 기업인들을 새롭게 바라보는 계기를 마련해 준다. 국가공동체 속에서 기업과 기업인들이 어떻게 자리매김해야 할지, 한국경제는 어떻게 가야 할지 등 한국사회에 던지는 충심어린 조언을 담고 있다. 기업인들에게는 단순한 기업경영을 넘어 정치경제학, 정치경영학의 참고서로 활용해도 좋을 듯하다. 김 회장이 1989년에 쓴 『세계는 넓고 할 일은 많다』는 당시 150만부 가량이 팔리면서 공전의 히트를 쳤다. 좁은 땅덩어리 안에서 갑갑함을 느끼던 많은 젊은이들의 가슴에

뜨거운 불길을 일으키며 더 큰 세상을 향해 과감하게 도전할 용기를 주었다. 한 세대가 바뀐 뒤 현재를 살아가는 이 땅의 청춘들에게 김 회장이 다시 던지는 인생 조언은 과거나 지금이나 "세계는 넓고 할 일은 많다"이다. 국내에서 일자리가 없다고 좌절하지 말고 넓은 세계에서 일자리를 찾으라고 말한다. 김 회장은 현재 베트남에서 한국 젊은이들을 교육하는 일에 힘을 쏟고 있다. 전직 대우맨들로 이루어진 '대우세계경영연구회'를 통해 GYBM(Global Young Business Managers) 과정을 하노이에 만들고 2012년부터 본격 운영하고 있다. GYBM은 베트남, 인도네시아, 미얀마 등에서 그 나라 말을 배우고 현지 국내 기업에 취직시키는 인재양성 과정으로, 대우 OB들의 모금과 정부 지원을 통해 전액 무료로 운영된다. 과거에 세계시장을 휘젓고 다닌 대우인들을 길러낸 것처럼, 동남아에 뿌리를 내려 국제 비즈니스를 제대로 하는 젊은이들을 키우자는 것이다. 김 회장이 시작했다고 해서 현지 사람들은 '김우중사관학교'라고 부른다. 2012년 40명으로 시작했는데 2015년에 160명을 뽑았고, 수년 안에 매년 1000명 이상 뽑는다는 계획을 갖고 있다. 그야말로 'GYBM 백만 양병론'이 허투루 들리지 않는다. 이 과정을 수료하고 베트남에서 취업한 후 지난 여름에 휴가차 다녀간 독서모임 후배의 형형하던 눈빛이 지금도 생생하다. 노회장의 '경륜'과 젊음의 '패기'가 스파크를 일으키며 또다시 무슨 일이 벌어질지 벌써부터 기대를 하게 만든다.

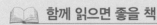 **함께 읽으면 좋을 책**

● 『세계는 넓고 할 일은 많다』, 김우중, 김영사, 2008

처음 나온 게 1989년이니까 25년도 넘은 책이다. 그러나 지금 읽어도 여전히 가슴을 뛰게 만든다. 세계를 무대로 현장을 누비며 '세계경영'을 지휘하던 김우중 당시 대우그룹 회장이 이 땅의 젊은이들에게 눈을 밖으로 돌려 새로운 길을 용기 있게 개척해 나갈 것을 권한다.

● 『대우자동차 하나 못 살리는 나라』, 김대호, 사회평론, 2001

김대호 사회디자인연구소장이 입사 7년째의 대우자동차 맨 시절에 쓴 대우자동차 이야기이다. 대우 해체와 관련해 왜 아무도 제대로 된 이야기를 하는 사람이 없는가 의아해 하고 분통을 터뜨리던 저자가 작심하고 나서서 쓴 책이다.

● 『금고가 비었습디다』, 김수길 외, 중앙M&B, 2003

중앙일보 기자 4명이 쓴 DJ정권 5년의 경제실록이다. IMF 당시 상황과 대우 해체와 관련된 자료를 접할 수 있지만 아쉽게도 품절되어 서점에서는 찾아볼 수가 없고 도서관에 가야 볼 수 있다. 서초에 있는 국립중앙도서관 청구기호는 '320.911-3-40'이다.

생활속에서 만나는
경제경영서

"인생의 비수기를 건너는 법"

사람을 상처 입히는 것이 세 가지 있다. 번민
과 말다툼과 빈 지갑, 그 중에 빈 지갑이 가장
크게 사람을 상처 입힌다.

– 『탈무드』

15년 전 쯤으로 기억을 되돌려 보자. 2000년대에는 무얼 해도 잘 되었다. 집을 사도 되고, 공장을 지어도 좋고, 벤처회사를 차려 돈을 벌기도 했다. 2000년에서 2001년 사이, 그때가 경제적인 측면으로 보면 한국에서 거의 마지막으로 신분 상승을 노릴 수 있었던 기회였다. 반면 2010년부터는 뭘 해도 잘 안 되는 시대가 되었다. 가계부채 1200조 원, 하우스푸어 250만 가구, 장기연체자 350만 명, 10명 중 6명이 빚을 진 사회가 우리 시대의 자화상이다. 저소득층은 물론 중산층까지 우리 사회 구성원 대부분이 빚의 노예로 전락했다. '3포 세대'를 넘어 '6포 세대'라는 눈물겨운 신조어까지 등장했다. 그러나 일단은 살아남는 수밖에 없다.

그런데 내 안전벨트만 채우지 말고 옆 사람 벨트도 잘 묶였는지 챙겨주자. 현대 자본주의의 왜곡된 모습을 가장 적나라하게 보여주는 것 중의 하나가 부조리한 소비현상이다. 전반적으로 생활수준은 향상되었지만 이웃이나 동료와 똑같은, 혹은 그 이상의 소비수준에 도달하려면 엄청난 노동의 대가를 치러야 한다. 이것은 마치 '쳇바퀴 돌리는 다람쥐'와 흡사하다. 쳇바퀴 속에서는 아무리 빨리 달려도 한 걸음도 앞으로 나아가지 못한다. 우리 중 그 누구도 옆 사람을 넘어서지 못한다. 옆 사람도 죽을 만큼 달리기 때문이다. 어느 사이엔가 지나친 경쟁의 목적이 '소비'가 되어 버렸다. 그렇다고 인간이 소비를 위해 존재하는 것은 아니지 않은가. 자기 삶에 진정한 주인이 되고자 하는 진정한 생명체라면 언제나 자기 자신과 자신이 속한 사회에 대한 끝없는 성찰을 하는 법이다. 미국 작가 애너 퀸들런은 어느 책에선가 이런 말을 했다. "네가 쥐들의 달리기에서 1등을 한다면, 네가 여전히 쥐라는 뜻이다" 이제는 어떻게 '살아 남을지'에 대한 고민을 어떻게 '살아 갈지'에 대한 고민으로 바꾸어야 할 때다.

지갑이 빈 데는 이유가 있다

『누가 내 지갑을 조종하는가』
마틴 린드스트롬 지음, 박세연 옮김, 웅진지식하우스, 2012

기업이 제품과 서비스를 판매하기 위해 사용하는 마케팅 기법의 속내를 파헤치고, 소비자들을 노예로 만들기 위해 어떻게 갖은 수단을 동원하는지, 또 소비자는 어떻게 기업들에 보기 좋게 속아 넘어가는지 샅샅이 파헤친 책.

"컴퓨터 앞에 앉아 있는데 메일이 도착했다는 알림이 뜬다. 친구, 혹은 상사가 보낸 것이 아니라, 종종 들르는 할인매장에서 온 메일이다. 뉴트로지나 클렌징오일을 20% 할인된 가격에 살 수 있다는 내용이다. 특별 행사가 3주 후에 종료된다는 친절한 설명까지 곁들여져 있다. 대체 내가 뉴트로지나를 쓰는지 어떻게 알았을까? 이상한 생각이 들긴 하지만 그냥 우연이겠거니 넘겨버린다. 하지만 다음 주, 우편함을 정리하다가 또 한 번 그 매장에서 날아온 전단지를 발견한다. 이번에는 내가 쓰고 있는 세탁세제, 치약, 원두커피 행사 소식이 들어 있다. 정말 우연일까? 가만히 생각해 보니 그 매장을 마지막으로 들렀을 때, 카운터에서 점원이 요구하는 대로 아무런 생각 없이 포인트 카드를 건넸고 그 점원은 열심히 바코드들을 스캔한 후 기다란 영수증과 함께 쿠폰까지 챙겨줬던 게 기억난다. 그런데 신기하게도 그때 받은 4장의 쿠폰 역시 마침 그 무렵 똑 떨어졌거나 새로 필요해서 사야 할 품목들이었다"

자, 누구나 한 번쯤은 이런 경험이 있지 않은가? 그렇다. 우리가 자주 들르는 할인매장들은 소비자들의 움직임을 추적하는 첨단기술 덕분에 '우리가 지난 여름에 산 것'을 알고 있을 뿐만 아니라 앞으로 우리가 뭘 사려고 하는지도 속속들이 들여다보고 있다. 『누가 내 지갑을 조종하는가』라는 도발적인 제목의 책에 나오는 이야기이다.

저자인 마틴 린드스트롬Martin Lindstrom은 2009년 〈타임〉이 발표한 '세계에서 가장 영향력 있는 인물 100인'에 선정된, 세계적으로 유명한 마케팅 전문가이자 브랜드 미래학자이다. 브리티시 텔레콤과 룩스마트의 글로벌 COO(최고운영책임자)를 지내고, 세계적인 광고회사의 CEO로 일하는 등 오랫동안 이 분야의 전문가로 활동했다. 그런 그가 2009년, 유례없는 경기 침체의 한 가운데서 새로운 인생의 장을 시작한다. 지난 20년 동안 마케팅과 브랜딩 전쟁의 최전선에서 목격했던 수많은 속임수와 음모를 세상에 알리기로 한 것이다. 그는 마케터이기 이전에 한 사람의 소비자로서 우리가 어떻게 기업에게 이용당하며 속고 있는지를 알려준다. 그럼으로써 소비의 유혹에 저항하고, 보다 현명하게 구매 결정을 내릴 수 있도록 도와주고자 한다. 그렇게 해서 탄생한 결과물이 바로 이 책이다. 저자는 이미 전작인 『오감 브랜딩』과 『쇼핑학』을 통해 뇌와 브랜드와 감성이 소비자의 선택을 어떻게 결정하는지 설명하는 등 신경과학과 브랜딩 분야에서 획기적인 성과를 거두었다. 이번 신작에서는 순진한 소비자들의 상상을 초월하는 기업들의 '꼼수'를 적나라하게 까발리고, 점점 경쟁이 치열해지면서 더욱 간교해지는 기업들의 온갖 마케팅 전략을 거침없이 폭로하고 있다. '브랜드 세례, 기업들이 우리 마음을 조작해 구매하도록 부추기는 속임수들'이라는 원제가 말해주듯이 기업이 제품과 서비스를 판매하기 위해 사용하는 마케팅 기법의 속내를 파헤치고, 소비자들을 노예로 만들기 위해 어떻게 갖은 수단을 동원하는지, 또 소비자는 어떻게 기업들에 보기 좋게 속아 넘어가는지 샅샅이 일러바치고 있다.

  책에 따르면 기업들은 판매 촉진을 위해 공포, 환상, 동질감, 추억 등 다양한 감정에 호소하는데, 철저하고도 다각적인 기법이 총동원된다. 쇼핑 매장에 존슨&존슨즈의 베이비 파우더와 딸기향을 뿌려 아직 태어나지도 않은 태아들까지도 잠재적 고객으로 만들려고 한다. 심지어 제약회사들은 없는 병도 만들어내면서 연구개발비의 두 배 가까운 홍보 광고비를 쓰기도 한다. 필리핀 커피업체 코피코는 소아과 분만실에 있는 임산부들에게 무료로 캔디를 나누어줬는데, 이는 임산부 뱃속에 있는 태아의 입맛을 미리 사로잡자는 간교한 속셈이다. 그 후에 출시한 캔디맛 커피는 선보이자마자 히트를 치며 코피코는 단숨에 필리핀 3위 커피업체로 뛰어오르게 된다. 일반적으로 아이들은 커피에 관심이 없는데 무료 간식을 얻어먹은 산모의 아이들은 엄마가 먹었던 캔디맛을 무의식적으로 기억했기에 코피코 커피를 좋아하게 된 것이다.

아이들을 타깃으로 삼는 마케팅 전략들이 효과를 거둘 수 있
는 이유는 마케터들이 원투펀치를 날리기 때문이다. 첫 번째
펀치는 어린 시절에 일찍이 각인된 취향과 인상은 평생 지속
된다는 것이다. 둘째는 사람들이 그러한 브랜드와 접촉할 때
향수에 젖는다는 사실이다. 향수는 가장 강력한 잠재적인 유
혹 중의 하나이다. 그렇기 때문에 기업들은 소비자들을 브랜
드워시하기 위해 향수라는 요소를 아주 다양한 형태로 활용
하고 있다.(44쪽)

애플도 마찬가지다. 애플이 노트북에 MP3 아이팟을 무료
로 끼워 판 것은 부모들이 노트북을 사면 아이팟은 아이들
차지가 될 것이고, 애플에 익숙해진 아이들은 더 비싼 애플
제품을 사기 위해 부모 손을 끌고 매장을 찾게 될 거라는 계
산 때문이다. 또 호텔에서는 욕실 변기 뚜껑 위에 종이 띠를
감아두거나, 미니바 위의 물 컵에 종이 뚜껑을 덮어놓는다.
보잘것없는 종이 한 장으로 청소 후에 아무도 변기를 사용
하지 않았고, 설거지를 하고 나서 아무도 그 컵을 사용하지
않았다는 환상을 선사하기 위한 아이디어라는 것을 이쯤에
서는 눈치채야 한다. 이게 다가 아니다. 통조림이나 캔 뚜껑
을 열 때 나는 '뻥' 하는 소리는 '지금 내가 산 제품이 신선하
고, 깨끗하고, 안전하다'는 사실을 은연중에 확인시켜 준다.
그런데 사실은 이 소리도 실험실에서 개발되어 특허를 받은
음향으로 신선한 제품으로 착각하게 만드는 마케팅 기법일

뿐이다. 그야말로 '뻥'인 셈이다. 그래서 경제학의 아버지 아담 스미스는 벌써 290년 전에 "상인들은 모이기만 하면 소비자들의 등을 쳐먹을 모종의 계약을 꾸미는 무리들"이라고 공공연하게 경고한 바 있다.

저자가 꺼내놓는 온갖 첨단 마케팅 기법들에 들어 있는 기업들의 노림수를 듣다 보면 독자들은 왜 그동안 내 지갑이 텅 비었는지 알게 되어 화가 나고, 소비자로서 그동안 자신들이 얼마나 순진했는지를 깨닫게 된다. 그러나 희망적인 부분이 전혀 없는 것은 아니다. 오늘날 마케팅 세상에서 가장 강력한 힘은 기업이나 CEO, 또는 거대한 예산을 집행하는 마케팅 부서에 있지 않다. 이제 전처럼 교묘하게 한쪽 방향으로만 흘러가는 마케팅 시대는 끝났다. 세계적으로 약 1억7500만 명이 매일 페이스북에 로그인을 하고, 1억9000만 명의 사람들이 트위터에서 활동하기 때문에 클릭 한 번으로 간교한 속임수와 책략, 비밀이 만천하에 공개될 수 있는 세상이다. SNS를 통해 긴밀하게 이루어진 세상에서 미래의 권력을 잡을 주체들은 인터넷 세상에서 고도로 연결된 소비자들, 그리고 그들이 가상에서 혹은 현실에서 인맥을 맺고 있는 친구와 지인들이다. 다시 말해 미래 권력의 주인은 바로 '우리'인 셈이다. 그래서 앞으로 기업들은 더욱 투명해져야 하고, 약속을 반드시 지켜야 한다. 저자의 장담대로 그렇지 못한 브랜드들은 즉각적인, 그리고 비참한 수모를 당할 것이다. 기업의 마케팅 꼼수로부터 내 호주머니를 지켜주는 실용적인 내용에 더하여 인간심리를 좀 더 깊게 이해할 수 있어 웬만한 심리학책보다 훨씬 재미가 있다. 거기다 중간 중간 소비자들을 대상으로 저자가 직접 시도한 다양한 실험들은 방송의 리얼리티 프로그램 못지않게 흥미롭다. 특히 8주 동안 행해진 가장 위험하고 혁신적인 실험인 '모겐스 가족 프로젝트'의 과정과 결과를 담은 357~382쪽은 이 책의 내용을 상징적으로 보여준다. 읽을수록 기발하고 흥미로운 책이다.

📖 함께 읽으면 좋을 책

● 『소비의 사회』, 장 보드리야르, 문예출판사, 1992

우리가 일상에서 제일 많이 하는 것 중의 하나가 소비생활이다. 그런데 그 소비에는 사실은 매우 상징적이고 의미론적인 배경이 있다. 저자는 사용가치의 소비보다는 행복, 안락함, 사회적 권위, 현대성 등 새로운 소비개념을 통해 현대 대중사회를 예리하게 분석한다.

● 『모든 것은 소비다』, 볼프강 울리히, 문예출판사, 2014

울리히는 소비를 부정적 현상으로 보았던 전래의 이론에 맞서면서도, 그만큼 오늘날의 소비문화에 대해서 비판적인 시각을 갖는다. 상품 미학이 하나의 긍정적인 교육적

효과를 지녀야만 한다는 저자의 주장을 듣다보면 소비에 대한 결정을 새로운 기준으로 내리게 될 것이다.

● 『대중 유혹의 기술』, 오정호, 메디치미디어, 2015

우리는 지금도 유혹당하고 있다! 그들은 어떻게 우리를 유혹했을까? 홍보, PR, 프로파간다 등의 메커니즘을 본격적으로 다룬 이 책은 7가지로 정리된 기술과 다양한 사례들을 통해 인간의 한계와 속성을 이해하고, 대중의 마음을 얻는 효율적인 방법을 알려준다.

빚을 없애야 빛이 보인다

『내 인생을 힘들게 하는 빚』
고란 지음, 원앤원북스, 2011

가장 확실한 투자는 일단 빚부터 갚는 것이다. 그동안 몰랐던 빚의 실체를 정확하게 알게 해주며, 신용카드가 현금을 대신하고 할부가 미래를 담보로 더 큰 빚을 지도록 유혹하는 상황이 얼마나 치명적인지 깨닫게 해준다.

미국 발發 금융 위기에 이어 유럽 국가의 재정 위기로 세계 경제가 또 한 번 휘청했다. 부채 탕감을 받은 그리스가 국가 부도 사태를 겨우 모면하기는 했지만 다른 유럽 국가의 부채 문제는 여전히 화약고로 남아 있다. 지난 몇 년간 응급처치로 버텨오고 있기는 하지만 세계 경제가 언제 다시 침체할지 아무도 모르는 상황이다. 나라 밖만 그런 것이 아니다. 나라 안에서는 가계 부채의 위험을 알리는 경고음이 계속 높아지고 있다. 2015년 9월 현재 가계 대출이 이미 1100조 원을 넘어섰다. 2000년대 중반 이후 이미 가계 부채 증가율이 가계 소득 증가율보다 높아지면서 서민가계의 불안이 증폭되고 있다. 또 우리 국민이 실제 사용할 수 있는 소득 중에서 가계 대출이 차지하는 비중이 70%에 육박한다. 이는 처분 가능한 소득이 100만 원이라고 하면 빚을 갚는 데 써야 할 돈이 70만 원이나 되어서, 사실상 쓸 수 있는 돈은 30만 원 정도밖에 안 된다는 의미다. 거기다 연체율까지 높아지고 있어 가계들의 부채상환 능력은 한계에 다다랐다. 대부분 가계 부채의 증가가 주택 구입에 필요한 자금을 너무 많이 끌어 쓴 결과이긴 하지만, 이런 상황은 근로계층의 현재 문제일 뿐 아니라 이들의 노후 및 사회 전체의 고령화 문제와 직결되어 결국 노후 빈곤으로 이어진다는 것이 큰 문제다. 가계 부채의 뇌관이 터지면 얼마나 큰 파장을 낳을 수 있는지는 새삼 강조할 필요가 없을 것이다. 세계 금융 위기를 부른 미국의 서브프라임 모기지(비우량 주택담보대출) 사태를 통해서도 그 파괴력은 이미 확인된 바 있다.

일간지에서 재테크를 담당하고 있는 고란 기자가 펴낸 『내 인생을 힘들게 하는 빚』은 가장 확실한 투자는 일단 빚부터 갚는 것이라는, 단순하지만 중요한 진리를 말해준다. 그동안 몰랐던 빚의 실체를 정확하게 알게 해주며, 신용카드가 현금을 대신하고 할부가 미래를 담보로 더 큰 빚을 지도록 유혹하는 상황이 얼마나 치명적인지 깨닫게 해준다. 지난 2008년 미국 금융 위기 역시 미국식으로 앞당겨 소비하는 것을 장려하는 '당좌차월 경제'와 '소비사회'가 원인 중의 하나였다. '범해에 토끼해의 곡식을 미리 먹는' 소비행태에 한 방 먹은 셈이다. 경제부 기자로 버블의 팽창과 붕괴를 현장에서 지켜본 저자의 생생한 경험이 곳곳에 녹아 있다. 저자는 빚에 대한 개념 정리부터 다시 해야 한다고 말한다. 현재 자기가 쓰고 있으면서도 당장 내 지갑에서 나가지는 않는 돈 뿐만 아니라 미래로 지불을 연기한 돈도 모두 빚이다. 그러니 휴대전화요금, 전기세, 가스비도 다 빚이다. 그 다음에는 빚과의 싸움을 시작해야 하는데 그 방법이 평범하면서도 단순하다. 원래 진리는 단순하고 평범하지만 위대한 법이다. 우선 버는 것보다 적게 쓰면 된다. 그러려면 많이 벌거나 씀씀이를 줄이는 수밖에 없다. 그런데 씀씀이는 생각보다 크고, 월급은 생각만큼 작다. "안 오른 게 딱 두 가지 있는데, 그게 남편 월급하고 아이 성적"이라는 우스갯소리가 있을 정도다. 그러니 돈 새는 구멍을 찾아서 꽁꽁 틀어막고 내일 벌 돈을 오늘 쓰지 말고 작은 돈을 아끼면 된다. 가랑비에 옷 젖는다는 말도 있지 않은가. 또 절약을 위해서는 '갖고 싶은 게 필요한 것은 아니다'라는 말을 명심해야 한다. 빚도 관리가 필요한데 저자가 제시하는 빚 관리 5대 전략은 다음과 같다. 첫째, 고리대출 우선상환. 둘째, 연체대출 우선상환. 셋째, 만기임박 우선상환. 넷째, 소액대출 우선상환. 그런데 대부분 작은 돈을 먼저 갚으라는 이 부분에서 고개를 갸웃하게 되는데 이건 심리의 문제다. 큰돈부터 갚겠다고 마음먹고 죽어라 갚아 보려 하지만, 아무리 갚아도 빚은 줄지 않는다. 갚다가 지쳐 버려 '에라 모르겠다' 하기 쉽다. 그런데 금액이 적으면 얘기가 달라진다. 몇 달 허리띠 졸라매며 작은 빚을 갚다 보면 빚 탈출에 자신감이 생긴다. 빚 관리의 성패도 결국 심리가 중요하다. 마지막으로 상황에 따라 원금 균등상환, 원리금 균등상환, 만기 일시상환을 잘 따져보고 선택해야 한다. 그밖에도 '신용등급을 높이기 위한 10계명'을 비롯하여 현실적인 조언이 가득하다. 예를 들면 '빚은 자산의 40%를 넘지 마라', '빚 상환액은 생활비 등을 제하고 남은 가용자산의 70%가 적정하다', '보험은 월평균 소득의 10% 이내로 조정해라' 등이 그것이다. 저자는 한 발 더 나아가 아주 현실적인 대안도 제시한다. 현금서비스·카드론·리볼빙을 정리한 다음에는 신용카드를 없애고 대신 체크카드를 쓰라고 충고한다. 아예 월급을 받으면 봉투를 여러 개 준비해서 한 달을 사는 방법도 제시한다. 예를 들어 하나는 생활비 봉투, 다른 하나는 외식 봉투, 그리고 용돈 봉투 등으로 분류해서 거기에 돈을 넣었다가 한 달은 딱 그 봉투에 있는 돈만 쓰면서 사는 방법이다. "아이고! 그걸 어떻게 하느냐고?" 그래도 빚이 영혼을 갉아먹게 두느니 어렵더라도 한번 시도해 볼만 하지 않은가.

아세요? 진리는 단순하고 평범하다는 거. 그렇지만 위대하죠. 과장님, 실례 되는 이야기일지 모르지만 지금 괴로우시죠? 왜죠? 빚 때문이죠? 그것도 감당 못할 빚 때문에. 게다가 내가 이깟 돈 때문에 이러나 싶어 자학한 게 한두 번이 아닐 거예요. 그거에요, 바로. 빚을 져서는 안 되는 이유가. 빚은 사람을 당장 못 먹고 못 입게 만들기도 하지만, 그것에 더해 영혼을 좀먹죠. 빚이 영혼을 야금야금 갉아먹으니까 세상을 버텨낼 의지가 약해지는 거예요. 세상 살기도 재미없고.(134쪽)

빚은 꿀이다. 그러나 세상에 꿀만 있는 벌은 없다. 침도 함께 갖고 있기 마련이다. 개인적으로 책을 읽으면서 가장 뜨끔했던 부분이 회전결제제도라고 부르는 신용카드 리볼빙revolving 서비스다. 현금 서비스만 나쁜 것이라고 생각하고 가끔씩 별 생각 없이 리볼빙 서비스를 이용하곤 했는데 이게 그렇게 나쁜 녀석인 줄 처음 알았다. 리볼빙 서비스는 카드결제대금을 다 결제하지 못할 경우 발생하는 연체를 피하기 위해 일부만 결제하고 나머지는 다음 달로 이월하는 서비스다. 그런데 이 리볼빙이 달콤한 악마의 유혹이다. 우선 연체를 피할 수 있고 당장 갚아야 할 돈이 없어 좋아 보이지만, 원금은 줄지 않고 이자만 계속 붙는다. 거기에 매월 신용카드 사용액이 더해져 갚아야 될 카드대금은 점점 불어난다. 게다가 리볼빙 대출이자는 연 25% 안팎에 달한다. 이것이 리볼빙의 함정이다. 예를 들어 카드대금 100만 원을 매달 최소 결제비율인 5%씩 결제하면 원금 100만 원을 다 갚는 데 30년이 걸린다. 다시 말해 리볼빙은 연 20%를 웃도는 이자를 주고 돈을 빌리는 것과 같다. 그러니 "사랑합니다. 고객님!" 하는 감언이설에 혹하지 말자. 소설 형식을 빌어서 그런지 술술 읽게 되는데 특히 121쪽, 179쪽은 설정과 스토리가 실감난다. 직장생활을 막 시작한 사회 초년병이라면 다른 재테크 책이나 경제서적 읽기 전에, 돈 버는 법보다 100배 더 중요한 부채 관리법을 알려주는 이 책으로 워밍업을 하는 게 좋을 듯하다. 투자를 통한 '재테크'보다 새어나가는 돈을 막는 '빚테크'가 먼저라는 저자의 충고에 귀기울이자. "빚을 없애야 빛이 보인다" 이 책의 결론이다.

📖 함께 읽으면 좋을 책

● 『굿바이, 빚』, 고란, 원앤원북스, 2009

'빚 권하는 사회에서 당당하게 살아남기'라는 부제가 말해주듯이 본격적인 빚테크(재테크가 아니다)를 다룬 책이다. 일간지 경제부 기자인 저자는 요즘과 같은 금융 위기 시대에는 먼저 빚부터 갚아야 한다고 조언한다. 재테크의 제1원칙은 빚관리라는 단순하지만 중요한 진리를 일깨워준다.

● 『빚 권하는 사회, 빚 못 갚을 권리』, 제윤경, 책담, 2015

돈을 빌린 사람의 의무만 강조하고, 빌려준 쪽 책임은 묻지 않는 것이 현실의 모습이다. 저자는 채무자들의 문제를 철저히 그들의 입장에서 바라보며 채무자 각자가 빚으로부터 생환할 수 있는 방법을 찾기 위해 한국사회의 금융이 품고 있는 여러 구조적 문제를 파헤친다.

● 『화차』, 미야베 미유키, 시아출판사, 2006

일본은 물론 한국의 많은 독자들이 '미미여사'라 부르며 애칭하는 미야베 미유키의 인기 소설이다. 무분별하게 신용카드를 써대다가 인생을 망쳐버리는 여자주인공이 등장하는 이 작품을 읽어보면 경제경영서에 왜 뜬금없이 '소설'을 추천하는지 알게 될 것이다.

더 나은 세상을 만드는 길

『협동조합, 참 좋다』
김현대 외 지음, 푸른지식, 2012

이젠 경제 전선에도 '나 혼자'가 아니라 '우리 함께'가 전진 배치되어야 한다. 앞으로 경제는 축소균형의 시대로 간다고 생각할 때 자발적으로 모여서 삶을 자치적·협동적으로 꾸려나가는 협동조합 방식에 대한 관심은 더 강조해도 지나치지 않는다.

FC바르셀로나 · AP통신사 · 썬키스트 · 서울우유의 공통점은 뭘까? 이들은 모두 협동조합Cooperative이라는 것이다. 협동조합은 공동으로 소유하고 민주적으로 운영되는 기업을 통해 공동의 경제적 · 사회적 · 문화적 필요와 욕구를 충족하기 위해 자발적으로 모인 사람들의 자율적 단체다. 스페인 프로축구 리그인 프리메라리그에 속한 명문 축구팀 'FC바르셀로나'는 구단 대표를 투표로 뽑는 등 모든 것이 주민(조합원)에 의해 운영되는 협동조합이다. 영리가 목적이 아니기에 바르셀로나 유니폼에는 기업 광고가 없다. 대신 에이즈에 노출된 전 세계 어린이들을 돕기 위해 유니세프 광고를 새기고 있다. 우리나라의 '서울우유'도 서울우유협동조합이 생산하는 유제품 브랜드이다. 일반 기업과 달리 목장을 직접 운영하는 2000여 낙농인들이 모여 만든 협동조합의 형태를 이루고 있다. 이들 서울우유 조합원인 축산 농가들은 조합 총회에서 의결권을 행사할 수 있고, 임원을 선출 · 해임할 수 있으며, 잉여에 대해 배당받을 권리를 갖는다. 주인이 따로 있는 것이 아니라 모두가 협동조합의 주인이기 때문에 고객에게 최고 품질의 유제품을 제공하는데 더욱 철저하다. 우유 부문에서 매년도 국내에서 가장 안전한 식품 기업으로 선정될 정도로 경쟁력을 갖췄다. 이처럼 지구촌 곳곳에서 우리가 알게 모르게 다양한 기업에 협동조합 모델이 적용돼 성공을 거두고 있다. 『협동조합, 참 좋다』는 세계 각국의 다양한 협동조합 사례를 세 명의 언론인이 직접 취재하고 쓴 책으로, 전체가 3부로 구성되어 있다. 1부에서는 생생한 취재를 바탕으로 이탈리아, 덴마크, 스위스 등 유럽과 뉴질랜드, 캐나다, 미국 등 오세아니아 지역의 잘나가는 협동조합 기업을 소개한다. 2부에서는 현재 우리나라 협동조합의 실상을 되돌아보고, 어떻게 우리 현실에 맞는 협동조합을 만들 것인지에 대한 대안을 제시하고 있다. 3부는 세계의 협동조합 전문가들과 나눈 대화를 실었다. 협동조합에 대한 기본 상식을 팁으로 정리하여 독자의 이해를 돕는다.

지난 2008년 글로벌 금융 위기에 이어 미국과 유럽의 재정 위기는 자본주의의 수명이 정말 다했는가를 끊임없이 질문하게 한다. 특히 전 세계 상위 0.5%가 전체 부富의 35%를 차지하는 양극화 문제는 세상을 집어삼킬 폭풍 속의 찻잔처럼 지구촌을 위협하고 있다. 2011년 금융 자본의 탐욕에 반발해 일어난 월스트리트 점령 시위에서는 "은행계좌 폐쇄하고, 신협으로 옮기자!"라는 협동조합 구호가 터져 나왔다. 격차의 가속도에 경제협력개발기구(OECD)와 국제통화기금(IMF)까지 한목소리로 우려를 표시할 정도다. 우리나라에서는 아직 협동조합이 일반적이지 않지만, 역사적으로 보면 산업혁명기에 처음 생겨나기 시작해 150여 년의 오랜 전통을 갖고 있다. 세계적으로도 협동조합은 경제 규모 면에서 두 번째로 큰 기업 모델이라는 것을 사람들은 잘 모른다. 일찍이 유럽과 오세아니아의 여러 국가들은 자본주의 시장 체제의 모순을 해결하고 지속가능한 공동체를 유지하기 위하여 협동조합을 통해 대안을 모색해 왔다. 협동조합의 천국이라고 불리는 이탈리아 북부에 위치한 볼로냐는 인구 40만의 도시로 1인당 GDP(국내총생산)가 4만 달러를 상회하고, 평균 실업률도 이탈리아 전체의 절반 수준에 불과하다. 볼로냐가 탄탄하고 안정적인 지역경제를 갖춘 바탕에는 협동조합이 있다. 볼로냐에서는 "시장(마트) 간다"는 말 대신 "콥(협동조합의 이탈리아어 발음) 간다"라고 한다. 자본주의의 첨병처럼 보이는 미국도 협동조합의 뿌리가 깊다. 120년 역사를 자랑하는 고급 오렌지의 대명사인 선키스트나 세계 4대 통신사로 손꼽히는 AP통신도 미국의 대표적인 협동조합 기업이다. 책에는 해외 협동조합 기업의 꿈같은 이야기만 소개되는 게 아니다. 우리나라 현실에서 협동조합으로 하기에 적합한 사업을 12개의 행복한 상상으로 모은 '한국의 협동조합을 상상하다'(240~261쪽)를 눈여겨보자. 나부터 참여할 수 있고 실생활에서 가깝게 편익을 누릴 수 있는 다양한 협동조합 사례를 제안하고 있다. 그중에서도 내 고향에서 가까운 충남 공주의 마곡사라는 절을 중심으로 한 생태마을 '마곡사람들' 조성계획이 눈에 크게 들어왔다. 그러나 안타깝게도 여러 가지 사정으로 계획이 무기한 보류되었음을 알게 되었다. 현실의 벽이 만만치 않음을 보여주는 사례 중 하나다.

2012년은 '더 나은 세상을 만드는 협동조합'이라는 주제로 UN이 정한 세계 협동조합의 해였다. 얼마 전까지 한국 경제는 '사회적' 혹은 '협동'이라는 단어와 무관하게 움직여왔다. 막말로 "너만 잘하면 돼"가 1998년 이후 한국을 지배해 온 키워드였다. 그러나 세상이 달라졌다. 이젠 경제 전선에도 '나 혼자'가 아니라 '우리 함께'가 전진 배치되어야 한다. 앞으로 어차피 경제는 축소균형의 시대로 간다고 생각할 때 자발적으로 모여서 삶을 자치적·협동적으로 꾸려나가는 협동조합 방식에 대한 관심이 더 커질 게 뻔하다.

> 지역 주민이 발전기 주인이 되는 소유구조를 주도적으로 이끈 전직 시의원 에릭 톰슨 씨가 들려준 이야기는 신선했다. "어쩌다 발전기가 안 돌아가는 날이면 동네 사람들이 묻습니다. 오늘은 왜 '내 풍력발전기'가 안 돌아가는 거요? 이 지역 주민과 풍력발전이 얼마나 가까운 관계를 맺고 살아가는지 보여주는 이야기지요"(95쪽)

신용·보험 사업을 빼면 어떤 사업이든 5명 이상 모이면 협동조합을 만들 수 있다. 우리나라도 이미 2012년 12월부터 협동조합 기본법이 발효된 뒤 2년 9개월 동안 7759개의 협동조합이 설립됐다. 그렇지만 법 시행이 당장 세상을 뒤바꾸는 것은 아니다. 협동조합이 꽃필 수 있으려면 제도적 개선과 의식 변화 등이 뒤따라야 한다. 창업을 지원할 전문 기관을 많이 세우고 사회적 경제와 협동조합의 의미를 배우고 체험할 수 있는 교육 프로그램도 충분히 제공해야 한다. 이를 통해 사람 존중의 가치관이 뿌리내리지 않으면 협동조합은 결국 마르고 시들 수밖에 없다. 일상보다 이상을 같이할 사람들이 모인 조직이 협동조합이기 때문이다. 책에서 세계의 협동조합 전문가들이 모두 입을 모아 하는 조언이 무엇보다 호혜와 배려, 협력이라는 협동조합의 정신과 원칙을 잊으면 안 된다는 것이었다.

기존의 많은 협동조합 관련 책들은 외국서적을 번역하거나 지나치게 학술적으로 접근하여 처음 접하는 사람들이 쉽게 이해하고 실천하기에 어려움이 있었다. 그러나 『협동조합, 참 좋다』는 국내 저자들이 취재를 통해 다양하고 재미있는 사례를 풀어놓고 있어 협동조합에 대해 관심을 가진 사람들이 입문서로 활용하기에 맞춤하다. 함께 보면 좋은 영화도 있다. 협동조합 운동에 선구적인 모델이 되고 있는 이탈리아 최대 사회적 협동조합 '논첼로'를 모티브로 삼아 제작된 영화 〈위 캔 두 댓〉이 그것이다. 정신과 환자들의 자활을 소재로 한 감동 실화를 바탕으로 한 폭소와 눈물이 넘쳐나는 협동조합의 영상 교과서다. 영화를 보고나면 협동조합이 무엇이고 협동조합으로 할 수 있는 일들이 얼마나 많은지를 단박에 깨닫게 된다.

📖 **함께 읽으면 좋을 책**

● 『우리 협동조합 만들자』, 김성오 외, 겨울나무, 2013

협동조합 창업과 경영의 길잡이가 되는 책이다. 일반 협동조합, 즉 영리 협동조합 운영의 원칙과 같은 기본내용은 물론, 실제 협동조합 운영에서 부딪치게 될 문제들을 포함하여 꼭 짚고 넘어가야 할 부분들을 빠짐없이 담아냈다.

● 『협동조합으로 기업하라』, 스테파노 자마니 외, 북돋움, 2013

협동조합 경제학의 세계적 석학이 새롭게 협동조합을 시작하려는 이들에게 '경제적 성과'와 '사회적 책임'의 두 마리 토끼를 잡을 수 있는 협동조합기업을 제시한다. 특히 특정 분야에서는 일반기업보다 높은 성과를 낼 수 있다는 사실을 예리하고 풍부하게 논증한다.

● 『이런 협동조합이 성공한다』, 김은남, 개마고원, 2015

뚜렷한 성과를 낸 15곳의 '성공한 협동조합'의 7가지 비결을 풀어놓았다. 책이나 이론으로 배운 것이 아닌, 조합원들이 현장에서 몸으로 터득한 '경험칙'을 묶어내 예비 협동조합들의 길잡이 노릇으로 맞춤한 책이다.

착한 카페 이야기

『착한도 망하지 않아』
강도현 지음, 북인더갭, 2012

스토리는 마케팅이 아니라 삶의 방식이다. 결국 스토리다. 스토리가 스펙을 이긴다. 이것이 가장 비자본주의적 발상으로 가장 자본주의적인 지역에서 살아남는 방법이다.

홍대 앞을 지나다가 한 카페 앞에 세워진 광고판이 눈에 띄었다. '회사 때려치우고 카페 차렸소!' 순간 웃음이 났지만 가만 생각해 보면 웃을 일이 아니다. 우리나라 직장인들의 절반 이상이 자영업을 한다면 카페를 생각한다. 음식점 차릴 만한 요리 솜씨는 없고, 술장사는 뭔가 복잡할 것 같아서다. 반면 커피는 특별한 기술이 필요하지도 않고 수요층도 충분한 데다 아기자기한 맛도 있으니 카페야말로 직장인들의 로망이요 퇴직자들의 대안이라고 생각하는 모양이다. 그러나 우리나라 자영업 생존율은 20%가 안 된다. 카페도 예외는 아니다. 적자 안 나는 카페가 얼마나 대단한 건지 아는 사람만 안다.

　『착해도 망하지 않아』는 '프랜차이즈는 따라 할 수 없는 동네카페 이야기'라는 부제가 말해주듯이 프랜차이즈에 치여 거리 구석구석에 숨은 동네카페들을 찾아 그들의 착한 경영 방식을 밝힌 책이다. 대한민국 자영업의 적나라한 생태계를 고발한 화제작 『골목사장 분투기』의 저자 강도현의 두 번째 책이다. 저자는 경영 컨설턴트를 거쳐 외국계 헤지펀드에서 억대 연봉을 받으며 트레이더로 일했다. 그 과정에서 돈이 작동하는 방식에 대해 많은 것을 배울 수 있었으나 자본주의 시스템의 심각한 폐해도 느끼게 된다. 결국 3년 만에 트레이더 일을 그만두고 더 나은 세상을 위해 과감하게 사회적 기업가로 변신했다. 소셜 카페의 기획자로 '카페바인'을 운영하며 자영업자의 삶을 사는 한편 시민단체 활동을 통해 활발한 사회참여를 하고 있다.

저자는 2009년에 작은 카페의 무덤이랄 수 있는 홍대 중심가에 '카페바인'을 열었다. 자본주의의 한복판에서 비자본주의적 경제 생태계를 만들어보고 싶은 꿈을 안고 시작한 일이다. 인권변호사, 시민운동가, 평범한 직장인 등 많은 사람들이 십시일반 돈을 모았고 작은 공간이지만 큰 가치를 세상에 드러내고자 하는 원대한 꿈을 갖고 출발했다. 그러나 상권이 좋으면 그만큼 임대료도 비싼 법. 홍대 근처는 1층에서 장사를 하려면 하루에 커피를 2백잔 팔아도 임대료조차 못내는 곳이다. 열심히 일해서 땅주인에게 갖다 바치는 꼴이 되기 십상이다. 아니나 다를까, 문을 연 지 얼마 못 가 적자에 허덕였고 개인적으로는 신용불량자로 전락하는 위기까지 맞게 되었다. 그러던 어느 날 마지막 SOS를 치는 마음으로 아무 친분도 없던 박원순 변호사(현 서울시장)에게 트윗을 날렸고 이것이 계기가 되어 카페를 방문한 희망제작소 컨설팅그룹 연구원들의 컨설팅을 받게 된다. 우선 임대료가 비싼 홍대에서 빠져나오라는 것과 소셜 카페로서

본연의 목표를 정하고 커뮤니티를 기반으로 지역에 완전히 밀착된 공간을 만들라는 것이 컨설팅 결과였다. 이미 착한 카페로 성공을 거두고 있는 동네카페들을 벤치마킹하라는 조언도 함께 들었다. 저자는 미련 없이 홍대를 뒤로 하고 동 교동으로 카페를 옮겼다. 그때부터 전국의 '착한 카페'를 찾아 순례의 길을 나섰다. 큰길가의 좋은 상권에 버티고 앉아 세련된 인테리어로 폼 나게 장사하는 프랜차이즈 틈에서 과연 동네카페가 살아남을 수 있을까? 이런 의문을 품고 떠난 카페 기행에서 저자는 놀랍고 감동적인 사례들과 마주친다.

제일 먼저 찾아간 곳은 그 유명한 성미산 마을공동체의 카페 '작은나무'다. 200명이 넘는 출자자가 함께 운영하는 '작은나무'는 그만큼 많은 사람들의 이야기가 교차되는 곳이다. 카페를 통해 아이들을 돌봐 줄 수 있고 건강한 먹거리를 제공한다. 또한 카페가 마을공동체의 각종 행사와 회의의 장소는 물론, 편한 쉼터 구실을 하기도 한다. 공간 자체가 '개인적 사건'이 될 정도로 생활과 깊숙이 밀착되어 있다. '작은나무'는 마을 협동조합이 자본주의 체제에 굴하지 않고 공동이익을 감당해 나가며 어떻게 대안적 카페를 꾸려갈 수 있는지를 보여주는 훌륭한 협동조합 모델이다. 수원에 있는 '우리동네'는 카페로는 우리나라 최초로 고용노동부에서 사회적기업 인증을 받은 곳으로, 안병은 대표는 정신과 의사이면서 카페를 운영하는 독특한 경영자로 유명하다. 이미

수원 일대에 직영점을 여러 개 둘 정도로 성공을 거둔 안 대표는 카페 창업의 제1순위로 인테리어나 부동산이 아닌 '사람'을 꼽는다. '우리동네' 카페는 결국 운영자가 무엇을 잘하고 무엇에 관심이 있느냐에 따라 인테리어와 위치도 정해진다는 것을 보여준 사례이다. 카페 '신길동 그가게'는 어려움에 처한 여성들의 자립을 돕는 윙W-ing센터에서 운영하는 동네카페다. 윙센터 최정은 대표는 사회복지단체를 중심으로 해오던 '자활 프로그램'에 회의를 느꼈다고 말한다. 그래서 시도한 것이 인문학 공부였다. 공부공동체를 지향하는 '수유 너머' 등의 도움을 받아 인문학 공부를 하면서 스스로도 믿기지 않을 만큼 놀라운 변화를 체험한다. 강요된 자활 '프로그램'에는 반응하지 않던 이들이 목소리를 높여 책을 읽기 시작했고 노동을 통해 자신의 내면을 찾기 시작한 것이다. 안산의 '행복한카페'는 무엇보다 소박함이 묻어나는 카페다. 이 카페의 진은아 대표는 애초에 장애인을 돌본다는 확고한 목표가 있었다. 복지관에서 일하던 진 대표는 어설픈 서비스를 제공할 뿐 실제적인 삶을 책임지지 못하는 장애인 행정에 실망을 느껴 과감히 카페 운영에 도전했다. 실제로 '행복한카페'에는 자폐증을 앓는 장애인이 바리스타로 당당하게 일하고 있다. 비록 말투는 어눌하고 행동은 느리지만 문제될 것이 없다. 손님들 역시 느린 서비스를 기다려주는 데 익숙하다. 책에는 그 외에도 의정부 시장골목에 변호사 사무실 겸 카페를 운영하는 '동네변호사카페', 유기농 식자재로 진심이 담긴 먹거리를 제공하는 카페 '이로운' 등 착한 경영이 빛나는 네 곳의 카페가 더 소개되어 있다.

　그렇다면 자본주의 한복판에서 비자본적으로 살아남겠다는 야심을 품은 저자의 '카페바인'은 어떤 변화를 겪었을까? 저자가 착하게 살아남은 카페들을 돌아보며 밝혀낸 비밀은 바로 '스토리'이다. 커피는 마케팅이 아니라 관계다. 입지나 인테리어보다 소통의 자산이 되는 스토리가 중요하다는 사실에 주목하게 된 것이다. 세상에서 가장 까다로운 사람이 고객이지만 아이러니하게도 고객은 언제든지 설득당할 준비가 되어 있다. 막강한 자본력을 가진 프랜차이즈가 따라하지 못할 것은 아마 없을 것이다. 그러나 단 하나, 타인을 향한 마음에서 우러나오는 스토리는 함부로 따라할 수 없다. 스토리는 마케팅이 아니라 삶의 방식이다. 결국 스토리다. 스토리가 스펙을 이긴다. 이것이 가장 비자본주의적 발상으로 가장 자본주의적인 지역에서 살아남는 방법인지도 모른다.

　우리는 인테리어와 컨셉을 말하기 전에 먼저 철학과 스토리를 말해야 합니다. 사실 인테리어 측면에서 이 카페는 그다지 특징적인 요소가 없습니다. 평범하거든요. 그러나 공간의 내공은 인테리어의 깔끔함에서 나오는 것이 아니라 그 공간을 채우는 사람의 생각에서 나옵니다. (114쪽)

서울에 널린 프랜차이즈 카페들보다 좁고, 인테리어도 별로고, 서비스도 부족할 수밖에 없는 카페지만 그 작은 공간에 엄청난 스토리가 쌓여 있기 때문에 수 억짜리 인테리어와는 비교가 안 되는 강력한 힘을 발휘하죠.(230쪽)

먹고 마시는 장사는 대개 3년이 지나면 결판이 난다. 자본주의 계산법으로는 망했어도 벌써 망했어야 하는데 '카페바인'은 6년이 지난 아직까지 살아남았다. 1기는 카페가 뭔지도 잘 모르면서도 커피의 격전지 홍대 앞에서 분투하던 2009년부터 첫 2년이었다. 2기는 동교동 삼거리로 이사 와서 연속된 불황과 싸우면서도 협동조합으로 다시 거듭난 3년이었다. 협동조합은 '카페바인'이 추구하는 3대 원칙 즉, '소통, 민주적 경영, 사회적 가치'를 구현하는 데 가장 적합한 포맷이었다. 그동안 '카페바인'이 큰 수익은 내지 못하지만 공동체의 삶이 살아있는 실천의 공간으로 자리매김할 수 있었던 것은 '고객 동지'가 있었기 때문이었다. 카페라는 공간을 재해석하여 단순히 누군가를 만나 커피를 마시는 공간을 넘어 그들과 함께 아이디어를 공유하고 스토리를 쌓아가며 삶과 밀착된 다양한 실험을 시도한 결과다.

이 책은 저자가 직접 발로 뛰며 실무자들을 만난 현장기록을 바탕으로, 착한 경영이 카페 경영에 실제로 어떻게 유용하게 작용하는지를 보여주는 경영탐구서에 가깝다. 자영업으로서의 '카페'의 날것의 모습과 카페 운영자들의 희로애락, 무엇보다 사회를 향해 강력하고도 착한 힘을 발휘하는 '카페'라는 위대한 공간의 가능성에 주목한다. 결국 모든 건 사람이 한다. 카페도 커피머신이 아니라 사람이 하는 일이다. 이들에게 성공의 기준은 돈을 벌었느냐 못 벌었느냐가 아니라 도전을 통하여 새로운 가치를 창조했느냐에 달려 있다. 신자유주의와 무한경쟁의 파고 속에서 이러한 착한 공간이 우리 주변 곳곳에 꿋꿋하게 자리를 차지하고 있다는 게 얼마나 큰 위로인가. 『착해도 망하지 않아』는 "혼자 꾸는 꿈은 그저 꿈이지만, 함께 꾸는 꿈은 현실이 된다"는 존 레논의 부인 오노 요코의 명언을 증명해 주는 책이다. 지속 가능한 카페 운영을 통해 보다 나은 삶을 꿈꾸는 사람이라면 한번은 꼭 읽어야 할 지침서이다.

 함께 읽으면 좋을 책

● 『골목사장 분투기』, 강도현, 북인더갭, 2014(개정판)

우리나라 경제 활동 인구의 33%, 즉 3분의 1 가량이 자영업에 종사하고 있다. 이 책은 자영업을 실제 경험한 사람이, 그것도 "쫄~딱" 망해본 사람이, 자영업자들이 왜 망하는가, 어떻게 망하는가에 관하여 자신의 실제 체험을 바탕으로 쓴 귀중한 책이다.

- ●『골목사장 생존법』, 김남균 외, 한권의책, 2015

  직장 10년 차 철수가 1억 2천만 원으로 커피숍 창업을 시작하면서 이야기는 시작된다. 700만 자영업자 시대에 주인공 철수를 통해 골목사장으로 살아가면서 겪게 되는 갖가지 어려움에 대한 법률적인 조언을 담았다. 철수 화이팅!

- ●『나는 스타벅스보다 작은 카페가 좋다』,
  조성민, 라온북, 2015

  3년 간 매년 200% 이상의 매출 성장을 올리고 있는 13평 작은 카페의 운영 노하우를 담고 있다. 회사를 그만두고 '카페허밍'을 차린 저자는 매주 주말이면 이곳에서 '허밍웨이'라는 독서모임을 열고 있는데, 100년 동안 영업하는 대전을 대표하는 카페를 만들겠다는 야심찬 꿈을 갖고 있다.

중국에 편승하라

"이길 수 없으면 합류하라"

19세기는 영국, 20세기는 미국의 시대였다면, 21세기는 단연코 중국의 것, 아이들에게 중국어를 가르쳐라. 이제 영어보다는 중국어를 배우는 것이 더 이득이 될 것이다.

– 짐 로저스(미국 투자전문가)

2015년 현재, 중국은 과연 어떤 나라일까? GDP 세계 2위, 외환보유고 세계 1위, 미국과 함께 명실상부 G2인 경제대국, 이것이 지금 중국의 위상을 나타내는 말이다. 중국이 크고 작은 난관을 헤치고 '팍스시니카'의 시대를 열지, 아니면 일본처럼 중간에서 고꾸라질지 아직은 아무도 모른다. 문제는 우리가 중국의 운명을 결코 강 건너 불구경 하듯이 볼 수 없다는 데 있다. 이웃집이 마음에 안 들면 이사 가면 그만이지만 이웃국가는 그럴 수가 없다. 우리는 2000년 간 중국과 치고받으며 살아왔다. 더구나 중국은 한국 전체 수출의 1/3을 차지하고 있다. 한국의 운명은 중국과 함께하는 마지막 10년에 있다는 말이 괜한 말이 아니다.

지금 한국의 제1외국어는 영어지만, 과거 1840년 간 한국의 제1외국어는 중국어였다. 영어가 제1외국어가 된 것은 최근 60년 간의 일이다. 이제 다시 중국어가 경쟁력이고 최대의 무기인 시대가 오고 있다. 나폴레옹은 "적을 이길 수 없다면 적과 합류하라"라는 명언을 남겼다. 지금이 바로 그래야 할 때다. 중국을 이길 수 없다면 중국과 합류해야 한다. 중국발 위기와 기회의 실체를 명민하게 파악하고 우리의 생존법을 서둘러 찾아야 할 때다. 지금이라도 중국을 공부하자.

본사형
중국전문가는 가라

『지금이라도 중국을 공부하라』
류재윤 지음, 센추리원, 2014

중국인의 마음을 여는 법에서 중국에서 통하는 현지화 · 협상 · 조직관리 전략에 이르기까지 중국 비즈니스 현장과 일상을 사는 중국인의 모습이 가감 없이 담겨 있다.

중국은 개방 30년 만에 수출 세계 1위, 기업 시가총액 2위, 군사비 2위, GDP(국내총생산) 2위로 올라섰다. 무역규모로는 이미 한참 전에 미국을 추월하였고, 구매력 기준 경제규모로도 미국을 제치고 세계 1위가 되었다. 한국의 최대 무역국이자 최대 투자대상국이 된 지는 이미 오래 전이다. 한국은 수출로 먹고사는 나라다. 대중 교역규모가 미국 및 일본과의 교역을 합친 것보다 많을 정도로 중국 의존도가 심하다. 한국의 대중수출 비중이 이미 30%를 넘었고, 한국 전체 무역흑자의 1.7배나 되는 807억 달러를 중국에서 번다. 거기다 한류 열풍과 가까운 지리적 위치 때문에 한국을 방문하는 요우커(중국인 관광객) 수가 해마다 증가하여, 2014년에는 이미 600만 명을 넘어섰다. 발등에 불이 떨어졌다. 그러나 아쉽게도 우리 주위에는 소위 '중국통'을 자처하며 중국을 잘 안다고 하는 인사가 많지만 한꺼풀 벗겨보면 실속이 없는 경우가 많다. 무늬만 중국통인 '짝퉁'이 대부분이다. 중국의 'China-MBA'들이 필요한데 중문학 전공자들이 대거 주재원으로 나가 있다. 중국어의 나라에서 중문과 출신만 보내면 승부는 뻔하다. 중문과 출신이 아닌 중국어가 능통한 상대 출신으로 전사를 짜야 한다. 그러다 보니 정작 중국과 분쟁이 생겼을 때 누구 하나 나서서 제대로 해결하는 사람이 없다. 중국에서 오래 있었다고 해서 모두가 전문가가 되는 것은 아니다. 현지에 있으면서도 현지 문화를 이해하지 못하고 현지인과 어울리지 못하면 가짜 전문가가 될 수밖에 없다. 중국문화에 대한 이해는 고사하고 생활 중국어 외에는 더 깊이 알려고 하지 않고, 제한된 사람들만 만나며 그것이 중국의 모든 것인 양 살아가는 '단순 장기체류자'가 너무나 많다.

『지금이라도 중국을 공부하라』를 쓴 류제윤은 50조 중국 삼성의 20년 역사를 시작부터 함께하며, 인생의 대부분을 중국에서 보낸 삼성 최고의 중국통이다. 한국기업 사상 최장수 베이징 주재원이라는 경력과 대對중국 민간외교의 막후 해결을 담당한 경험과 함께 중국이 인정한 명실상부한 중국전문가로 꼽힌다. 저자는 주재원 초년 시절 중국에서 식사자리가 중요하다는 것을 알고 난 후, 중국음식 관련 서적을 섭렵했다고 한다. 음식뿐 아니라 중국의 역사, 지리, 사상에 관해서도 공부를 게을리 하지 않았다. 공산당 엘리트를 교육하는 중국 중앙당교뿐만 아니라 〈인민일보〉 등의 중국 매체와 대학, 정부기관 등에서 중국어로 강연을 할수 있는 것도 다 그런 현지화를 위한 부단한 노력이 있었기에 가능한 것이다. 책에는 중국인의 마음을 여는 법에서 중국에서 통하는 현지화 · 협상 · 조직관리 전략에 이르기까지 중국 비즈니스 현장과 일상을 사는 중국인의 모습이 가감 없이 담겨 있다. 탁상공론과 편견이 끼어들 여지를 주지 않는 것이 한국식 잣대를 오용하고 서구식 가치로 중국을 농단하는 여느 책들과 차별화되는 지점이 분명하다. 중국 비즈니스를 위해 유용한 처음 들어보는 실전팁도 많다. 중국에서는 남자가 녹색 모자를 쓰면 안 된다는 것이 그 중 하나다. 남자가 녹색 모자를 쓰고 다니는 것은 "내 아내가 바람났다"고 광고하고 다니는 꼴이라고 한다.

중국을 아는 체 할 때 누구나 말하지만 아무나 모르는 게 꽌시다. 꽌시는 '사람과 사람, 또는 사람과 사물 사이의 관계'라는 뜻과 '연줄'이라는 뜻으로 정의된다. 영어로는 'relationship', 'human network'로 표기된다. 우스갯소리로 중국에서는 가사도우미가 당 총서기와 꽌시가 있다고 해도 전혀 이상할 것이 없는 사회다. 중국에서 친구는 열쇠와 같다. 중국 사람들 사이에는 "준 사람은 기억하지 못해도, 안 준 놈은 기억한다", "집에서는 부모를, 밖에서는 친구를 의지한다"라는 말이 있다. 중국 사람들이 얼마나 꽌시를 중요하게 생각하는지 짐작하게 하는 대목이다. 99쪽 이후로는 직·간접적으로 꽌시와 관련된 언급이 대부분일 정도로 저자는 무엇보다 꽌시를 강조한다. 중국 사람들에게 인류를 둘로 분류해 보라고 하면 대답은 분명히 이럴 것이다. "아는 이(圈子內), 즉 '우리들'과, 모르는 이(圈子外), 즉 '그들'이다"

중국에서는 꽌시도 하나의 화폐다. 중국인의 지갑에는 돈이라는 현금과 체면이라는 신용카드와 꽌시라는 수표(어음)가 공존한다.

중국에서 꽌시 없이 무엇을 해보겠다고 하는 것은 축구경기에서 상대편은 11명이 뛰는데 우리 쪽에서는 나 혼자 상대하겠다고 하는 것이나 다름없다. 꽌시를 모르고 중국에서 성공하겠다는 것만큼 무모한 도전은 없을 것이다.(155쪽)

만약 이제는 중국도 꽌시가 필요 없는 사회가 되었다고 말하는 사람이 있다면, 그는 둘 중 하나다. 중국을 너무 모르거나, 아니면 꽌시의 도움을 전혀 받아보지 못한 사람이다. 중국에 진출해 아직도 성공을 거두지 못하고 있다면 그 진짜 이유는 중국인 친구를 사귀지 못했기 때문이라고 생각하면 대충 맞는다. 책에서 저자는 직접 겪은 극단적인 예를 소개하고 있다. 중국 어느 조직(회사 또는 정부)에서 대외비로 관리하는 자료를 반드시 보아야 한다면 일단 중국인 담당자와 친구가 된 다음 자료를 보여 달라고 몇 번 조른다. 물론 처음에는 안 된다고 하겠지만 결국 그는 당신이 원하는 자료를 컴퓨터 모니터에 띄워 놓고 갑자기 화장실이 급하다며 자리를 비울 것이다. 이때 자료를 이메일로 전송하거나, USB로 저장해 간다든가 인쇄하는 것은 절대로 금물이다. 그것은 자칫 친구를 곤경에 빠뜨릴 수 있다. 그가 당신에게 대외비를 공개한 것에 대한 책임을 면할 수 있도록 해야 한다. 나중에 당신이 열람한(사실은 친구가 보여준) 자료 때문에 문제가 발생하더라도 당신의 친구가 문책을 당하는 일은 없을 것이다. 그는 상사에게 불려가 이렇게 하소연할 테니까 말이다. "잠깐 자리를 비운 사이 그가 들어와 보고 간 모양인데 난들 어쩝니까?" 마치 제임스 본드나 톰 크루즈가 나오는 첩보영화의 능청스러운 정보원을 대하는 것 같지 않은가.

"앞으로 10년, 한국 없는 중국은 있어도 중국 없는 한국은 없다!" 그러나 아직도 한국은 중국을 만만하게, 중국은 한국을 우습게 본다. 이젠 서로의 실력을 제대로 인정해야 한다. 중국은 더 이상 선택이 아니다. 우리가 필연적으로 더불어 살아가야 할 환경이다. 그럴수록 공부하는 중국전문가가 필요하다. 중국전문가는 완료형이 아니라 진행형이다. 성곽을 높이로만 바라보면 앞을 막는 '벽'이지만, 길이로 바라보면 '길'이 된다. 실패하지 않는 가장 확실한 방법은 일단 실패해보는 것이다. 중국이 아무리 기회의 땅이라고 해도 그런 통과의례조차 거치지 않고 쉽게 기회를 주지는 않을 것이 분명하다. 저자는 자신이 만든 '본사형 중국전문가'라는 말은 이 책을 마지막으로 사라지는 단어가 되길 바란다며 돌을 맞을 각오로 중국에서 일하는 이들의 현지화에 대해 쓴 소리를 하고 있다. 중국에 진출하려는 기업, 개인 또는 사업부서가 있다면 지금이라도 중국을 공부하라는 저자의 고언을 귀담아 들어야 할 것이다. 매번 중국 출장에서 돌아올 때마다 현지에서 사온 고량주로 나를 부르는 장 대표에게 이 책을 선물했다. 한국형 '꽌시'다.

📖 함께 읽으면 좋을 책

● 『사기열전』, 사마천, 민음사, 2015

〈사기〉는 전설의 황제 시대로부터 한 무제 때까지 2000년 역사를 아우른다. 그중 절반 이상을 차지하고 있는 '열전' 70편은 사람이 평생 살면서 만날 수 있는 거의 모든 인간 유형들이 파노라마처럼 등장한다. 중국과 중국인을 제대로 알고 싶다면 『홍루몽』과 함께 꼭 읽어야 할 책이다.

● 『중국인 이야기』, 김명호, 한길사, 2012

격동기 중국 근현대사의 전개 과정을 생동감 있게 복원한 책이다. 한 번 붙들면 좀처럼 손에서 놓질 못하는 것이 소설보다 재미있다. 중국의 내밀한 속살을 이토록 자세히 들여다 볼 수 있다는 게 좀처럼 믿기질 않는다. 그야말로 네버 엔딩 스토리이다.

● 『야망의 시대』, 에번 오스노스, 열린책들, 2015

지난 8년 간 중국 특파원을 지내며 새로운 중국의 정치적, 경제적, 문화적 격변을 지켜본 저자가 유명인사부터 거리의 청소부에 이르기까지 온갖 군상의 현대 중국인들의 복잡한 내면풍경을 흥미진진하게 그려냈다.

중국을 놓치지 마라

『중국의 대전환, 한국의 대기회』
전병서 지음, 참돌, 2015

리커노믹스 2.0, AIIB, 일대일로까지 세계 경제가 중국 중심으로 재편되는 바로 지금이 중국의 부상에 편승할 수 있는 마지막 기회다.

비행기로 2시간, 불금에 차가 막힐 때 자동차로 여의도에서 분당 가는 것보다 가까운 나라가 중국이다. 중국은 지난 2008년 금융 위기를 계기로 당당하게 미국과 '맞짱'을 뜨는 G2(Group of 2)로 부상했다. 미국 경제에 경고등이 켜졌던 당시에 중국이 통 크게 미국 국채를 매입해 돈줄을 푼 덕분에 경제 위기가 번지는 것을 막을 수 있었다. 지금 중국은 전 세계를 다시 한 번 금융 위기에서 건질 수 있을 만큼 현금을 보유한 유일한 나라다. 세계 최고의 현금부자, 세계의 지갑이 중국이다. 중국은 더 이상 선택이 아니다. 우리가 더불어 살아가야 할 필연적인 환경이다. 중국은 무척 복잡한 나라이고 누구도 중국의 현상과 미래를 한마디로 정의하거나 예측하지 못한다. 중국을 둘러싼 정치 환경, 사회 변화, 경제지표가 어디로 어떻게 튈지 아무도 알 수 없다. 지금도 중국에 대한 위기론, 붕괴론, 역할론, 패권론이 분분하다. 그러나 붕괴론이나 위기론 지지자들은 지난 10년 간 모두 틀렸고, 역할론이나 패권론 지지자들 역시 확신을 못 하기는 마찬가지다. 『중국의 대전환, 한국의 대기회』는 전병서 중국경제금융연구소장이 중국의 급성장 비결과 중국 경제의 현주소를 파헤치고 대중국 전략에 대한 실질적인 방안을 제시하고 있는 책이다. 저자는 국내 유수의 증권회사에서 애널리스트와 IB(투자은행) 뱅커로 25년 간 근무했고, 한국 최초로 중국기업 한국 상장업무를 시작하는 등 중국 자본시장 분야에 관한 국내 최고의 권위자로 인정받고 있다. 중국의 부상을 실감하고 불혹이 넘은 나이에 중국 공부를 시작해 칭화 대학과 푸단 대학에서 석·박사 학위를 받았고, 상하이 한화투자 고문과 상하이 차이나데스크 자문위원을 지냈다.

지난 금융 위기 이후 5년 간 IT와 자동차 부문에서 중국이 세계 최대의 소비시장이 되는 바람에 한국은 OECD(경제협력개발기구) 국가 중에서 가장 성장하는 어부지리漁父之利를 누렸다. 그런데 시진핑-리커창 정부가 들어서며 중국이 달라지고 있다. 성장률에 목숨 걸지 않고 무리한 목표관리보다는 '구간관리'로 돌아섰다. 2015년 중국 경제 성장목표는 7% 내외다. 이는 결코 낮은 성장이 아니다. 7년 이내에 미국을 제칠 수 있는 무서운 성장률이다. 중국은 이미 제조대국에서 서비스대국으로 탈바꿈하고 있고, 투자에서 소비로, 수출에서 내수로 정책기조를 바꿨다. 이런 중국의 변화에 한국의 리스크가 커지고 있다. 제조대국 중국에 중간재를 팔아 호황을 누렸던 한국의 전통 제조업이 중국의 변화에 대응하지 못해 흔들리고 있다. 한국의 차이나 리스크의 본질은 중국의 성장 둔화에 있는 것이 아니라 한국의 중간재 수출 비중이 너무 크다는 데 있다. 한국 대중수출의 74%가 중간재다. 중간재를 줄이고 소비재 수출 비중을 늘리는 것이 핵심이다. 그런데 한국이 미래의 먹거리로 선정한 국가전략기술 10개 분야 120개 중에서 한국이 세계 1등인 것이 하나도 없다. 1등 기술이 없는 것도 문제지만 중국의 기술 추격이 더 무섭다. 반도체와 LCD 정도를 빼고는 한국이 중국보다 앞선 것이 별로 없다. 금융이 유일하게 중국에 10년 이상 앞선 산업이다. 우리가 아직 금융 분야에 경쟁우위가 있는 지금이 기회다. 중국의 금융시스템이 자리를 잡기 전에 중국의 금융시장과 투자시장을 선점하여 중국 제조업에 미리 투자해 놓아야 한다. 그래야만 훗날 우리 제조업이 중국에 추월당하더라도 중국 기업들로부터 이자와 배당을 받을 수 있다는 것이 저자의 주장이다. 당장 한국의 대중국 펀드투자 방향부터 제대로 잡아야 한다. 2014년 11월부터 한국의 개인투자가도 중국 본토의 잘나가는 기업에 직접 투자할 수 있는 길이 열렸다. 후강퉁(상하이와 홍콩증시 간 교차매매)에 이어 2015년 10월께 도입될 예정인 선강퉁(선전증시와 홍콩증시 간 교차매매) 제도가 그것이다.

2015년 중국 관련 뉴스 중에서 가장 눈여겨보아야 할 것이 연말 출범을 목표로 중국이 주도하는 AIIB(아시아인프라투자은행) 관련 소식이다. AIIB는 미국이 쥐락펴락하는 기존 국제 금융질서에 중국이 도전장을 내민 것이나 다름없다. 창립회원국은 한국을 포함한 57개국, 수권자본금은

1000억 달러로, 아직은 기대 반, 우려 반인 게 사실이지만 IMF(국제통화기금)와 WB(세계은행)를 두 축으로 한 국제 경제 질서가 새로운 시대를 맞게 되는 셈이다. 중국은 AIIB를 발판 삼아 글로벌 경제의 강자로 나서겠다는 포부를 갖고 있다. 아시아 · 아프리카 · 유럽의 물류, 통신, 에너지망을 중국 내륙과 연결하는 400억 달러 규모의 '일대일로一帶一路(육 · 해상 실크로드) 사업'이 AIIB를 통한 첫 번째 초대형 프로젝트이다.

> 한국은 이미 1년 반 동안 진행된 '일대일로'에 관심도 없다가, 갑자기 AIIB를 계기로 온 언론이 일대일로와 AIIB로 도배를 하고 있다. 이러니 판판이 중국에 당한다. 이미 57개 나라가 조인을 한, 제2차 세계대전 이후 최대의 초대형 건설공사 프로젝트이자 새로운 아시아에서 중국식 경제 패권의 새 패러다임에 한국이 이렇게 무심해도 중국이 재편하는 무대에서 잘먹고 잘살 수 있을까?(206쪽)

늘 그렇듯이 한국은 이번에도 뒷북을 쳤다. 영국보다 먼저 AIIB 가입 결정이 이루어졌으면 중국에 땡스콜을 받았겠지만 이젠 아니다. 중국의 지금 태도는 올 테면 오고 말라면 말라는 식이다. 돈 앞에는 의리도, 체면도, 자존심도 없다. G2로 부상한 중국의 돈 폭탄에 세계 각국은 미국을 버리고 '중국 용비어천가'를 부르고 있다. 영국은 300억 달러의 현금 가방을 들고 방문한 중국 총리를 영국 여왕까지 나서서 비위를 맞추었다. 그것도 모자라 중국이 주도하는 AIIB에 유럽 대부분의 국가가 미국 눈치 보는 와중에 놀랍게도 영국이 깃대 잡고 일착으로 가입했다. 미국의 외삼촌격인 '엉클 영국'이 미국을 버리고 중국에 붙자 독일, 이탈리아가 얼씨구나 하며 그 뒤를 따랐다. 경제 불황에 허덕이는 프랑스도 마찬가지다. 2014년 프랑스를 국빈 방문한 시진핑 주석을 앵발리드 광장 환영식과 엘리제궁 만찬으로 대대적으로 환대했다. 이유는 단 하나다. 프랑스의 자랑인 에어버스 여객기 160대를 중국이 구매할 계획을 갖고 있었기 때문이다. 바야흐로 '중국 돈의 외출'이 시작된 것이다.

중국은 이른바 '중화'의 문화적 자신감을 빠르게 되찾고 있다. 공식 해외문화기관으로 '공자학원'을 미국 90개를 비롯해 지구촌 전체에 거의 프랜차이즈 수준으로 480개나 설립했다. 치명적인 재난이나 전쟁만 없으면 중국은 향후 짧으면 10년, 길면 20년 이내에 미국을 추월하고 명실상부 'G1'으로 우뚝 서게 될 것이다. 전에는 '중국을 어떻게 볼 것인가'가 화두였다면 이제는 '중국을 어떻게 할 것인가'를 고민해야 한다. 저자는 '정미경중政美經中'이 답이라고 말한다. 정치와 안보는 미국에 편승하고 경제는 중국과 제대로 협력하는 것이 한국이 살 길이라는 뜻이다. 특히 아시아는 미국의 독주 시대에서 중국과 미국의 양강 시대로 접어들었다.

지금 아시아에서는 미국 마음대로 할 수 있는 것이 별로 없다. 그러나 아쉽게도 지난 60년 간 한국은 미국형 인재와 일본형 인재만 길렀지 중국형 인재에는 무관심했다. 그나마 최근에는 중국을 안다는 사람이 많은 듯 보여도 중국을 정말 잘 아는 '중국통'은 절대 부족하다. 그리고 무엇보다 중국의 미래를 연구할 국가급 중국 연구소가 필요하다.

이 책은 중국 경제와 금융을 오랫동안 연구한 저자의 전문성에 현지에서 쌓은 네트워크를 바탕으로 길어올린 생생한 사례와 역사지식이 보태져 탄탄한 내공이 돋보인다. 중국 경제와 금융을 폭넓게 다루면서도 포커스는 한국의 전략에 맞춰져 있다. 저자는 한국의 부와 미래는 중국에 달려있고, 향후 10~20년 안에 중국이 초강대국으로 완벽히 부상하기 전에 생존전략을 수립해야 한다고 경고한다. '중국은 어떤 나라인가?', '6가지 주제로 본 우리가 오해하고 있는 중국', '중국의 대기회', '한국의 대위험' 등 눈길을 잡아끄는 제목들이 책장을 넘기는 손놀림을 바쁘게 만든다. 지나친 동어반복이 눈에 띄지만 급박하고 긴요한 내용을 가장 현재적인 내용으로 전하고자 하는 저자의 절박함이 묻어난 것으로 이해하고 읽으면 크게 거슬리진 않는다. 이 책의 메시지는 단호하다. "리커노믹스 2.0, AIIB, 일대일로까지 세계 경제가 중국 중심으로 재편되는 바로 지금이 중국의 부상에 편승할 수 있는 마지막 기회다!"

함께 읽으면 좋을 책

● 『존 나이스비트 메가트렌드 차이나』,

존 나이스비트 외, 비즈니스북스, 2010

앨빈 토플러와 함께 미래학의 양대 산맥으로 군림하며 금세기 최고의 세계적인 미래학자로 꼽히는 존 나이스비트가 우리가 미처 몰랐던 중국의 저력을 속속들이 파헤치며 서구의 편향된 시각에서 벗어난 '진짜 중국'을 말하고 있다.

● 『앞으로 10년, 한국 없는 중국은 있어도

중국 없는 한국은 없다』, 김상철, 한스미디어, 2015

최근 5년 간 베이징과 상하이에서 무역관장을 지내며 급변하는 중국의 모습을 생생하게 목격한 저자가 우리가 잘못 알고 있는 중국의 현실을 제대로 전해준다. 중국을 한국의 제2 내수시장으로 만들어야 한다고 주장한다.

● 『슈퍼차이나』, KBS 슈퍼차이나 제작팀, 가나출판사, 2015

KBS 특별기획 다큐멘터리 '슈퍼차이나'를 단행본으로 엮은 책으로, 슈퍼파워로 떠오른 중국의 부상을 속속들이 보여준다. 제작팀은 중국을 비롯하여 미국과 그리스, 아르헨티나, 케냐, 베트남 등 5대륙 20여 개국을 방문하여 차이나파워의 생생한 현장을 전하고 있다.

마윈의 신화는 계속된다

『운동화를 신은 마윈』
왕리펀 · 리샹 지음, 김태성 옮김, 36.5, 2015

화려한 외면에 숨겨진 마윈의 깊은 내면을 끄집어내며, 알리바바를 탄생시킨 27가지 결정적 전환점과 성장과정을 조목조목 짚어주는 책.

지난 2015년 5월에 서울에서 열린 '제6회 아시안 리더십 콘퍼런스'에 난다 긴다 하는 세계적인 석학과 명사들이 대거 참석했다. 그중에서도 단연 눈에 띄었던 인물이 중국 최고의 전자상거래 기업 알리바바의 마윈馬雲 회장이었다. 마윈은 2009년 〈타임〉이 선정한 '세계에서 가장 영향력 있는 100인'에 이름을 올리기도 했다. 그런 그를 보기 위해 수많은 사람들이 강연장으로 몰려들었고, 언론과 방송은 그의 입에서 나오는 얘기를 퍼 나르느라 분주했다. 마윈은 2014년 전 세계에서 가장 많은 돈을 번 사람이다. 그해 9월, 알리바바가 뉴욕 증시에 상장한 첫날 주가가 폭등해 시가총액 242조 원을 기록했을 때 월스트리트가 떠들썩했다. 이는 페이스북, 삼성전자, 아마존보다 더 큰 규모로, 구글에 이어 세계 인터넷 기업 중 2위에 해당하는 금액이었다. 한국의 IT 빅4를 다 합쳐도 알리바바 1개 회사의 시가총액에도 못 미친다. 세계 최대 유통업체인 월마트도 추월했다. 쉰한 살 마윈은 재산이 356억 달러(약 39조 원)로 중국 부자 1위, 세계 부자 15위로 올라섰다. 마윈의 성공담과 알리바바의 성장비결을 담은 책이 중국에서 백 권도 넘게 나왔을 정도로 마윈 열풍은 대단하다. 특히 알리바바가 뉴욕 증시에 성공적으로 상장하며 '알리바바의 해'라 불린 2014년에는 매월 4종 이상의 '마윈 책'이 쏟아져 나왔다. 이중 우리나라에 번역 출간된 책만도 10여 권에 이른다. 그러다 보니 그의 성공 스토리가 일반인과는 다소 멀게 느껴지며 '신화'처럼 비치는 것도 사실이다. 그러나 마윈이 유일하게 공식 인정한 책이라는 선전문구가 달린 『운동화를 신은 마윈』은 세간의 그런 느낌을 씻어준다. 중국 CCTV에서 프로듀서 겸 진행자로 활동했고 직접 창업한 경험이 있는 왕리펀과, 경제기자로 수년 동안 알리바바를 취재한 리샹이 함께 쓴 이 책은 마윈이 결코 신화가 아님을 말해준다. 그를 가까이에서 본 경험을 토대로 화려한 외면에 숨겨진 마윈의 깊은 내면을 끄집어내며, 알리바바를 탄생시킨 27가지 결정적 전환점과 성장과정을 조목조목 짚어준다. 책 제목은 마윈이 공식적인 자리를 제외하고는 평소 운동화를 즐겨 신는다는 마윈의 운전기사 말에서 따왔다. 책 출간 후 중국 기업인들 사이에서는 운동화를 신는 게 유행이 됐을 정도다.

책에는 마윈과 알리바바의 창업과정을 담은 흥미로운 일화가 가득하다. 마윈은 162㎝의 작은 키에 잘 생긴 것도 아니고, 배경도 변변찮고, 중국인들이 비아냥거리는 투로 말하는 '지잡대'(지방의 잡스런 대학) 출신이다. 젊었을 때는 취업에 서른 번 넘게 미끄러졌는데, KFC와 경찰시험에서는 지원자 중 혼자만 떨어졌다는 것을 나중에 알았다. 7년 동안 세 번이나 망했을 정도로 창업에서도 실패를 거듭했다. 30대이던 1995년 통역사 자격으로 중국 무역 대표단의 미국 시애틀 출장에 따라 가면서 처음으로 인터넷 비즈니스를 접한 마윈은 인터넷이 세상을 바꿀 것이라는 확신을 갖게 된다. 당시로서는 최고사양이던 486 컴퓨터를 들고 중국으로 돌아온 마윈이 처음 전자상거래 회사를 세우겠다고 했을 때 친구들은 그를 보고 다들 미쳤다고 했다. 중국은 얼굴을 맞대고 거래하는 '관시關係'로 돌아가는 나라인데 인터넷 거래가 어떻게 가능하냐며 모두가 말렸다. 그러나 마윈은 1999년에 동업자 17명의 주머니를 톡톡 털어 나온 50만 위안(약 8,000만 원)으로 알리바바를 창업했다. 자금이 충분치 않다 보니 오피스텔을 얻지 못하고 호반가든의 150평방미터 남짓한 집에 사무실을 차렸다. 최근 알리바바의 본거지인 중국 항저우는 '마윈 효과'로 창업 열풍이 불고 있다. 실리콘밸리에서 애플이나 구글 같은 기업들의 '차고Garage'창업 신화처럼 이곳은 지금 알리바바의 혁신과 기업가 정신을 상징하는 공간이 되었다. 알리바바는 16년에 걸쳐 쇼핑·B2B(기업간거래)·결제·금융을 아우르는 세계 최대 종합 전자상거래 기업으로 성장했다. 직원도 3만 4000명으로 늘어났다. 현재 알리바바는 중국 온라인 쇼핑 시장의 80%를 장악했을 뿐만 아니라, 게임·금융·물류 등으로 사업 영역을 공격적으로 넓혀가고 있다. 회사이름을 '알리바바'로 지은 데도 사연이 있다. 마윈은 샌프란시스코로 출장을 갔다가 길거리에서 우연히 그 이름을 보았다. 마윈은 자기 테이블로 커피를 날라다 준 여종업원에게 혹시 알리바바를 아느냐고 물었고, 그녀는 당연히 안다면서 '열려라 참깨!'라는 뜻 아니냐며 대답했다. 마윈은 내친 김에 길거리에서 국적이 다른 60여 명의 외국인들에게 같은 질문을 던졌다. 그들 모두는 알리바바의 뜻을 알고 있었으며, 매우 희한하고 재미있는 이름이라고 말했다. 마윈은 즉석에서 회사 이름을 '알리바바'로 정했다. 마윈은 이렇게 엉뚱하고 기발한 면 이외에도 탁월한 이야기꾼이자 어록 제조기로도 유명하다. 미국 최대 온라인 쇼핑회사인 이베이를 상대로 경쟁할 때 마윈이 했던 다음 말은 지금도 사람들 입에 자주 오르내리고 있다.

이베이는 바다에 사는 상어이고 우리는 양쯔강에 사는 악어다. 바다에서 싸웠다면 당연히 우리가 졌겠지만 강에서 붙었기 때문에 우리가 쉽게 이길 수 있었다.(165쪽)

양쯔강은 마윈의 고향이자 알리바바 본사가 위치한 항저우를 뜻한다. 또 악어는 한번 물면 놓지 않는 마윈의 근성을 나타낸 말이다. '양쯔강의 악어'라는 표현은 〈이코노미스트〉가 2013년 알리바바를 다뤘을 때 표지에도 그대로 사용되었고 나중에는 알리바바에 관한 다큐멘터리의 제목이 되기도 했다.

마윈은 못 말리는 진융(金庸·김용) 팬이다. 진융은 케임브리지 대학 역사학 박사이면서 무협작가로서 마윈에겐 셰익스피어 같은 존재다. 그는 20여 년 동안 『영웅문』을 비롯한 무협소설을 쓰며 무협지를 중국을 대표하는 대중문학장르로 끌어올렸다. 마윈은 자신의 상상력의 원천으로 주저하지 않고 진융의 무협지를 꼽는다. 마윈은 회사의 가치 체계를 그의 소설에서 따서 짓고 '화산논검華山論劍'을 모방한 인터넷 기업가 모임인 '서호논검' 대회를 개최하는 등 진융 소설을 전략·전술과 기업문화에 응용하고 있다. 집무실과 회의실을 무협지에 따서 이름 짓는 등 사무실을 온통 무림의 성지로 꾸몄다. 물론 중국 기업가 중에는 마윈처럼 진융의 책을 좋아하는 사람들이 적지 않을 것이다. 그러나 대담하게 진융의 무협소설로 기업문화를 채운 기업가는 마윈이 처음이다. 『운동화를 신은 마윈』에는 그밖에도 마윈이 6분 만에 소프트뱅크 창업자 손정의로부터 2000만 달러의 투자를 받아낸 드라마틱한 장면, 다윗과 골리앗의 싸움이나 마찬가지였던 최강 기업 이베이와의 대전을 승리로 이끈 믿기지 않는 실화 등 눈길을 끄는 이야기가 많다. 그러나 성공신화만 있는 게 아니다. 책에는 예상치 못했던 고난, 사기꾼이라고 뭇매를 맞았을 때의 고통과 난처함, 회사의 사활이 걸렸던 결단의 순간 등 지난 16년의 영욕과 부침이 가감 없이 그려져 있다. 이 책 한 권으로 마윈과 알리바바의 모든 것을 알 수는 없을 것이다. 하지만 분명한 것은 마윈은 한국에서 보던 여느 기업가들과는 분명 다르다는 것이다. 우리가 중국 경제와 중국 기업인을 바라보는 시선도 바꾸어야 한다. 중국에 공장 짓는 시대는 막을 내렸다. 알리바바의 전자상거래 거래액이 삼성전자 매출액을 뛰어넘었다. 마윈을 통해 중국에 신경제 시대가 도래했다는 것을 알아차려야 한다. 마윈은 알리바바를 100년이 넘는 역사를 가진 기업으로 만들겠다는 새로운 비전을 제시하며 운동화 끈을 다시 조이기 시작했다. 마윈의 신화는 현재진행형이다.

'경영은 살아있는 인문학'이라는 말에 동의한다면 마윈이 그토록 열광하는 진융의 무협소설을 찾아 읽는 것도 좋을 듯하다. 일례로 진융의『사조영웅전』은 성경보다 많이 팔렸다는『모택동 어록』의 기록을 이미 뛰어넘었다. 중국에서만 1억부 이상 판매되는 등 중국인의 사랑을 한 몸에 받은 책이다. 예전에 밤 새워가며 읽었던 그런 책들이 지금도 서재 어딘가에 먼지를 폴폴 날리며 웅크리고 있을지 모른다. 사람들의 가장 깊숙한 마음속에 있는 결핍과 욕망을 인문적 관점에서 읽어내는 데는 문학이나 역사보다 더 좋은 것이 없다. 어쩌면 우리가 마윈에게서 훔쳐 와야 하는 것이 그것인지 모른다.

● 『양쯔강의 악어』, 장용 외, 강단, 2015

알리바바를 자본금 50만 위안의 소기업에서 시가총액 2000억 달러가 넘는 세계적인 기업으로 변신시킨 마윈의 성공스토리를 담은 책이다. 모두가 안 된다고 했을 때, 오히려 기회를 포착하고 끝까지 포기하지 않았던 마윈의 노력과 열정을 엿볼 수 있다.

● 『중국의 거인들』, 조선비즈, IWELL(아이웰콘텐츠), 2015

'위클리비즈 경영의 신을 만나다' 시리즈의 5번째 책이다. 세계 최대 쇼핑몰이 된 알리바바, 삼성을 충격과 공포에 빠뜨리고 있는 샤오미와 화웨이 등 전 세계에 지각변동을 일으키며 새롭게 떠오르고 있는 중국의 거대기업들을 소개하고 있다.

● 『요우커 천만시대, 당신은 무엇을 보았는가』, 전종규 외, 미래의창, 2015

'요우커'는 중국인 관광객을 가르키는 말이다. "중국인들의 지갑을 여는 자가 흥한다!"라는 말이 있을 정도로 이들이 지금 대한민국 경제지형을 뒤흔드는 거대 소비군단으로 탄생하고 있다. 우리나라 미래 경제 지도를 바꾸는 'BY CHINA' 현상을 심층 분석한 책이다.

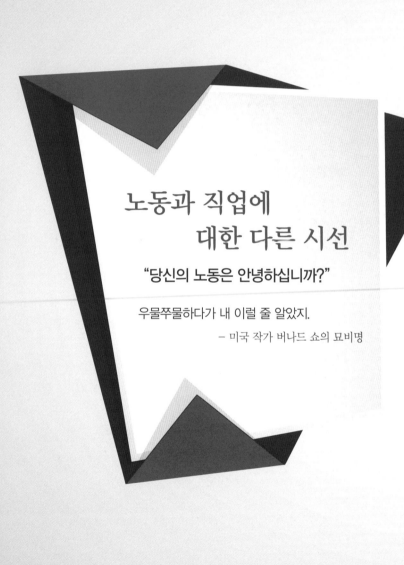

노동과 직업에 대한 다른 시선

"당신의 노동은 안녕하십니까?"

우물쭈물하다가 내 이럴 줄 알았지.

– 미국 작가 버나드 쇼의 묘비명

요즘 경제경영서 분야에서도 쏠림현상이 있는 듯하다. 부동산·주식·채권과 같은 재테크 관련도서와 일론 머스크, 마윈 등 성공한 창업가들의 이야기를 다룬 책에 대한 독자들의 관심이 두드러지게 나타난다. 재테크 책이 인기를 끄는 이유는 고용과 노후에 대한 불안 때문일 테고, 성공한 창업가들의 이야기에 귀를 기울이는 것은 그래도 그 와중에 일말의 희망이라도 찾아보려는 간절함 때문이 아닐까. 실제로 지금 세상이 저성장기조로 들어선 것은 확실하다. 일자리는 갈수록 좁아지고 그 틈을 비집고 들어가려는 경쟁은 갈수록 치열해지고 있다. 설사 어렵게 취업에 성공했어도 정년까지 무사히 다니는 일은 하늘의 별따기보다 어려운 일이 되었다. 2015년 3월에 런던에서 열린 월드포스트 미래노동위원회에서는 20년 이내에 로봇들이 미국 노동자의 일자리 중 절반 가까이를 차지할 것이라고 전망했다. 앞으로 일어날 3차 대전은 로봇과의 일자리 쟁탈전이 될 것이라는 말이다. 관련 전문가들은 로봇 대체률이 가장 높을 것으로 예상하는 국가 가운데 1순위로 한국을 꼽았다. 『유엔미래보고서 2045』에서도 2030년까지 현존하는 일자리의 80%가 소멸하거나 대체된다고 전망하고 있다.

이러한 현상을 어떻게 보아야 할까? 지금까지 없던 새로운 세상이 도래하고 있는 것인지 모른다. 평생직장이라는 말이 무색해진 마당에 '직장' 대신 '직업'으로, '일자리' 대신 '일거리'로 눈을 돌려야 하는 게 맞을지 모른다. 100년 전 '포디즘'으로 태동된 '고용사회' 직장인의 시대는 막을 내리고 직업인의 시대를 준비해야 한다. 다른 생각이 다른 세상을 만드는 법이다. 노동과 직업에 대한 다른 시선이 절실한 시대다.

나쁜 노동은 가라

『굿 워크』
E.F.슈마허 지음, 박혜영 옮김, 느린걸음, 2011

이 책은 종교가 돼 버린 경제성장, 거대산업과 첨단기술 등 현대
사회의 우상들을 거부하며 인간 중심의 '굿 워크'에 도달하는 길을
집요하게 모색한다. 영혼을 잠식하는 나쁜 노동의 본질을 파헤치
며 '인간의 노동'에 대해 어느 누구보다도 깊은 통찰과 대안을 제
시한다.

직장인의 애환을 담아 화제가 된 드라마 〈미생〉을 보다
가 찰리 채플린의 영화 〈모던 타임즈〉가 떠올랐다. 1930년
대 산업사회 속에서 기계화되어 가는 인간과 물질문명을 신
랄하게 풍자한 영화다. 영화 속에서 찰리 채플린은 온종일
컨베이어 벨트라인에 서서 나사를 조이는 지극히 단순한 일
을 끊임없이 계속한다. 거기에는 인간적이거나 창조적인 일
체의 행위가 끼어들 틈이 없다. 아무 생각 없이 그저 태엽장
치의 기계처럼 정해진 대로 일을 하던 찰리는 강박증에 시
달리다가 결국 정신병원에까지 가게 된다. 이른바 포드주의
로 상징되는 현대 산업사회에서 인간은 〈모던 타임즈〉에 표
현된 것처럼 개성이나 인간성은 무시되고 일찌감치 노동에
서 소외되었다. 오로지 생산성 향상과 능률성 증가라는 목
표에 종속되어 한낱 기계의 부품처럼 취급되는 운명을 맞게
된다. 그 결과 노동은 임금에게, 삶은 생존에게, 영혼은 기
계에게 자리를 내주게 되는 것이다. 프랑스의 정치학자이자
역사가인 토크빌이 "핀 대가리를 만드는 일로 20년 세월을
보낸 사람에게 무엇을 기대할 수 있겠는가"라며 150년 전
에 생겨난 분업노동에 대해 한 뼈있는 말이 이와 무관하지
않다.

『작은 것이 아름답다』라는 책의 저자로 널리 알려진 E.F.슈마허Ernst Friedrich Schumacher(1911~1977)는 현대 환경 운동사에서 최초의 전체주의적 사상가로 평가받는다. 독일 태생으로 스물두 살의 나이에 미국 콜롬비아 대학의 교수가 된 뛰어난 경제학자이자 실천적 사상가였던 슈마허는 현대 산업사회의 급소를 정확하게 꿰뚫어보았다. 그는 '작은 것이 아름답다'는 한 문장으로 인류의 '생각의 대전환'을 이뤄냈다. 평생을 기존 경제학과 기술, 그리고 이를 떠받쳐 온 가치체제에 대한 근원적 도전을 던지며, 지속가능한 삶으로 이끄는 길을 탐색해 왔다. 그런 그의 사상과 실천이 응축된 역작이 『굿 워크』이다. 그는 종교가 돼 버린 경제 성장, 거대산업과 첨단기술 등 현대사회의 우상들을 거부하며 인간 중심의 '굿 워크'에 도달하는 길을 집요하게 모색했다. 영혼을 잠식하는 나쁜 노동의 본질을 파헤치며 '인간의 노동'에 대해 어느 누구보다도 깊은 통찰과 대안을 제시했다. 빨간 색 속표지를 넘기면 나오는 "노동을 하지 않으면 삶은 부패한다. 그러나 영혼 없는 노동을 하면 삶은 질식되어 죽어간다"는 알베르 카뮈의 말이 슈마허의 생각을 단적으로 표현해 준다.

세계적인 경제 위기 속에서 '고장난 자본주의'를 바라보는 시선이 여간 따가운 게 아니다. 금융 위기를 거치면서 "자본주의, 이대로는 안 된다"라는 구호가 전 세계 곳곳에서 터져 나오고 있다. 상품화와 화폐경제에 매몰된 시장 만능주의 경제사상이 많은 이들로부터 불신과 회의를 사고 있다. 반면에 경제 논리에서 외면당해 온 인간 삶의 궁극적 목적과 가치에 눈떠야 한다는 목소리는 커지고 있다. 가장 그릇된 오해는 모든 것을 돈으로 바꿀 수 있다는 생각이다. 슈마허는 돈으로 인생과 사회의 다른 부분을 파괴하지 않도록 하는 시스템을 지키는 것이 중요하다고 지적한다. 저자는 책에서 현대 산업사회의 문제점을 네 가지로 지적한다. 즉 모든 것이 점점 더 커지고, 더 복잡해지며, 더 자본집약적이 되고, 더 폭력적이 된다는 것이다. 그중에서도 "인간의 노동을 가장 무의미하고 지루하게 만들며, 인간의 총체적인 본성 중에서 극히 일부분만을 사용해 인간의 삶을 타락시킨 것"이 산업사회의 가장 큰 죄악이라고 말한다.

이 체제가 육체노동이건, 정신노동이건 간에 대부분의 노동을 완전히 재미없고 무의미한 것으로 만들어 버림으로써 인간의 인격을 저해한다고 봅니다. 산업사회의 노동은 자연과 동떨어진 기계적이고 인위적인 방식이며, 무엇보다도 인간의 잠재능력 가운데 극히 미미한 부분만을 사용하도록 만듭니다. 노동자들로서는 도전할 가치도 없고, 자기완성을 위한 자극도 없으며, 발전 가능성이나 진선미의 요소도 찾을 수 없는 노동에 평생을 허비하도록 종신형 판결을 받은 셈입니다. (57쪽)

그러면 현대 문명이 낳은 이 중대한 위기 속에서 우리는 어떻게 해야 할까? 그는 필요한 재화와 서비스를 생산하기 위해, 또 자신의 재능과 기술을 완성하기 위해, 마지막으로 태생적인 자기중심주의에서 벗어나 다른 사람들을 섬기고 이들과 협력하기 위해 인간은 노동을 한다고 보았다. 따라서 젊은이들에게 먼저 좋은 노동과 나쁜 노동을 구별할 수 있도록 가르치고, 이들에게 나쁜 노동을 받아들이지 않도록 독려해야 한다고 주장한다. 슈마허가 이 대목에서 내세우는 가장 핵심적이며 독창적인 개념이 바로 '중간기술' 내지는 '적정기술'이다. 중간기술이란 상대적으로 규모가 작고, 간단하며, 자본이 적게 들고, 환경을 파괴하지 않도록 신중하게 고안된 기술을 말한다. 전문가의 도움 없이도 누구나 쉽게 접근할 수 있고, 인간을 기술에 종속시키지 않으며, 중앙집권화와 관료주의를 낳지 않는 작은 단위의 기술이라고 할 수 있다. 이는 기계 중심에서 인간 중심으로 나아가게 하는 실질적 대안으로 받아들여졌다. 그는 인도에서 처참한 빈곤을 목격하고 나서 지역 규모에 알맞으며 사용하기 쉽고 생태적인 중간기술 개념을 창안했고 이를 알리는 데 힘썼다. 가난한 사람들이 권력자나 기술 엘리트들에게 예속되거나 의존하지 않고 작은 규모의 조직과 중간기술로 우리의 미래를 선택하자고 호소했다. 1965년 〈중간기술개발그룹〉을 발족해 전 세계에 중간기술을 보급하고, 제3세계를 돌며 자급경제를 지원했을 뿐만 아니라 영국 최초의 공동소유권

회사라고 할 수 있는 〈스콧 배더〉의 경영에 직접 참여하기도 했다.

책은 슈마허가 1977년에 미 대륙을 횡단하며 펼친 강연을 묶은 것으로, 그가 죽고 2년 후인 1979년에 세상에 나왔다. 슈마허의 강연육성을 입말로 그대로 옮긴 데다 특유의 유머스런 말솜씨가 곳곳에 배어나와 편하게 술술 읽힌다(205쪽에 나오는 하느님과 한 경제학자의 대화가 대표적인 사례다). 그러나 담고 있는 내용은 묵직하다. 그가 말년에 가장 천착했던 좋은 노동과 좋은 교육에 관한 사상적 성찰과 함께 이를 위한 실천적 탐구가 담겨 있다. 30~40년 후에 벌어질 일들을 비롯해 현대 산업사회의 모습을 내다본 그의 안목과 예견에 소름이 끼칠 정도다. 슈마허의 진단대로 지금 대부분의 노동은 완전히 재미없고 무의미한 것으로 전락했다. 이젠 노동을 우리 곁으로 다시 찾아와야 할 때다. 학교에서 아이를 찾아오려면 일단 등수가 아니라 몇 반인지를 알아야 하는 것처럼 무엇보다 좋은 노동과 나쁜 노동이 무엇인지를 구분하는 능력이 필요하다. 『굿 워크』는 그에 대한 맞춤한 길 안내를 보여준다. 읽고 나면 시야가 탁 트이는 그런 책이다. 우리도 이젠 삶의 무지와 불안에서 벗어나 희망에 대한 능란한 낙관을 꿈꾸어 볼 때가 되었다. 아무 의미도 없는 치열한 경쟁에 뛰어들고 싶지 않거나, 저자의 표현처럼 바보나 로봇, 통근자 등 누군가의 일부분으로 살고 싶지 않은 사람이라면 슈마허의 목소리에 진지하게 귀를 기울여야 한다. 숨을 크게 쉬고 싶은 사람과 세상을 살아가는 좌표를 발견하고 싶은 이들에게 권하고 싶은 책이다.

 함께 읽으면 좋을 책

● 『작은 것이 아름답다』, E.F.슈마허, 문예출판사, 2002
경제학자이자 실천적 사상가였던 E. F. 슈마허의 대표작으로, 성장지상주의에 대한 성찰과 반성의 근거를 제공하고 그 대안을 모색하고 있다. 주류 경제학과 테크놀로지에 대한 비판과 도전을 담은, 세계 경제 연구의 혁명적 저작으로 꼽히는 책이다.

● 『노동사회에서 벗어나기』, 홀거 하이데, 박종철출판사, 2000
"열심히 공부해서 안정된 직장에 들어가서 남부럽지 않은 월급을 받으며 마음껏 소비하면 행복해질 것이다" 이것이 보통 우리가 생각하는 삶의 패턴이다. 그런데 정말 그게 다일까? 이 책은 아니라고 말한다. 우리가 가지고 있는 경제·노동 문제에 대한 색다른 시각과 사고를 제공한다.

● 『일의 기쁨과 슬픔』, 알랭 드 보통, 은행나무, 2012

보통이 도대체 우리는 왜 일을 하는 것일까? 하고 묻는다. 에세이이기도 하지만, 동시에 포토 르포르타주로도 기획된 이 책은 10개의 직업 현장 속으로 뛰어들어 다양한 일의 세계를 르포 형식으로 생생하게 전하고 있다.

무의미한 일은 그만두라

『어떻게 일할 것인가』
안냐 푀르스터 · 페테 크로이츠 지음, 장혜경 옮김, 북하우스, 2014

지금 하고 있는 일이 공허하다고 느껴진다면 당장 그만두라. 진짜 나 자신이 될 기회와 나만의 능력을 키울 기회를 놓치고 싶지 않다면 가슴 떨릴 그 일을 찾아라.

회사를 그만두고 나올 때에는 글꼴 중에서 '휴먼굴림체'로 사직서를 쓴다는 우스갯소리가 있다. 회사가 그동안 사람을 엄청 굴렸기 때문이란다. 끝도 없는 업무에 치여 거의 대부분의 시간을 회사에서 보내야 하는 직장인들이 자신의 삶과 일을 사랑하려면 어떤 것이 필요할까. 『어떻게 일할 것인가』라는 제목을 보고 처음에는 일을 잘 하라고 몰아세우는 책이려니 했다. 그런데 '더 이상 일하는 것이 행복하지 않을 때 우리에게 가능한 선택'이라는 부제를 보고 나서야 그게 아니라는 걸 알게 되었다. 앞선 개념의 경영 컨설팅을 하고 있는 비즈니스 역발상 전문가인 두 저자가 쓴 이 책은 지금 우리의 일은 왜 공허한가라는 질문을 던지며 어제의 지도를 접고 새 길을 탐색하라고 등을 떠미는 내용이다. 유명 건축가 프랭크 게리, 테슬라모터스 대표이사 엘론 머스크, 노벨평화상 수상자 무하마드 유누스 등 자신이 하던 일을 그만두고 새로운 일에 도전해 의미를 만든 사람들의 이야기가 나온다. 이들의 공통점은 타인이 규정한 목표에서 빗어나 자신이 정한 기준에서 자신의 목표를 세웠다는 것이다. 그러기 위해서 맨 먼저 자기에게 던지는 질문을 바꾸었다. 그 새로운 질문이 변화를 일으키는 시작이 되었다. 평범한 쇼핑센터나 짓던 건축가 프랭크 게리가 공허한 일을 그만두고 스페인 빌바오의 구겐하임 미술관 같은 예술적인 건축물을 지을 수 있게 된 것이 대표적인 사례이다. 그는 누구보다 일을 잘했고 충분히 잘나가는 건축가였다. 그러나 천재적이지는 않았고, 자부심을 느끼지도 못했다. 그건 일이었지 작품이 아니었기 때문이다. 그는 과감히 일을 그만뒀고 그때부터 진정한 변화가 시작됐다. 어느 날 밤, 산타모니카의 저택에서 그가 그런 결정을 내리지 못했다면 우리가 알고 있는 아름답고 위트 있는 건축물들은 탄생하지 못했을 것이다. 어떻게 하면 자신을 바꾸고 자신의 인생을 통제할 수 있을까, 나아가 어떻게 하면 세상을 바꿀 수 있는지를 궁금해 한 결과다. 저자는 우리 역시 남에게 의미 있는 일을 할 수 있고 몰입과 열정이 주는 기쁨을 누릴 수 있다고 말한다.

일에 대한 개념을 새롭게 바꿔야 한다. 멀티태스킹과 수박 겉핥기식 속도전을 마치 미덕인 양 과시하는 것에서 벗어나야 한다. 점심시간에 한 손에는 햄버거를 들고 열심히 모니터를 들여다보는 열정적인(?) 직장인의 모습은 TV나 영화가 만들어낸 허구의 이미지에 불과하다. 실제는 많은 기업에서 모든 것을 다 하되 아무 것도 완벽하지 않게 하는 파도타기가 잠수보다 더 칭송받는다. 하지만 파도 위에서만 노는 데 어떻게 물 밑에 숨은 더 크고 풍성한 세계를 들여다볼 수 있겠는가. 이런 방식으로는 일을 많이 할 수는 있겠지만 일을 제대로 하기는 어렵다. 세상이 완전히 변했다. 오늘날 노동은 그 어느 때보다 황량하고, 일은 갈수록 공허해졌다. 좋은 삶에 기여하는 살아있는 실천으로서의 노동은 사라졌다. 거기다 이제 누구에게나 안정된 직장은 없다. 효율적이고 합리적인 노동방식의 대가는 실은 언제든지 교환될 수 있을지도 모르는 가능성이다. 더 낮은 품질의 부품, 제품, 노동과의 교환 가능성이다. 오늘날에는 2주에 한 번꼴로 새로운 구조개혁의 모토가 등장하며, 사람들 대부분은 '평생고용'과 '안전한 내일'을 보장받지 못하며 살고 있다. 오늘 독일의 한 기술자가 하는 일을 내일 폴란드의 한 기술자가 똑같이 잘해내면서 연봉은 1/3의 일만 요구한다면 그 일자리는 그에게 돌아갈 것이다. 그런데 모레 인도의 기술자가 같은 일을 하면서 폴란드 기술자가 받는 연봉의 1/5의 일을 요구한다면 그 일은 다시 인도인에게 넘어갈 것이 뻔하다. 그러다 컴퓨터 프로그램이 개발되어 그 기술자한테 1/3의 일에 해당하는 업무를 빼앗아 간다면, 그 인도인은 동료 두 명과 제비뽑기를 해야 한다. 사람들은 이런 현실을 벗어나고자 액셀을 더 세게 밟으며 자기계발에 매달려 보지만 이 또한 역부족이다. 자기 혼자만 달리는 것이 아니기 때문이다. 내가 달리는 것만큼 옆 사람도 죽어라고 뛰고 있다. 이렇게 생존에만 급급하다 보니 더 이상 일하는 것이 행복하지 않게 된다.

바닥으로 떨어진 자존감과 무기력에 빠져버린 인생에서 우리는 어떤 선택을 할 수 있을까. 자신의 일을 사랑하며 열정을 쏟았던 게 언제인가. 다시 그 열정을 되찾으려면 무엇이 필요할까. 밀려드는 공허함을 벗어나려 '내가 진짜로 원하는 게 뭐지?'라는 질문을 스스로에게 던지지 않을 수 없다. 미래학자 호르스트 오파쇼프스키는 이런 현상을 지적했다. "예전에는 일이 없어서 가난했다. 앞으로는 일이 있어도 가난할 것이다. 내가 말하는 가난은 이중의 가난이다. 돈이 없어서 가난하며, 삶이 없어서 가난하다. 다시 말해 삶의 기회를 놓치는 바람에 가난한 것이다" 타협 위에 쌓은 삶은 시간 낭비다. 불안하지만 자신에게 의미 있는 길을 걸어가기로 결심했을 때 우리의 삶은 다채롭고 매력적으로 변한다. 이때 결단력은 위업을 이루는 가장 중요한 조건이다. 책에서는 지금 하는 일이 공허하다면 당장 그 일을 그만두라고 과감하게 말한다. 월요병에 시달리고 있는 우리에게 두려움을 이길 용기와 위대한 일을 할 자유를 권한다. 익숙한 것과의 결별에서 모든 것이 달라진다는 것이다. 그래야만 보조부품 인생에서 벗어나 스스로 만족하고 기뻐하는 일을 맞을 수 있다. 이것을 가능하게 해주는 것은 냉소적인 태도가 아닌 진정한 이상주의적인 자세다.

이상주의자는 타협을 거부하며, 도망가지 않고 자신의 시스템에 남아 온 힘을 다해 더 나은 미래를 위해 싸우는 똑똑한 실용주의자다. 이상주의자는 항상 행동하는 자다. 스스로 변화를 불러와야 하지, 저절로 변화가 오리라 기대해서는 안 된다는 것을 알기 때문이다. 이것이 냉소주의자와의 차이점이다. 냉소주의자는 행동하지 않는다. 가끔 조롱과 유머로 웃기기는 하지만 항상 일정한 거리를 취하는 비판적인 태도로 도망칠 따름이다. 이상주의자는 적극적으로 개입하고 끼어든다.(259쪽)

저자들도 그랬다. 한 명은 경영대학의 부교수, 또 한 명은 유명컨설팅사의 매니저로 나름 잘나가는 직장인이었다. 돈도 꽤 많이 벌었고 남부러울 것 없는 삶을 살았다. 그러다 어느 순간 일하는 게 공허해졌고 갈림길에 다다랐다. 안전하고 익숙한 길과 표지판이 보이지 않는 오솔길 중 후자를 택했다. 그들은 처음에는 잘 몰랐지만 시간이 지날수록 자신들이 가는 길을 명확하게 깨달았다고 한다. 완벽한 지도를 가져야만 떠날 수 있는 게 아니다. 우선 낡은 질문을 끄집어내야 한다. 이 질문에서 벗어나지 못하는 동안 몸은 지쳐 가고 창조성은 고갈된다. 그 다음에는 측정 가능성과 비용, 소요시간, 모범사례, 남의 기대에 충족하기 위한 자율성 포기 등의 실천 수칙이 뒤따라야 한다.

미국의 국민가수 브루스 스프링스틴은 콘서트장에서 노래를 부르기 전에 항상 관객을 향해 이렇게 외친다. "누구

거기 살아있는 사람 있어요?" 그의 질문에 커다란 콘서트장은 환호성으로 휩싸인다. 『어떻게 일할 것인가』는 흔히 접하는 경영구루나 기업체 CEO 일변도의 하향식 경제경영서가 아니라 평범한 대다수 직장인의 생각과 고민에 눈높이를 맞춘 책이다. 지금 하고 있는 일이 공허하다고 느껴진다면 당장 그만두라는 주장은 분명 과격하지만, 진짜 나 자신이 될 기회와 나만의 능력을 키울 기회를 놓치지 말라는 충고를 허투루 들을 수만은 없다. 그렇게 하지 않으면 자칫 내 삶에 대한 지배권을 잃어버리거나 타인에게 내 삶의 조종간을 넘겨주기 때문이다. 진정한 내면의 삶과 위대한 일을 새로 시작하기 위한 새로운 질문을 던진다는 점에서 '어떻게 일할 것인가'에 앞서 '어떻게 살 것인가'를 고민하게 하는 책이다.

 함께 읽으면 좋을 책

● 『미생』, 윤태호, 위즈덤하우스, 2014

한국 만화계의 대표 스토리텔러 윤태호의 화제작이다. 2012년 1월 20일 Daum 만화에 첫 선을 보인 이후 드라마와 영화로 만들어지며 '만화가 아닌 인생 교과서', '직장생활의 교본', '샐러리맨 만화의 진리' 등으로 불리며 2013년과 2014년 대한민국의 많은 샐러리맨들의 공감을 얻었다.

- 『9990개의 치즈』, 빌렘 에스호트, 열린책들, 2015

  우연히 치즈 사업에 뛰어들게 된 평범한 직장인의 이야기를 담은 네덜란드 소설이다. 1930년대를 배경으로 했지만 타자기와 전화기만 빼면 그대로 오늘 우리의 이야기로 읽힐 만큼 놀랍도록 현재 직장인의 이야기와 다를 바 없다.

- 『왜 우리는 행복을 일에서 찾고, 일을 하며 병들어 갈까』, 요아힘 바우어, 책세상, 2015

  '번아웃 시대의 행복한 삶을 위하여'라는 부제가 말해 주듯이 인간과 노동, 그 이면에 숨은 건강과 행복의 문제를 다룬 책이다. 노동이 우리의 삶과 건강에 미치는 영향을 비롯하여 노동이 우리 삶에서 어떤 의미와 가치를 갖고 있는지를 탐구하고 있다.

10년 후 나와 우리 아이는
어떻게 먹고 살까?

『일의 미래』
린다 그래튼 지음, 조성숙 옮김, 생각연구소, 2012

미래학은 현재 실제로 일어나고 있는 일에 기반하고 있다는 점이 '예언'과 다른 지점이다. 너무 빨리 변하는 세상에서 살아남기 위해서는 우리 스스로 미래의 흐름을 읽을 줄 아는 아마추어 미래학자가 되어야 한다.

2025년에 나는 무엇을 하고 있을까? 어떤 일을 하고 있을까? 어떤 능력이 가장 높은 평가를 받고 중요하게 여겨질까? 인적자원관리 분야의 세계적 권위자이자, 〈파이낸셜타임스〉, 〈비즈니스위크〉 등이 선정한 '세계 최고의 경영사상가' 린다 그래튼Lynda Gratton의 『일의 미래』는 "10년 후 나와 우리 아이는 어떻게 먹고 살까?"라는 저자의 의문에서 시작되었다. 어느 평범한 아침 식사 자리에서 이제 막 고등학교를 졸업한 열일곱 살짜리 큰아들은 기자가 되고 싶다는 자신의 꿈을 이야기했고, 두 살 어린 작은 아들은 의학을 공부하고 싶다고 말했다. 어찌 보면 두 아이의 말은 그냥 흘려들을 수도 있는 평범한 것이다. 그러나 경영대학원 교수이자 30년 동안 여러 기업의 자문역할을 맡아오면서 일을 행하는 이유와 방식에 관한 전문가라고 자부했던 저자에게는 무척 진지한 질문으로 다가왔다. 저자는 그날 아침 자신이 아이들의 미래설계에 도움을 줄 만한 것이라고는 비참할 정도로 구식인 데다 초라하고 불완전한 '단편적' 데이터로 이루어진 설익은 가정들 뿐이라는 것을 깨달았다. 50억 명이 웹클라우드에 접속하는 세분화된 미래에서는 평균 지식을 갖춘 제너럴리스트를 벗어나 '유연한 전문 능력'을 갖춘 인재가 대접받는 사회가 된다. 웬만한 지식은 웹사이트 검색을 통해 찾아낼 수 있기 때문에 평균적인 지식은 가치를 발휘하지 못한다. 이런 세상에서 일반적인 지식, 책 한 권 정도의 분량도 안 되는 지식만 가진 제너럴리스트는 환영받을 수가 없다. 직장생활 20년에 달랑 부장 명함 하나만을 손에 쥔 관리자들이 설 자리는 갈수록 좁아진다.

미래의 모습을 정확히 예측하기가 불가능한 세상에서는 자신이 좋아하고 열정이 있는 분야를 선택하는 것이 현명한 결정이다. 게다가 일흔 살까지 일한다고 가정하면 진정으로 즐길 수 있는 분야를 찾아내야 한다. 일단 선택을 한 다음에는 수박 겉핥듯이 대충하거나 제너럴리스트에 머물러서는 안 된다. 완벽한 전문성을 길러야 한다.(239쪽)

일 역시 파편화 및 고립이 날로 더해지기 때문에 상호연결, 협업, 네트워크가 중요한 역할을 하게 될 것이다. 고소득과 노동시간만 따지는 진부한 생각에서 벗어나 생산성, 경험의 질, 균형적인 삶에 더 주목해야 한다. 저자는 앞으로 닥칠 혼란의 시대에 대비해 지금부터 5년 동안 미래를 준비하려면 어떻게 행동해야 하는가를 말하기 위해 일의 미래를 형성하게 될 다섯 가지 커다란 힘을 제시하고 있다. 기술 발전이 만드는 스마트 세상, 세계화의 명암, 인구통계와 수명 증가, 요동치는 사회, 그리고 화석연료의 종말이 그것이다. 그중에서도 세대군, 출생률, 수명으로 특징지워지는 인구 통계와 장수요인은 다른 어떤 힘보다도 미래 예측에 중요하다. 오늘날 근로생활의 가장 중대한 변화가 무엇이냐는 질문에 작고한 경영사상가 피터 드러커는 기술도 세계화도 아닌 경이로울 정도의 수명 증가라고 대답했다. 원시 시대에는 인간의 수명이 15년밖에 되지 않았지만 페니실린이 나오고 나서 평균수명이 60세가 되었다. 이제 곧 100세 시대가 될 것이고, 2030년이 되면 100세를 넘어 130세 시대가 온다고 말한다. 역사상 가장 큰 인구 통계 집단인 베이비붐 세대의 특징이 앞으로 수십 년을 결정할 것으로 보인다. 선진국은 빠르게 노령화되고 있으며 자체적인 재생산률이 아주 낮다. 이런 이유로 2050년이 되면 선진국 인구 세 명 가운데 한 명은 연금을 타는 처지가 된다. 사회적 요소 역시 큰 변화를 맞을 것이다. 가족 집단 규모가 더 작아지고 여러 번의 결혼, 다중가족, 다중확대가족이라는 훨씬 복잡한 가족구조의 형태로 점차 '재구성'된다. 여성의 사회적 지위가 향상됨에 따라 여성의 기대치, 업무기준, 심지어 가정 내 남녀관계에도 큰 영향을 끼치게 된다. 그밖에도 신뢰 하락, 전체적인 행복감 감소, 탐욕스런 소비 행태 증가, 일과 개인의 불균형 같은 사회적 요인의 급격한 변화가 우울한 전망을 드리운다.

우리 앞에 닥칠 세상은 온라인과 모바일을 통해 많은 사람과 연결되어 있음에도 불구하고 외롭고 소외감을 느낄 수밖에 없는 세상이 될 것이다. 책에는 직장인 네 사람이 마주치게 되는 가상 시나리오가 등장한다. 베이비붐 세대(1945~64년 출생)와 X세대(1965~79년생) 시대가 저물고 Y세대(1980~95년생)가 주축이 되는 2025년 가상 시나리오가 흥미롭지만 섬뜩하기도 하다. 2025년이 되면 일상 업무에서 직접 얼굴을 마주하는 관계는 대부분 사라질 가능성이 크다. 그들의 하루 업무를 보면 따뜻한 피와 살을 가진 진짜 사람과 같이 일하는 시간이 거의 없다. 그들이 주로 협업하는 대상은 인지적 개인비서, 아바타, 홀로그램, 비디오 화면이다. 사람들은 업무는 물론 일상생활 관리까지도 인지적 개인비서에게 의존한다. 탄소 사용량을 체크해 탄소 예산이 바닥날 즈음 알려주는 것에서부터 출장가야 할 때도 개인적인 탄소 예산 범위를 벗어나지 않는지 확인해 준다. 가족 또는 허물없는 동료와 함께했던 1990년대의 기억은 추억의 일기장에서나 찾을 수 있을 뿐이다. 그렇다고 일의 미래가 이렇게 비관적인 것만은 아니다. 함께 생각하면 크게 바뀐다. 협력과 참여, 창조가 만들어 낼 밝은 미래 역시 가정할 수 있다. 책에서는 미래에 가치를 높이 인정받을 주목받을 세 가지 경력으로 풀뿌리 권익대변 운동, 사회적 기업, 소 기업가를 꼽고 있다. 또 더욱 중요해지는 기술로 생명과학과 건강, 에너지 보존, 창의성과 혁신, 코칭 및 관리 서비스를 내세우고 있는 것도 주목할 점이다.

개구리를 끓는 물에 넣으면 순식간에 펄쩍 뛰어올라 도망가지만 차가운 물속에 넣고 서서히 가열하면 도망가지 않고 그대로 죽고 만다. 이처럼 사람들이 냄비 속 개구리같이 세상은 급속히 바뀌고 있지만 그저 하루하루를 살아가는 탓에 그 엄청난 변화를 인지하지 못하는 것이다. 저자는 냄비 속 개구리가 되어선 안 된다며, 일자리가 사라질 것이라는 걱정과 두려움은 버리고 미래에 요구되는 능력을 능동적으로 준비해야 한다고 조언한다. 책 마지막 부분에는 일의 미래를 이해하고 계획하려는 개인과 조직을 돕기 위한 관련 시프트 동영상을 내려 받을 수 있는 웹사이트와 언제든지 응답 가능한 저자의 개인 이메일 등 유용한 로드맵을 공개하고 있다. 집필에 도움을 준 사람들의 명단에 톰 피터스 등과 더불어 포스트 드러커 시대의 '왕좌'를 다투는 '경영구루'로 꼽히는 게리 해멀 런던 비즈니스스쿨 교수의 이름을 발견할 수 있는 것도 책 내용에 신뢰를 더하는 부분이다. 미래학은 현재 실제로 일어나고 있는 일에 기반하고 있다는 점이 '예언'과 다른 지점이다. 너무 빨리 변하는 세상에서 살아남기 위해서는 우리 스스로 미래의 흐름을 읽을 줄 아는 아마추어 미래학자가 되어야 한다. 저자의 말대로 밝은 미래의 일부는 이미 우리 옆에 다가와 있다. 다만 고루 퍼져 있지 않을 뿐이다. 가까이 있는 분명한 미래, 2025년을 준비하려는 사람이라면 가까이에 놓인 이 책을 읽지 않을 이유가 없을 것이다.

함께 읽으면 좋을 책

● 『10년 후 일의 미래』, 트렌즈지 특별취재팀, 일상이상, 2013

10년 후, 우리는 어디서 무슨 일을 해야 좋을까? 〈트렌즈〉지의 유용한 정보를 담고 있는 이 책은 전 세계 각 분야의 전문가들이 정보와 지식을 공유하며 지금부터 10년 후까지 어떤 트렌드가 세상을 뒤흔들 것인지를 심층적으로 분석한 미래예측서이다.

● 『메이커의 시대』, 박영숙, 한국경제신문, 2015

미래 일자리의 판도 변화가 시작될 2030년부터 2050년까지를 파헤친 일자리 전망서이다. 2030년에는 단순히 일자리가 사라지는 것이 아니라 일자리의 개념이 바뀐다. 즉, 누구든지 직접 아이디어를 내고 제품을 만들어 창의성을 발현하는 1인 기업 시대가 열리게 될 것이라고 말한다.

● 『지금까지 없던 세상』, 이민주, 쌤앤파커스, 2015

기존 대기업 중심의 생산수단과 부의 독점적 지위에 균열이 생기고 있다. 이 책은 '고용의 종말'이 개인과 기업에게 불리하기만 한 것은 아니라고 지적하면서, 우리가 겪고 있는 위기의 본질을 살펴보고 필연적으로 동반하는 기회를 탐색한다.

후반전은 포트폴리오 인생이다

『찰스 핸디의 포트폴리오 인생』
찰스 핸디 지음, 강혜정 옮김, 에이지21, 2008

임시노동력이 보편화된 시장에서 어떻게 살아남느냐가 중요하다. 해법은 전문성과 능력을 갖춘 특별한 임시직인 포트폴리오 인생으로 모아진다. 더 이상 전통적인 노동방식은 의미가 없다.

19세기 사람들은 쓰러질 때까지 일했다. 20세기 사람들은 은퇴할 때까지 일했다. 그렇다면 21세기의 사람들은 언제까지 일할 것인가? 아마도 할 수 있을 때까지 혹은 하고 싶을 때까지가 아닐까. 그러나 상황은 반대로 가고 있다. 더 일하고 싶어도 그러질 못한다. 갈수록 종신고용, 평생직장이란 말을 찾기가 어렵게 되었다. 기업 경영성과 평가 사이트인 CEO스코어가 2015년 6월 기준 30대 그룹 249개 계열사를 대상으로 실시한 조사 결과에 따르면, 우리나라 30대그룹 직원들의 평균근속이 10.9년에 불과한 것으로 나타났다. 그러나 이는 그나마 형편이 나은 대기업 이야기고 중소·중견기업은 평균근속 3년 이하가 80%를 넘어선다. 회사를 조기에 그만둘 수밖에 없는 고용불안이 갈수록 심해지는 직장인들의 우울한 현실이다. 경영사상가이자 프리랜서 작가인 찰스 핸디Charles Handy는 『코끼리와 벼룩』(2001)에서 앞으로의 고용문화는 '코끼리'에 비유할 수 있는 대기업 중심의 풀타임 직장에서 '벼룩'에 비견할 수 있는 프리랜서 중심으로 재편될 것이라고 예견했다. 그는 점점 더 많은 직장인들이 반강제적으로 소속 조직이 없는 독립 노동자로 내몰리거나 스스로 그 길을 선택해 '1인 기업' 역할을 하게 될 거라고 주장했다. 일과 생활 사이의 경계가 사라지고 기업에 삼엽조직이 등장한다고 이미 20년 전에 예고했다. 삼엽은 3개의 나뭇잎으로 구성된 식물을 말하는 것으로, 기업 조직을 이에 적용해 정규직·계약직·임시직 근로자로 구분했다. 1980년대 말까지만 해도 기업의 구성원은 정규직이 대부분이었다. 정규직이란 말조차 불필요했다. 그런데 이젠 아니다. 핸디의 예견이 들어맞고 있다는 증거가 속속들이 나오고 있다. 미국 노동자 중 323만 명이 2010년 이후 정규직을 잃었다. 2020년에 들어서면 계약직·임시직을 아우른 임시노동력이 50%를 넘어설 것으로 추정된다. 문제는 50%를 웃도는, 임시노동력이 보편화된 시장에서 어떻게 살아남느냐는 것이다. 해법은 전문성과 능력을 갖춘 특별한 임시직인 포트폴리오 인생으로 모아진다. 더 이상 전통적인 노동방식은 의미가 없단 얘기다.

찰스 핸디는 〈유럽경영개발재단〉이 발표한 '50인의 사상가'에서 피터 드러커에 이어 2위에 오를 정도로 유럽에서 최고 지성인으로 꼽힌다. 『찰스 핸디의 포트폴리오 인생』은 그가 1970년대 말인 49세 때 포트폴리오 생활자의 길로 들어선 후 겪은 체험과 고민을 각 시대의 철학 사상과 이론에 녹여낸 책이다. 결혼, 교육, 비즈니스 등 자신의 70년 인생에서 마주쳤던 다양한 경험과 선택을 자신의 생애 목표와 개인적인 가치를 연관시켜 진솔하고 구체적으로 담아냈다.

일찍이 1960년대 피터 드러커가 '지식노동자'의 대두를 예견하며 자본주의의 변화를 예고했다면, 핸디는 지식노동자들의 딜레마를 해결할 포트폴리오 인생을 제시한 셈이다. 경영은 이제 비즈니스맨들의 전유물이 아니다. 지금은 누구나 자기를 경영하는 시대고, 자신만의 포트폴리오를 설계해야 한다. 무엇보다 자유를 얻기 위해 안정을 내팽개치고 새롭고 무모하기까지 한 모험의 세계를 걸어야 하는 시대가 되었다. 특히 평균 수명이 100세 가까이로 늘어가고 은퇴 후 30, 40년을 버텨야 하는 현실에서 포트폴리오 인생전략은 시기적인 차이가 있을 수 있지만 거의 대부분의 사람들이 겪어야 하는 일이 되었다. 핸디는 삶이란 자신의 정체성을 찾는 과정에 다름 아니라고 말한다. 그러니 길어진 인생을 사는 기술 중에서 가장 중요한 기술은 '유일한 삶, 고정된 삶에 대한 환상을 버리는 것'이라고 말한다. 포트폴리오 삶은 자신의 삶을 주도적으로 재설계하는 삶을 말한다. 굳이 경쟁을 한다면 그 대상은 다른 사람이 아니라 어제의 나 자신이다. 자신만의 생활을 하면서 남들과 경쟁하지 않고 살아간다는 점에서 차원이 다른 삶이다. 자신이 진정 어떤 사람인지, 진정 어떤 일에 재능이 있는지를 끝내 모른 채 죽는다면 참으로 서글픈 일이다. 핸디는 세계적인 석유 화학기업 셸의 간부, 경영대학원 교수, 윈저 성의 세인트조지 하우스 학장, 왕립예술학회 회장 등을 거쳤다. 그러면서 자기 삶의 목표가 무엇인지, 무엇이 가장 중요한지, 어디서 그리고 언제 그 일을 할지를 고민하고 결정하는 것이 인생에서 가장 중요하다는 사실을 알게 된다. 그는 아리스토텔레스가 말하는 에우다이모니아eudaimonia의 삶, 즉 '자신이 가장 잘하는 일에 최선을 다하는 것을 행복으로 여기고 살 때' 진정 행복할 수 있다고 말한다. 우리는 모든 일을 잘할 수는 없다. 자신이 아닌 다른 사람이 되려 하지 않는 것이 현명하다. 핸디 역시 잘할 수 있는 분야인 교육과 강연, 저술 활동 등을 통해 자신의 가치관을 전하며 에우다이모니아의 삶을 몸소 실천해 왔다.

핸디는 수단을 목적으로 혼동하는 기업을 비판하고, 조직보다는 개인을 우선으로 생각한다. 책에서 그는 한 개인이 기업에 소속되거나 독립적인 1인 기업가가 된다 하더라도 간과할 수 없는 문제들에 대해 예측하고 그에 대한 대안을 제시하고 있다. 좁게는 기업의 공간 활용에서부터 넓게는 개인의 정체성 확립과 교육이 사회에 미치는 영향, 그리고 기업을 상대로 살아남을 수 있는 자기 경영에 이르기까지 폭넓은 주제를 다루고 있다. 저자는 직장생활이란 결국 자신의 모든 시간을 조직에 팔아버리는 것이라고 말한다.

내가 보기에는 '일과 생활의 균형'이라는 말은 잘못된 표현이다. 일과 생활이 별개라는 의미가 내포되어 있기 때문이다. 포트폴리오 인생이라는 사고방식에는 대부분의 생활이 일이며 어떤 것은 따분하고, 어떤 것은 돈이 되고, 어떤 것은 그 자체로 가치가 있다는 의미가 포함되어 있다. 그러므로 중요한 것은 '일과 생활의 균형'이 아니라 '일의 균형'이다. 프리랜서가 아니라 전일제 근무 노동자라도 포트폴리오의 균형을 고려해야 한다. (중략) 솔직히 말하자면 우리는 모두 포트폴리오 노동자다. 포트폴리오의 균형이 사람마다, 시기마다 달라질 뿐"(174~175쪽)

직장 생활과 독립적인 포트폴리오 생활에 대한 저자의 통찰이 묻어나는 대목이다. 찰스 핸디의 글은 경영학 이론이나 법칙을 내세우지 않으면서 대단히 쉽고 재미나게 읽힌다. 그러나 늘 문제적이고 도발적이다. 사유의 폭이 넓고도 깊다. 인터넷 서점에는 평전이나 자서전에 가까운 이 책을 경제경영서로 분류하고 있지만 막상 읽고 나면 『피터 드러커 자서전』이 그랬던 것처럼 차라리 철학책에 더 가깝다는 생각이 든다. 개인에 따라서는 하루빨리 조직을 벗어나 홀로서기를 해야 한다는 그의 주장에 선뜻 동의하기가 쉽지 않겠지만 분명한 사실은 인간은 뭔가 선택하지 않으면 안 되는 시기가 온다는 것이다. 불안해져만 가는 현실에서 앞으로 무엇을 하며 어떻게 살아야 할까 고민하는 사람에게 핸디는 많은 영감과 통찰을 들려준다.

● 『코끼리와 벼룩』, 찰스 핸디, 생각의나무, 2005

20세기 고용문화의 큰 기둥이었던 코끼리(대기업)들의 세계에서 벗어나, 벼룩(1인 기업)처럼 자기 혼자 힘으로 살아가야 하는 포트폴리오 시대를 예언한 책이다. 21세기라는 전혀 다른 세상을 헤쳐 나가는 데, 귀중한 성찰과 유효한 지침을 주고 있다.

● 『프리 에이전트의 시대』, 다니엘 핑크, 에코리브르, 2004

앨 고어 전 미국 부통령의 수석 연설문 작성가였던 저자가 직접 미국 전역을 돌아다니며 다양한 프리 에이전트(독립 노동자)들을 인터뷰하고 쓴 책이다. 프리 에이전트에 관한 모든 것을 담고 있는 이 책은 직장이나 불확실한 미래에 대해 불안을 느끼는 사람들에게 유용한 정보를 제공한다.

● 『프로페셔널의 조건』, 피터 드러커, 청림출판, 2012

개인적으로 피터 드러커 책 중에서 가장 좋아해서 주위에 여러 권 선물했던 책이다. 피터 드러커가 지식사회에서 어떻게 하면 지식 근로자로서 성공을 거두고 진정한 프로페셔널이 될 수 있는지 그 실천 방법들을 제시해 준다.

새로운 생각이
세상을 바꾼다

"다른 생각이 다른 세상을 만든다"

트렌드는 증명을 필요로 하는 게 아니라 주인
을 필요로 한다.

– 기욤 에르네(프랑스 트렌드 사회학자)

유발 하라리 히브루 대학 역사학 교수는 수십 년 안에 인류 역사상 처음으로 인간성 자체가 급격한 혁명을 겪게 될 것이라며, 우리 사회와 경제뿐만 아니라 우리 신체와 정신도 유전공학과 나노기술, 뇌-컴퓨터 인터페이스 기술에 의해 변형될 것이라고 예측한다. 이것은 엄청나게 새로운 기회와 더불어 경악할 만한 새로운 위험을 낳게 될 것인데, 그것에 대해 낙관적인가 비관적인가 하는 것은 부질없다. 우리는 이런 일들이 실제로 일어나고 있다는 사실, 그러니까 그것이 공상과학소설의 차원이 아니라 과학이라는 사실을 직시할 필요가 있다. 인류가 지난 200년 동안 놀랄 만한 경제 성장이 지속될 수 있었던 것은 원자물리학부터 생명공학, 컴퓨터과학에 이르는 일련의 과학적 발견이 있었기 때문이었다. 이제 과학은 유전공학과 나노기술, 인공지능의 도움에 힘입어 인류 역사를 다시 바꾸려 하고 있다. 이것은 또 하나의 역사적 사건이 아니라 완전히 새로운 패러다임의 변화다.

오늘날 지구상에서 가장 흥미로운 곳은 실리콘밸리다. 구글, 페이스북, 애플, 마이크로소프트의 엔지니어들은 단순한 기기나 알고리즘 이상의 것을 만들어내고 있다. 지난 2세기에 걸쳐 인간은 점점 신체와 유리된 존재가 돼 왔다. 이 과정은 지난 20년 사이 정보 혁명의 결과로 점점 더 속도가 빨라졌다. 완전한 인공지능 단계까지 발달하게 되면 이로 인한 인류 종의 종말을 초래할 위험을 걱정해야 할지 모른다. 2년 전에 구글은 캘리오Calio라는 이름의 자회사를 세웠는데, 이 회사의 목표는 놀랍게도 죽음의 문제를 푸는 것이다. 과학이 신이나 종교의 영역까지 넘볼 정도로 인류의 힘은 과거 어느 때보다 훨씬 더 강력해졌다. 그만큼 우리 삶도 과거에 비해 분명히 더 안락하고 편리해졌다. 인류가 세상을 정복하는 데는 성공했지만 그렇다고 우리가 옛날보다 훨씬 더 행복해진 걸까? 그 점에 대해서는 의문이다.

다른 생각이 다른 세상을 만든다. 우리는 지금 살아가는 삶의 방식을 다시 둘러보고 더 많은 가능한 미래들을 고민해야 한다. 우리가 알고 있는 그 이상으로 나아가기 위해서라도 그렇다.

굿바이, 대중

『이상한 놈들이 온다』
세스 고딘 지음, 최지아 옮김, 21세기북스, 2011

이 책은 대중mass, 정상normal, 별종weird, 부자rich 이 네 단어에 관한 책이다. 대중의 죽음과 별종의 탄생이라는 세상의 변화를 조목조목 짚어주면서, 유머러스하면서도 날카롭게 파고드는 직언들이 세상의 트렌드를 바라보는 시야를 넓혀 준다.

『이상한 놈들이 온다』는 세계에서 가장 영향력 있는 경영 구루guru(스승) 중 한 명으로 손꼽히고 있는, 마케팅 전문가이자 저술가이며 스타 강연자인 세스 고딘Seth Godin이 쓴 책이다. 그는 컴퓨터과학과 철학을 공부했으며, 최초로 온라인상에서의 프로모션과 다이렉트 마케팅방법을 창안하여 수백 개 기업의 온라인 마케팅을 지도했다. 현재 〈Squidoo.com〉을 설립해 CEO로 활발한 강연활동과 기업 컨설팅 등을 하고 있다. 회의기획자들을 위한 권위지인 〈석세스풀 미팅〉에 의해 '21명의 차세대 명강사' 중 한 사람으로 뽑혔으며, 세계적인 경제지 〈비즈니스 위크〉는 그를 '정보화시대의 최고 기업가'라고 평했다. 『이제는 작은 것이 큰 것이다』, 『보랏빛 소가 온다』, 『린치핀』 등의 베스트셀러 저서가 있다. 그런데 '대중의 죽음, 별종의 탄생'이라는 부제를 단 『이상한 놈들이 온다』는 제목을 포함하여 외향부터가 '이상'한 책이다. 경제·경영서 치고는 특이하게 겨우 146쪽에 불과하다. 저자는 지난 2010년에 "더 이상 전통적 출판을 하지 않겠다"라고 선언하고 '도미노 프로젝트'라는 일종의 대안출판을 시도했는데 이게 그 첫 책이다. 기존에는 책으로 출간되기 어려웠던 적은 분량의 콘텐츠를 종이책 및 전자책의 형태로 출간하여 독자들과의 새로운 소통 형태를 만들어가는 식이다.

전 세계에서 12명 중 한 명 이상이 페이스북을 할 정도로 인터넷의 상호연결성은 닷컴 붐을 뛰어넘었다. 인터넷은 세상에서 만들어지고 판매되고 유통되고 회자되는 모든 것에 영향을 미쳐 인류 전체의 문화를 증폭시키고 있다. 과거에는 디지털 대소동을 본체만체하는 일이 얼마든지 가능했고, 심지어 이롭기까지 했다. 자신의 일에만 집중하고, 빌 게이츠가 트위터에 글을 남기든 말든 상관하지 않으면 그만이었다. 하지만 오늘날에는 디지털 상호작용이 어떻게 판도를 바꿔 놓을지 가늠해 보지 않고, 미래 또는 현재와 상호교류하는 일은 기본적으로 불가능해졌다. 구글의 전 CEO인 에릭 슈미트는 2003년까지 2만 년 동안 인류 전체가 생산해낸 정보량을 현재 지구인들은 이틀이면 만들어낸다고 추정한다. 이러한 인터넷 환경은 사람들을 대중의 기준에 맞추기보다 개성을 살리라고 부추기며, 고객 맞춤화되고 최적화된 상호작용을 촉진하는 순환고리 역할을 하고 있다.

그동안 대중은 크고 거대하며 재미가 쏠쏠한 사회의 중심이자 핵심이었다. 정부와 마케터, 교사들은 지금까지 대중에게 서비스를 제공하고 수익을 얻는 식이었다. 누구나 똑같은 음식을 먹었기 때문에 음식점을 운영하기가 수월했고, 누구나 똑같은 곳으로 여행을 가고 싶어 했기에 여행사를 경영하기도 어렵지 않았다. 그런데 지금 그 중심이 녹아내리고 있다. 전형적인 서른 살의 미국인이라면 지금까지 살아오면서 텔레비전 공중파 방송 세 곳의 시장 점유율(시청자 수)이 과거 90%에서 현재 30% 아래로 떨어진 것을 목격했을 것이다. 한 세대 만에 말이다. 대중음악의 일주일간 음반 판매량은 20년 만에 100만 장에서 4만 3000장으로 떨어졌다. 선택이 많아질수록 대중은 줄어들었다. 또 아이들 손에 이끌려 아이스크림 가게에 가본 적이 있는 부모들은 한 가게에 31가지나 되는 아이스크림이 진열되어 있고, 또 그것들이 소비자 각자의 취향대로 팔리고 있는 것을 보고 놀랐을지 모른다. 31가지 맛 아이스크림이라는 아이디어는 사실 우스꽝스러우면서도 어이없는 것이다. 200가지 가격대에 5000가지 종류의 다양한 와인을 판매하는 상점도 마찬가지다. 사람들은 '대중'은 단지 평범하다는 사실을 깨닫기 시작했고, 개인이 가진 힘을 사용하기 시작했다. 세상에 하나밖에 없는 나만을 위한 물건을 원하고, 그다지 쓸모없더라도 내 마음을 기쁘게 하는 물건을 구매한다. 저자는 "20세기를 지배하던 '대중'은 죽었다"라며 "앞으로는 '별종'을 후원하고, 별종에게 마케팅해야 성공할 수 있는 세상이 된다"고 주장한다. 대중은 죽었고 이제 별종이 다수보다 중요한 세상이다. 왜냐하면 별종이 곧 다수이기 때문이다. 대중의 종말은 세상의 끝이 아니고 하나의 거대한 변화임을 알아채야 한다.

여기서 별종은 태어날 때부터 평범하지 않은 사람이 아니라, 스스로 원해서 대중에 순응하기를 거부하고 별종을 선택한 사람들을 말한다. 별종은 단순히 새로운 정상은 아니다. 더 나은 것이다. 제조와 마케팅, 정치, 사회 시스템이 한데 맞물려 우리를 중간으로 몰아세우던 시대가 저물고 있다. 이제는 정보와 선택, 자유와 상호교류가 곧 세상의 방식이다. 사람들은 갈수록 점점 더 별종다운 것을 즐기고 있다. 이제 기회는 별종이 추구하는 무언가가 되는 것에 있다. 그것은 당신도 별종이 되어야 한다는 말이다. 이제는 별종의 세상이다.

> 별종은 더욱더 별종다워지고 있다. 그들은 새로운 것을 원하지 않는다. 그들이 원하는 건 베타 판이다. 다른 별종이 아직 그 물건에 대해 알지 못할 정도로 대단히 새로운 것을 원한다. 청바지에 일가견이 있는 별종이라면 단순히 데님만으로는 만족하지 못한다. 그것은 셀비지 데님이어야 하며, 나아가 일본제 셀비지 데님이어야 한다. (중략) 시장이 훨씬 더 전문화되면서 그 크기가 더욱 작아질 지는 몰라도, 당신의 시장 점유율은 더욱 커질 것이다.(91쪽)

이미 대중매체의 종말을 목격하고서도 큰 시장을 찾아 헤매거나, 여전히 소비자들의 통계 수치에 목매고 있다면 당장 이 책을 읽어야 한다. 이 책은 대중mass, 정상normal, 별종weird, 부자rich 이 네 단어에 관한 책이다. 대중의 죽음과 별종의 탄생이라는 세상의 변화를 조목조목 짚어주면서, 유머러스하면서도 날카롭게 파고드는 직언들은 세상의 트렌드를 바라보는 시야를 넓혀 줄 것이다. 일부 독자는 146쪽짜리 얇은 책이 뭐 그리 대단하겠냐고 할지도 모른다. 그러나 세스 고딘을 안다면 방심은 금물이다. 가벼운 잽을 몇 번 내밀다 무거운 펀치를 훅 날리는 게 그의 특기다. 언제 어디서 큰 게 한 방 날아올지 모른다. 이 책은 그 예고편이다.

 함께 읽으면 좋을 책

● 『이카루스 이야기』, 세스 고딘, 한국경제신문사, 2014
세스 고딘의 최신작이다. 지금은 관계 형성, 정보 공유 등을 통해 모든 것이 연결되는 연결 경제의 시대이다. 이 시대를 살아가기 위해선 스스로의 한계에 갇혀 있으면 안 된다며 그리스 신화 속 '이카루스 이야기'를 바탕으로 생각의 틀을 깨는 변화의 힘을 소개하고 있다.

● 『매개하라』, 임춘성, 쌤앤파커스, 2015

알리바바, 아마존, 페이스북, 카카오 등 요즘 잘나가는 기업들은 사람들이 필요로 하는 제품이나 서비스를 연결해 줌으로써 엄청난 성공을 거두고 있다. 이렇게 앞으로의 세상, 미래의 기회는 '매개 비즈니스'에 달려 있다고 주장한다.

● 『크리에이터 코드』, 에이미 윌킨슨, 비즈니스북스, 2015

페이팔, 이베이, 테슬라 모터스, 에어비앤비 등 세계적인 기업을 경영하는 창조적 기업가 200인을 인터뷰하고 그들의 사례를 심층 분석하여 6가지 성공과 성취의 비결을 정리한 책이다. 그들의 한 가지 공통점은 바로 '크리에이터 코드'를 가진 사람들이었다는 점이다.

디지털 2막의 탄생

『뉴 노멀』
피터 힌센 지음, 이영진 옮김, 흐름출판, 2013

디지털을 마치 공기처럼 호흡하며 자란 신세대 직원들이 구세대 직원들을 계속 대체하면 직장에서는 무슨 일이 일어날까? 사람들의 삶이 이렇게 디지털화에 적응한다면 기업의 경영 전략은 어떻게 바뀌어야 할까?

당신은 아날로그형인가 디지털형인가? 디지털 이민자와 디지털 원주민을 구분하는 간단한 실험이 있다. (디지털) 카메라를 두고 "이것은 무엇입니까?"라는 질문을 던져보면 안다. 디지털 카메라라고 대답하는 이는 디지털 이민자이고, 그냥 카메라라고 대답하는 사람은 디지털 원주민이다. (숫제 디지털 원시인도 여전히 있을 것이다!) 디지털 원주민이라면 평생 아날로그 카메라를 사용해보지 않았을 테니까 '그냥' 카메라라고 답할 것이기 때문이다. 예전에는 첫 출근하는 신입사원에게 컴퓨터와 휴대폰을 주면 감사한 마음으로 반겼지만, 이제는 '설마 나더러 저런 걸 들고 다니라는 건 아니겠지?'라며 황당하다는 표정을 지을 게 뻔하다. 호주에서 수백 명의 젊은이들을 상대로 일상에서 가장 중요한 필수품을 고르라는 조사에서도 먹는 것을 제치고 아이팟, 랩톱, 페이스북, 고속 인터넷, 휴대폰 등이 상위 10위권을 차지했다. 심지어 유튜브에 떠도는 동영상 중에 두세 살 정도 된 아이가 인쇄된 잡지의 사진에 두 손가락으로 핀치 줌 하는 장면이 있는데, 이 아이에겐 아이패드와 같은 태블릿이 더할 나위 없는 장난감인 것이다. 이렇게 1990년대 컴퓨터의 보급과 함께 개막된 디지털 시대는 2010년대로 접어들어 스마트폰이 대중화되면서 정점에 이르렀다. 2015년 4월 현재, 전 세계 인구의 27%에 해당하는 20억 명이 스마트폰을 쓰고 있다. 2020년이면 그 수는 지금의 두 배로 늘어나 지구 전체 인구의 과반수에 해당하는 40억 명이 될 것이라는 전망이다.

『뉴 노멀』을 쓴 피터 힌센Peter Hinssen은 기업 중역들을 대상으로 경영의 미래에 대해 혁신적인 자문을 제공하는 어크로스 테크놀로지 회장이며, 유럽에서 가장 왕성하게 활동하는 미래학자로 꼽히고 있다. 저자는 우리가 디지털 혁명의 절반인 첫 번째 여정을 마치고 '뉴 노멀new normal' 시대로 진입했다고 말한다. 뉴 노멀은 디지털이 필수품이 되고, 디지털을 당연하게 생각하는 세계라는 뜻이다. 이는 디지털이 표준이 되는 '새로운 일반화'가 이루어졌음을 의미한다. 디지털 시대의 유리잔은 아직 절반밖에 차지 않았고, 다가올 혁명은 너무 압도적이라서 지난 40년 IT 역사를 매우 보잘것없게 만들 것이다. 디지털을 마치 공기처럼 호흡하며 자란 신세대 직원들이 구세대 직원들을 계속 대체하면 직장에서는 무슨 일이 일어날까? 사람들의 삶이 이렇게 디지털화에 적응한다면 기업의 경영 전략은 어떻게 바뀌어야 할까? 저자는 많은 기업의 경영자들이 미래에 대한 고민과 구상으로 수많은 시간을 보내고 있지만, 책상에서 머리를 짜내는 것보다 젊은 세대의 라이프스타일을 관찰해야 한다고 충고한다. 신입사원이나 젊은 고객 같은 차세대 디지털 원주민들이 어떻게 살고 있는지 파악하는 것이 중요하다는 이야기다. 태어나자마자 디지털 기기를 접하는 젊은 세대들의 생활 패턴을 꿰뚫고 이들의 니즈를 선점하는 기업이 성공적 비즈니스를 이끌어낼 수 있기 때문이다. 현실계와 가상계는 하나로 통합·결합될 것이며, 이제 '혁명'이라고 부르기에는 너무나 '일상화'된 디지털을 적극적으로 활용하지 못하는 기업은 도태될 것이 불을 보듯 뻔한 세상이다.

그런데 이 부분에서 정보의 딜레마를 간과해서는 안 된다. 디지털화가 가속화되고 정보를 검색하고 저장하는 일이 점점 쉬워지면서 우리는 날마다 정보의 산사태와 싸운다. 미래학자 존 나이스비트는 이를 가리켜 "정보의 바다에서 허우적대면서 지식에는 목말라 있다"고 표현한다. 수없이 쏟아지는 정보와 콘텐츠의 홍수 속에서 데이터를 쌓아두는 일은 정보 접근력을 오히려 떨어뜨리고 필요한 정보를 검색하는 데 방해만 할 뿐이다. 이렇게 습관적으로 정보 과부하 상태가 되는 것은 언제나 우리가 대처할 수 있는 수준보다 많은 정보가 쏟아지기 때문이다. 이럴 경우 사람들은 정보를 더 이상 섭취하지 않고 오히려 자기 주변으로 밀어낸다. 과거에는 이메일을 많이 받는 사람이 유능해 보였으나 지금은 가장 안됐다는 생각이 든다. 오히려 하루에 다섯 통 정도의 메일만 받는 사람이 핵심인물인 경우가 많다. 그 사람은 주변의 필터링이 매우 잘되어 있어서 중요한 메일만 받고 있을 확률이 높기 때문이다. 말콤 글래드웰의 『그 개는 무엇을 보았나』에는 정보 및 정보 과부하 세계와 놀랄 만한 연관성을 갖고 있는 특별한 이야기가 나온다. 쿠바 미사일 사태 때 핵탄두들이 미합중국을 겨냥하자, 미국 정부는 인텔리전스라고 할 수 있는 수많은 정보를 수집해 해결방법을 찾아냈다. 반면에 9·11 테러는 정보 과부하의 완벽한 예로 언급된다. 당시 미 정보당국은 세계무역센터와 미 국방부 폭격에 관한 모든 정보를 사전에 알고 있었고, 테러리스트들의 신원도 일부 파악하고 있었다. 그러나 정보의 '안개'가 너무 심해서 그곳에 진짜 위협이 있는지를 확신하지 못했다. 문제는 '정보의 과부하'가 아니라 '필터링의 실패'였던 것이다. 뉴 노멀 시대의 정보 전략은 역동적인 정보를 신속하게 파악하고 필터링하는 '똑똑한' 시스템이라는 저자의 통찰이 신선하다.

　뉴 노멀 시대에는 사고를 전환해야 한다. 캐나다 아이스하키의 전설로 불리는 웨인 그레츠키는 "훌륭한 하키 선수는 퍽이 있는 곳으로 달려가지만 위대한 하키 선수는 퍽이 '향하는' 곳으로 달려간다"고 했다. 이제 디지털은 기술과 관련이 있는 게 아니라 사용 방법과 관련이 있다. 콘텐츠는 더 이상 왕이 아니다. 콘텐츠는 이제 콘택트Contact(고객 접촉)에 왕좌를 물려줘야 한다. 앞으로 가장 가치 있는 자원은 소비자와의 상호작용이다. 뉴 노멀 시대에 생존하느냐 마느냐는 전부 고객 접촉과 관련이 있다. 현대 미디어에 사상적 기틀을 제공한 마셜 맥루한은 "미디어는 메시지"라고 했는데, 뉴 노멀 시대에는 미디어가 더 이상 메시지가 아니다. 뉴 노멀 시대에는 반응이 메시지다. 뉴 노멀 시대에는 기업이 상호작용하게 될 방식, 기업이 반응하게 될 방식, 기업이 고객과의 대화를 '처리'하게 될 방식, 이러한 것들이 소비자가 기업을 인식하고 인정하는 결정 요인이 될 것이다.

> 뉴 노멀 시대가 되면 조직과 직원들은 무수한 경쟁의 압박에 시달리고, 형편없는 직원은 숨을 곳이 없어질 것이다. 기술 발전으로 완전책임과 투명성의 정도가 점점 높아져서 기업의 구석구석을 모두 볼 수 있기 때문이다. 한마디로 성과를 내지 못하면 존재 가치가 사라지게 될 것이다. 마케팅과 혁신 외의 모든 기능들은 전문적인 서비스 제공자들에게 아웃소싱되면서 회사의 형태도 변할 것이다. 심지어 핵심 직원조차 고용주와 직원 사이의 관계가 변하면서 '서비스로서의 노동Labor as a Service'을 제공해야 할 것이다.(220~221쪽)

새로운 인재상 역시 'I자형 인간'에서 'T자형 인간'으로 바뀐다. T자형 인간은 기능적이고 전문적인 깊이를 가지고 있으면서 지식을 다른 상황에 수평적으로 적용할 수 있는 사람을 말한다. 또 구글이 집에서도 마음껏 쓸 수 있는 G메일을 보급해 직장 내부로 침투했듯이, 뉴 노멀 시대의 경영 전략은 '외부에서 내부로, 아래에서 위로' 향할 것이라는 관측이다.

이 책은 그밖에도 기술과 소비자의 관계, 네트워크화 된 디지털사회가 기업과 고객에게 미치는 영향, 경영과 IT의 융합 등 디지털 혁명의 두 번째 여정에 등장하게 될 여러 쟁점을 상세하게 정리하고 있다. 매 장마다 그림과 도표를 동원해 자칫 어려울 수 있는 개념을 쉽게 설명하고 있고, 마지막 장에서는 전체 내용을 요약하여 재정리하는 친절함까지 보여준다. "내 관심은 미래에 있다. 왜냐하면 그곳에서 나머지 생을 보낼 테니까(찰스 F.케터링)"라는 말에 시선이 멈추는 독자라면 그냥 흘려보내기 쉽지 않은 책이다.

 함께 읽으면 좋을 책

● 『디지털 네이티브』, 돈 탭스콧, 비즈니스북스, 2009
　디지털과 함께 태어나고 성장한 디지털 네이티브들이 앞으로 어떻게 세상을 변화시켜 나갈지를 9400명이 넘는 사람들을 대상으로 실시한 연구 프로젝트를 바탕으로 디지털 전문가가 분석한 디지털 네이티브 세대 보고서다.

- 『사물인터넷 실천과 상상력』, 편석준 외, 미래의창, 2015

  당신은 사물인터넷 시대에 살아남을 준비가 되어 있는가? 이 책은 국내외 사물인터넷 시장 참여자들의 실제 사례를 살펴보고, 23개 사물인터넷 관련 기업 및 단체들과의 심층 인터뷰를 통해 독자들이 스스로 사물인터넷에 대한 감을 잡을 수 있도록 했다.

- 『프라이다이나믹스』, 고형준, 티핑포인트, 2015

  인터넷과 각종 스마트 기기가 보편화되면서 누구나 다양한 정보와 지식에 접근할 수 있는 시대가 되었다. 이제는 단순히 많이 아는 것만으로는 생존 경쟁력을 확보하기 어려워졌다. 10년 후에도 살아남는 '지식 설계자'가 되는 법은 프라이다이나믹스Pridynamics다.

개인의 꿈이 산업이 된다

『르네상스 소사이어티』
롤프 옌센 · 미카 알토넨 지음, 박종윤 옮김, 36.5, 2014

앞으로는 제품의 품질과 가격 대신 스토리와 경험, 감성과 같은 요소가 시장을 주도할 것이다. 기술과 지식은 갈수록 보편화되고 제품의 기술수준도 표준화되기 때문에 결국 제품에 고유의 가치를 부여하는 건 독특한 감성뿐이다.

대표적인 지한파 덴마크 미래학자인 롤프 옌센Rolf Jensen은 매년 한두 차례 한국을 방문한다. 그는 1999년에 발간한 『드림 소사이어티』에서 앞으로는 제품의 품질과 가격 대신 스토리와 경험, 감성과 같은 요소가 시장을 주도할 것이라는 예측을 내놨다. 기술과 지식은 갈수록 보편화되고 제품의 기술수준도 표준화되기 때문에 결국 제품에 고유의 가치를 부여하는 건 독특한 감성뿐이라는 것이다. 예컨대 아이폰은 그냥 휴대전화가 아니라 스티브 잡스의 혁신 스토리를 담고 있으며, 스타벅스는 단순한 커피가 아닌 뉴요커의 삶을 보여주는 상징이라는 것이다. 롤프 옌센과 헬싱키 대학교 미카 알토넨 교수가 함께 쓴 『르네상스 소사이어티』는 전작의 흐름을 이어 간다는 측면에서 속편의 성격을 띤다. 하지만 미래사회의 거시적 변화상을 세계적인 구도에서 르네상스 소사이어티, 그린 소사이어티, 리스크 소사이어티라는 세 가지 시나리오로 그린다는 점이 전작과 다르다. 그 중에서 가장 흥미진진하면서도 유력한 시나리오는 르네상스 소사이어티, 즉 제2의 르네상스다. 600년 전 르네상스는 신이 지배하는 세계에서 한낱 피조물에 불과했던 인간을 스스로 생각하고 결정하는 주체로 전환시키며 인간 중심의 세기를 열었다. 마찬가지로 새로 맞는 르네상스는 대중이 주체인 사회에서 개인이 주체인 사회로 무게 중심이 이동하는 것을 가리킨다.

수천 년간 사람들은 다음 날 끼니에 전전긍긍하고 돌아오는 겨울에 먹고살 일을 걱정했다. 산업혁명이 있기 불과 수세기 전만 해도 대다수 사람들은 물질적 진보와는 거리가 먼 가난한 삶을 살았다. 오늘날 기준으로 볼 때 세계 인구의 99%가 유엔이 정한 기준에 한참 못 미치는 수준으로 살았다. 영국 철학자 토머스 홉스의 표현을 빌리면 인생은 더럽고 미개하고 짧았던 시대였다. 지금 시대의 대통령보다 막강한 권력을 갖고 있었던 과거 유럽의 황제들도 오늘날 선진국의 평균적인 시민보다 여러 모로 가난했다. 프랑스 황제 나폴레옹조차도 가장 좋은 교통수단은 마차였고 주치의는 무능했으며 화장실에선 수돗물이 나오지 않았다. 그러다가 산업혁명과 함께 경제 성장이란 개념이 출현했고, 돈을 많이 버는 게 가능해져 인생을 편하고 즐겁게 만들어주는 것들을 살 수 있게 됐다. 그런데 새로운 일이 일어나고 있다. 18세기 산업혁명이 낳은 대량 생산, 대량 소비 체제가 수명을 다한 것이다. 물질주의의 꿈을 이제 막 이루기 시작한 동양과 달리 서구사회는 지금 꿈과 꿈 사이에, 다시 말해 물질적 꿈과 다음에 올 꿈 사이에 갇혀 있다. 다가오는 다음 시대의 꿈은 공동의 꿈이 아니라 수평적인 사회, 자발적 조직, 권한의 분산을 바탕으로 한 수백만 개의 개별적인 꿈이다. 영국의 유명한 경제학자 케인스는 2030년 안에 인류 역사상 가장 큰 격변이 일어날 것이라고 예견했다. 그는 시간을 보람 있게 쓰는 법을 가르쳐 주는 사람과 들판의 백합처럼 삶의 질을 높일 수 있게, 웃을 수 있게, 아름다움을 즐길 수 있게 영감을 주는 사람이 가장 큰 존경을 받을 것이라고 말했다. 케인스가 말한 사람을 직업으로 표현한다면 '삶의 질 향상사' 정도가 되지 않을까. 농담이 아니다. 표현이 아리송하다면 구체적인 직업을 생각해 보자. 예술가, 철학자, 영화제작자, 축구선수, 심리치료사는 살아남을까? 그럴 것이다. 정치인과 은행가도 살아남을까? 그러길 바란다.

첫 번째 산업혁명은 영국에서 공장과 함께 생겨났고, 두 번째 혁명은 미국에서 조립 라인과 함께 발생했다. 이제 제3차 산업혁명이 앞으로 10년 안에 일어날 것인데, 이번 혁명과 예전의 산업혁명과의 차이는 기술이 아니라 인간의 꿈이 변화의 추동력이라는 점이다. 인간의 꿈은 기술적 혁신보다 훨씬 더 강력한 변화의 촉매제다. 이미 개인화된 서비스를 제공하는 기업들을 중심으로 속속 산업 구조가 재편되고 있다. 필립스가 좋은 예다.

필립스는 본래 첨단 제조 기술을 바탕으로 남성용 면도기 등과 같은 기계를 만드는 회사였다. 그런데 미래 전략을 짜 보니 사람들이 기계보다 음악을 좋아하고 기계음보다 새의 노 랫소리를 더 좋아한다는 걸 알게 됐다. 미래는 결국 사람들이 원하는 방향으로 갈 거라고 판단한 끝에 첨단 기술 회사에서 헬스 케어, 라이프스타일 회사로 전략을 바꿨다.(97쪽)

〈뉴욕타임스〉 대신 트위터가 뜨고 3D프린터가 제조업의 미래로 받아들여지는 것도 또 다른 방증이다. 제3차 산업혁 명의 바탕에는 인터넷, 3D디자인 프로그램, 3D프린터, 나 노테크놀로지가 있다. 특히 SF소설에나 등장할 법한 3D프 린터의 발달은 1인 기업과 1인 공장의 시대를 열 것으로 주 목받고 있는 대표적인 기술이다. 3D프린터란 종이 위에 인 쇄하는 것이 아닌 물건 자체를 인쇄하는 프린터를 말한다. 꽃병이든 조각상이든 휴대전화 덮개든 어떤 물건이든 실제 랑 똑같게 3차원으로 인쇄할 수 있다. 머지않은 미래에 대 부분의 소기업과 가정에서 3D프린터를 보유하게 되면 소비 자가 제품을 디자인하고, 아예 생산자와 소비자가 일치하는 21세기형 가내수공업이 출현할 수도 있다. 가격도 내려가 고 있고 진입장벽이 낮아져 대기업이 아니더라도 점차 개인 맞춤형 제품 생산이 가능해진다. 공장에게 일거리를 빼앗기 고 노동자가 되었던 가내수공업 시절의 장인들이 다시 돌아 오는 셈이다. 그렇게 되면 제조공장과 물류가 사라지고 기 업의 형태도 달라지게 될 것이고, 긴 가치사슬이 더는 필요 가 없어진다. 개인이 1인 기업이 되고 1인 시장이 되는 전혀 새로운 세상이 눈앞에 펼쳐질 날이 멀지 않았다.

　미래 예측은 수리적 모델보단 과거에 대한 연구에서 나온다. 경제는 사이클이라는 순환성을 띠고 있으며 통념과 달리 저성장이나 경기 침체는 경제라는 현상의 일부이기 때문에 크게 놀랄 만한 일은 아니라는 게 저자의 주장이다. 성숙한 경제도 또 한 번의 르네상스를 통해 새로운 성장 동력을 마련할 수 있다는 뜻이다. 예컨대 미국에서 경기 침체에 대한 정부 통계를 보면 평균적으로 6년마다 한 번씩 경기가 후퇴했다는 사실을 알 수 있는데, 역사와 통계를 근거로 분석해보면 다음번 경기 침체는 2018년 무렵이 될 것이라고 추측하고 있다. '서비스업이 미래의 성장동력이다', '정신 치유가 큰돈이 된다', '미래엔 누구나 15분 동안은 유명해질 것이다' 등 목차만으로도 눈을 붙잡는 대목이 많다. 260쪽이 겨우 넘는 분량이지만 담고 있는 통찰과 메시지는 묵직하다. 책의 내용 중 일부는 10년에서 15년 뒤라면 충분히 가능한 일이다. 연장된 현재 법칙은 여기에도 적용된다. 상은 가장 먼저 움직이는 사람에게 돌아간다. 저자의 말대로 우리가 여생을 보낼 미래를 적이 아닌 친구로 맞고 싶은 개인과 조직이라면 필독해야 할 책이다.

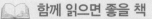 **함께 읽으면 좋을 책**

● 『드림 소사이어티』, 롤프 옌센, 리드리드출판, 2005

정보사회의 뒤를 이을, 꿈과 감성을 파는 드림 소사이어티에 대한 청사진을 제시한 책이다. 미래의 상품은 이성이 아니라 우리의 감성에 호소할 수 있어야 하고, 그렇게 되면 선진국의 사회형태는 정보사회가 아니라 드림 소사이어티가 될 것이라고 주장한다.

● 『인더스트리4.0』, 한석희 외, 페이퍼로드, 2015

인더스트리4.0은 '제4차 산업혁명'이라고 불리며 전 세계의 주목을 받고 있다. 이 프로젝트의 핵심은 ICT와 제조의 결합을 통한 경쟁력 강화에 있으며, 이는 기계와 사람, 인터넷 서비스가 상호 연결된 생산 패러다임의 대대적인 전환을 가져올 것이다.

● 『위대한 해체』, 스티브 사마티노, 인사이트앤뷰, 2015

지난 10년 간 비즈니스의 지형이 바뀌는 것을 면밀히 파악한 결과 새로운 세계 지형을 파편화, 융합화, 초연결(HYPER-CONNECTED)의 세 가지 특징으로 정의하고 있다. 이 지형에 대한 철저한 분석과 새로운 세계에 대한 지형학적 평가를 시도한다.

도시,
인류 최고의 발명품

『도시의 승리』
에드워드 글레이저 지음, 이진원 옮김, 해냄, 2011

이 책은 도시가 어떻게 인류가 가진 잠재력을 최대한 끌어내어 문명과 경제 발전의 원동력이 되었는지를 밝히기 위해 역사 속에 드러난 전 세계 주요 도시들의 흥망성쇠를 흥미롭게 분석한다.

"신은 정원을 만들었고, 인간은 도시를 만들었다" 18세기 중반 영국 시인 윌리엄 쿠퍼의 시에 나오는 한 구절이다. 여기서 쿠퍼는 자연에 깃든 신의 계시가 도시로 말미암아 흐려지고 가려지고 있음을 개탄하고 있다. 그러나 요즘 나오는 도시 관련 책에서는 이 말이 '도시를 건설한 인간의 능력은 신의 창조력에 버금가는 것'이라며 본래 취지와 다르게 사용되는 경우가 많다. 한국인의 80%, 그리고 전 세계 인구의 절반 이상이 도시에 살고 있는 것을 보면 도시의 매력에 그만큼 끌린 탓일 것이다. 그러나 여전히 도시는 더럽고, 가난하고, 범죄의 소굴이며, 반환경적이라는 오명을 뒤집어쓰고 있다. 교통 정체와 매연에 지친 도시인은 전원생활을 꿈꾸고, 정치인들은 불균형을 해소하겠다며 온갖 지역개발 정책을 들고 나온다. 그러나 『도시의 승리』는 이러한 해묵은 편견에 맞서 도시야말로 건강하고, 친환경적이며, 문화적·경제적으로도 가장 살기 좋은 곳임을 보여주고 있다.

도시는 혁신의 엔진이다. 도시 거주인구 비율이 50%를 넘는 국가는 그렇지 않은 국가에 비해 소득수준은 5배, 영아 사망률은 1/3을 기록한다. 가장 영리하고 야심만만한 사람들이 도시로 몰려든다. 도시를 콘크리트 빌딩숲으로만 봐서는 곤란하다. 사람과 기업들이 한곳에 모여 협업하는 사이, 창조적인 아이디어가 샘솟고 이것이 새로운 산업을 일으키며 경제성장을 이끈다. 도시는 이탈리아 피렌체 거리에서 르네상스를 선물했고, 영국 버밍엄 거리를 통해 산업혁명을 주도했다. 산업혁명 이후 역사를 훑어보면, 도시가 인간해방의 공간이었음을 알게 된다. 저자인 에드워드 글레이저Edward Glaeser 하버드 경제학과 교수는 전 세계 도시 정책 분야의 주요 오피니언 리더로 꼽히고 있으며, 잘못된 도시 정책에 대한 비판과 대안을 제시하는 데 앞장서고 있다. 저자는 도시에 관한 기존의 통념을 수치와 이론을 통해 논리적으로 깨며 한 국가와 개인으로서의 성공은 도시의 건강과 부富에 달렸다고 주장한다. 도시가 어떻게 인류가 가진 잠재력을 최대한 끌어내어 문명과 경제 발전의 원동력이 되었는지를 밝히기 위해 역사 속에 드러난 전 세계 주요 도시들의 흥망성쇠를 흥미롭게 분석한다. 교육, 기술, 아이디어, 인재, 기업가 정신과 같은 인적 자본을 모여들게 하는 힘이야말로 도시와 국가의 번영은 물론, 인간의 행복을 결정짓는다고 말한다. 그밖에 개발과 보존 사이의 갈등, 스프롤(도시 확산) 현상의 득과 실, 도시 빈곤과 소비 도시의 부상 같은 도시를 둘러싼 쟁점도 조목조목 밝히고 있다.

책은 우리는 왜 도시에서 살아야 하는가, 도시는 어떻게 인간을 더 풍요롭고 더 행복하게 만들었나? 하는 질문에서 부터 출발한다. 다양한 내용들을 담고 있지만 전체를 관통하는 일관된 주장은 제목처럼 도시가 승리한다는 것인데, 그 이유는 도시가 혁신과 경제 성장의 원동력이기 때문이다. 도시는 많은 사람이 함께 모여 있어서 다른 사람들로부터 무엇인가를 배울 수 있고, 지식의 공동 생산이라는 협력 작업이 가능한 곳이다. 도시가 안고 있는 문제 중 하나가 도시 빈곤층의 증가인데, 저자는 도시가 가난을 유발하는 것이 아니라 오히려 부자가 될 수 있는 기회를 제공한다고 말한다. 가난한 사람도 농촌에서는 얻지 못할 기회를 도시에서 얻을 수 있기 때문에 도시로 몰려드는 것이며, 교통·통신의 발달에도 불구하고 사람들이 더 가까이 모여 살려고 하는 것도 이 때문이다. 따라서 도시의 성장을 억제하는 규제 정책이나 이민 반대 정책들은 바람직하지 못하다. 저자는 도시생활의 중요성을 산업과 혁신에 두고, 가장 중요한 투자는 인적 자본에 대한 투자라고 말한다. 지식이 교실에서만 습득되는 것은 아니며 인간의 본질적 특성상 사람은 서로에게 배우며 살아간다. 이러한 도시의 인접성, 친밀성, 혼잡성은 인재와 기술, 아이디어와 같은 인적자원을 한 곳에 끌어들임으로써 도시는 혁신의 중심지로 부상한다. 최첨단 아이디어의 관문인 인도 방갈로르와 미국의 실리콘밸리를 통해 교육과 신기술이 어떻게 사람들을 유인하고 도시를 성장시키는지 명쾌하게 보여준다. 또한 한때 똑같이 제조업의 메카였으나 몰락한 디트로이트와 세계 중심으로 부상한 뉴욕의 부활을 비교함으로써 도시의 성공 원리를 극명하게 제시한다. 그럼 에드워드 교수는 서울을 어떻게 평가했을까. 본문에는 서울에 대한 언급이 빠져 있는데 한국어판 서문과 지난 2011년 방한했을 때 한 인터뷰에서 "서울은 혁신의 집합소이며 세상에서 가장 위대한 도시 중 하나이다. 다른 그 어느 곳보다도 훌륭한 인적 자원을 보유하고 있다"며 후한 점수를 줬다.

이 책은 흥미로우면서도 논쟁적인 내용을 가득 담고 있다. 도시에 대한 편견과 더불어 환경보호운동과 전원생활에 대한 환상을 깬다. 저자는 자연에서 사는 게 아이러니하게도 전혀 친환경적이지 않다며, 오히려 콘크리트와 아스팔트 속에서 사는 것이 자연에 가장 좋다고 말한다. 도시가 숲이 우거진 생활공간보다 환경에 훨씬 더 유익하다는 뜻이다. 그것은 사람들이 밀착해 살기 때문에 이동 거리가 짧고, 자가용보다는 대중교통을 이용하며, 집의 면적이 줄어 전체적인 에너지 소모량도 적어지기 때문이다. 반면 숲에 살면 나무와 기름 등을 태우기 때문에 결과적으로 주변 환경에 해를 입힌다.

단독주택은 평균 다섯 집 이상 들어선 아파트 건물 내 한 집의 평균 전기 소비량보다 88%를 더 소비한다. 48개 메트로폴리탄 지역들 중 44곳에서 도시 중심에 거주하는 사람들이 에너지를 적게 소비하는 것으로 드러났다. 뉴욕과 보스턴 같은 보다 중앙 집중적인 메트로폴리탄들이 댈러스나 피닉스처럼 확산적 성향을 띠는(단독주택들이 넓은 녹지와 대지를 차지하는) 도시들에 비해서 전기를 덜 사용한다.(369쪽)

자연을 사랑한다면 자연으로부터 떨어져 살아야 한다. 이렇게 교외로의 이주가 오히려 더 심각한 환경파괴를 일으킨다는 사실과 도시의 친환경성을 설명하며 도시 재생을 위해서는 '건물'이 아닌 '사람'에게 투자해야 함을 강조한다. 책의 내용을 한마디로 요약한다면 인류 최고의 발명품은 도시이며, 성공한 도시의 공통점은 똑똑한 사람을 많이 끌어들인다는 것이다. 도시에서 창조적 파괴가 일어났고, 현대의 삶이 펼쳐졌다. 이런 거대한 인구학적, 역사적 변화는 누가 시키거나 강요한 게 아니다. 문명의 새로운 리듬이었다. 살아있는 도시는 일자리를 만들고, 다양한 먹거리와 볼거리를 제공하고, 놀거리를 선사한다. 진정한 도시의 힘은 사람으로부터 나오며 도시가 인간의 강점을 더 키운다. 우리의 번영과 자유는 모두 결국에는 사람들이 함께 살고, 일하고, 생각함으로써 얻게 된 선물이다. 그 결과 2008년을 기점으로 인류 역사상 처음으로 지구촌 인구의 절반이 도시에 살게 됐다. 갈수록 우리가 도시에 거는 기대가 크고 의존이 더 강해짐에 따라 도시는 궁극적으로 승리한다는 것이 저자의 결론이다. 책에 나오는 내용 대부분이 미국 도시들에 대한 연구나 실증 자료에 기대고 있다. 그러다 보니 미국적 맥락에서 나온 논리와 주장을 여러 가지 현실적 조건이 상이한 우리나라에 그대로 적용하기는 곤란한 부분도 있다. 저자의 말대로 성공한 도시들은 하나의 방정식이 아니라 다양한 방식으로 그 모습을 드러내고 있기 때문이다. 그러나 본문만 470쪽이 넘고 별도의 주석과 참고문헌만도 70쪽에 가까운 묵직한 내용에다 흥미롭고 다양한 사례를 알기 쉽게 동원하여 꽤나 설득력 있게 읽히는 것이 대중 경제서의 모범을 보여준다. "당신이 도시에 산다면, 도시에 살 계획이라면, 도시에 살았던 적이 있었다면, 이 책은 당신에게 무엇을 해야 할지 친절히 알려 준다"라는 추천사가 무색하게 들리지 않는 것도 그 때문이다.

 함께 읽으면 좋을 책

● 『도시는 무엇으로 사는가』, 유현준, 을유문화사, 2015

도시는 늘 현재진행형이다. 이 책은 작은 골목부터 뉴욕의 센트럴파크에 이르기까지, 도시 속에 담겨 있는 정치, 경제, 문화, 역사를 통해 인간의 욕망하는 모습과 도시와 인간의 삶이 서로 영향을 주면서 공진화하는 모습을 보여준다.

● 『도시의 탄생』, P.D. 스미스, 옥당, 2015

도시는 현대문명의 핵심이며 창의성의 원천이다. 이 책은 인류의 위대한 업적이자 그 자체로 많은 역사를 담아내는 도시를 탐사하는 책이다. 고대부터 미래까지 도시의 발달사를 포함해서 도시의 생활과 문화를 살피는 문명사까지 8가지 주제로 나누어 풀어나간다.

● 『시골은 그런 것이 아니다』, 마루야마 겐지, 바다출판사, 2014

아쿠타가와 상을 받은 일본의 괴짜 문학가 마루야마 겐지는 48년째 농촌에서 살고 있다. 그가 귀촌·귀농을 꿈꾸는 이들에게 시골생활의 쓴맛 단맛을 가감 없이 보여주며 실질적인 조언을 전하는 책이다. 한마디로 말하면 이렇다. "낭만적 시골생활? 꿈 깨시라!"

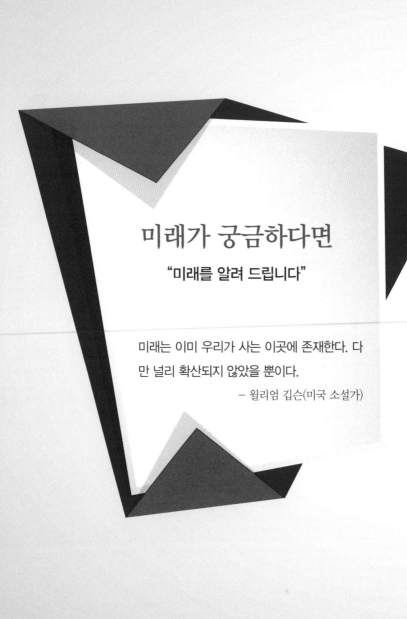

미래가 궁금하다면

"미래를 알려 드립니다"

미래는 이미 우리가 사는 이곳에 존재한다. 다만 널리 확산되지 않았을 뿐이다.

– 윌리엄 깁슨(미국 소설가)

노리나 허츠 영국 런던대(UCL) 교수는 경제학자이자 베스트셀러 작가다. 억만장자 조지 소로스는 런던의 자택으로 그녀를 초대해 점심을 함께하며 세계화와 민주주의에 관한 허츠 교수의 지론을 들었고, 영국 일간지 가디언은 그녀를 '영국 최고 지성'으로 꼽았다. 허츠 교수가 했던 실험 중 하나를 소개한다. 영국 주간지 〈이코노미스트〉는 1984년 직업군群이 다른 네 그룹에 10년 후 세계 경제가 어떤 모습일지 예측해 보라고 했다. ①전직 재무부 장관들 ②글로벌 기업 CEO들 ③옥스퍼드대 학생들 ④청소부들. 1등은 놀랍게도 청소부 그룹이었다. 참고로 전 재무부 장관 그룹이 꼴찌를 차지했다.

미래를 예측하는 경제전문가가 되기는 아주 쉬운 일이다. 매년 새해가 시작될 때, 올해의 경제나 경기가 어떻게 될 것이냐는 질문을 받으면 '무조건 어렵고 힘들다'고 우기면 된다. 이러한 '부정적 예측'은 전문가들의 생존꼼수이며 전매특허. 부정적 전망을 했는데, 다행히 경제가 잘 돌아가면 아무도 경제전문가의 틀린 예측을 비난하지 않는다. 그러나 반대로 긍정적으로 전망했는데 예상과 달리 경제가 어려워지면, 졸지에 불황의 주범이라도 되는 양 모든 비난과 원망을 뒤집어써야 한다. 그래도 사람들은 늘 앞날이 궁금한 법이다. 그래서 어떡해서든지 미래를 엿보려는 노력을 멈추지 않는다. "궁금하면 오십원?" 대신에 "미래를 말해주는(혹은 말한다고 생각되는)" 미래예측서를 읽는 것도 한 방법이다.

세계 경제의 축이
이동하고 있다

『세계 경제의 메가트렌드에 주목하라』
짐 로저스 지음, 이건 옮김, 이레미디어, 2014

왜 21세기 세계 경제를 아시아가 지배하게 되는지, 미국과 EU가
쇠퇴할 수밖에 없는지 등에 대해 길 위에서 얻은 생생한 통찰을
보여준다.

어학원이 밀집되어 있는 서울 종로를 걷다가 한 중국어 학원 앞에 세워놓은 광고 간판을 보았다. 거기에는 세계적인 투자전문가 짐 로저스Jim Rogers의 커다란 사진과 함께 그가 한 말이 쓰여 있었다. "19세기는 영국, 20세기는 미국의 시대였다면, 21세기는 단연코 중국의 것, 아이들에게 중국어를 가르쳐라", "이제 영어보다는 중국어를 배우는 것이 더 이득이 될 것이다" 그동안 이렇게 중국을 강조하던 로저스 홀딩스의 짐 로저스 회장이 이번에는 북한 변화에 주목하기 시작했다. 지난 2015년 5월에 로저스는 CNN과의 인터뷰에서 북한에서 거대한 변화가 일어나고 있다며 자신의 전 재산을 북한에 투자하고 싶다고 해 화제가 되었다. 핵문제다 뭐다 해서 세계가 북한을 불안하게 보고 있는 가운데 실제로 2012년엔 북한에서 발행한 금화를 대거 매입하기도 했다. 로저스는 기회 있을 때마다 남북통일이 머지않아 가능하다며 통일 이후 한국 경제의 급성장론을 주장한 장본인이다. 그는 여러 언론 인터뷰와 저서 등을 통해 남북통일이 5년 안에 가능할 것이라며, 이 경우 한국 자본과 기술력이 북한의 노동력·천연자원과 결합해 폭발적 성장이 가능할 것으로 전망했다. 로저스는 길 위에서 얻은 투자 혜안으로 세계시장의 흐름과 미래 전망에 대해 날카로운 분석을 내놓는 것으로 유명하다. 월스트리트에서 일하면서 조지 소로스와 함께 글로벌 투자사인 퀀텀펀드를 설립해 10년 간 4200%라는 경이적인 수익률을 올렸고, 1990년대부터 수익률 250%에 육박하는 국제 원자재지수를 운용하고 있다. 37세에 공식적으로 은퇴를 선언하고 컬럼비아 대학교 경영대학원에서 금융론을 가르쳤고, WCBS와 FNN 등의 금융 관련 방송 프로그램을 진행했다. 오토바이 세계일주 여행에 나서 52개국에 걸쳐 약 16만 킬로미터를 주파하여 기네스북에 오르기도 했으며, 아내와 함께 116개 나라와 전 세계 30개의 내전 지역 중 절반을 다니는 놀라운 여정을 체험했다. 현재는 전 세계를 무대로 왕성한 강연활동을 하고 있는데 한국에도 여러 차례 다녀갔다.

『세계 경제의 메가트렌드에 주목하라』는 짐 로저스가 시장에서 평생에 걸쳐 얻은 교훈과 관점을 바탕으로 경제, 정치, 사회를 분석하고 투자를 위한 현명한 팁을 제공한다. 책에서 저자는 금융, 투자, 모험을 통해 얻은 지식과 세계 경제의 트렌드에 대해 조언하면서, 미래를 어떻게 대비해야하는지에 대한 교훈을 알려준다. 왜 21세기 세계 경제를 아시아가 지배하게 되는지, 미국과 EU가 쇠퇴할 수밖에 없는지 등에 대해 길 위에서 얻은 생생한 통찰을 들려준다. 그는 두 번의 세계일주를 통해 세계시장을 직접 눈으로 확인하며, 21세기는 '아시아의 시대'라는 확신을 가졌다. 중국이 세계에서 가장 자본주의적인 국가가 될 것이라는 걸 간파한 그는 철저한 분석을 통해 1988년부터 본격적으로 중국에 투자를 시작했다. 저자가 책이나 강연을 통해 꼭 하는 말이 반드시 중국어를 공부하라는 것이다. 로저스는 어떤 예측을 제시할 때에는 자신도 그 방향으로 포지션을 가져간다는 지론을 갖고 있다. 본인 역시 자녀에게 표준 중국어를 가르치기 위해서 대기오염이 심한 중국 도시 대신 차선책으로 싱가폴로 이사를 했다(언론 보도에 따르면 월가의 대표적인 비관론자로 꼽히는 누리엘 루비니 뉴욕 대학 교수 역시 "앞으로 중국어는 필수로 배워야 되는 언어가 될 것"이라며 자신도 중국어를 배우고 있다고 말해 주목받고 있다). 그는 역사를 통틀어 세계 곳곳에서 사람들이 몰려들며 가장 번창한 지역은 세계에 문호를 개방한 지역들이었다며 개방적 사고의 중요성을 역설한다. 14세기 말, 중국과 지중해를 잇는 실크로드상의 부유한 도시 사마르칸트가 그랬고, 그보다 400년 전에는 스페인 안달루시아 지역의 코르도바가 그랬다. 지금은 중국이나 싱가폴이 그렇다. 중국의 덩샤오핑이 "창문을 열면 파리도 들어오지만, 햇빛과 맑은 공기도 들어온다"고 말한 그대로다. 또 미래 경제는 농업이 주도할 것이라고 말하며, 식품·에너지·상품·소모품 등을 만드는 사람들이 경제를 주도할 것이라고 주장한다. 농업은 앞으로 20~30년 동안 세계 경제에서 매우 수익성 높은 섹터가 될 것이고, 금융보다 농업이 훨씬 더 수익성이 높을 것이기 때문에, MBA보다 농업과 광업 학위를 따는 것이 더 현명하다고 조언한다. 머지않아 주식중개인들은 택시운전을 하거나 농부 밑에서 트랙터 운전을 할 것이며, 농부들은 람보르기니(이탈리아 스포츠카)를 몰고 다니게 될 것이라고 말한다. 그러나 무엇보다 눈길을 끄는 부분은 한반도에 대한 저자의 언급이다. 그는 통일 후 북한과 미얀마를 가장 각광받는 투자처로 꼽았다. 특히 북쪽의 값싸고 숙련된 노동자와 천연자원이 남쪽의 자본, 기술, 경영 능력과 결합하면서 통일한국은 경제 강국이 될 것이라고 전망한다.

북한 관광도 투자 기회가 될 수 있다. 북한 인구는 2500만 명에 불과하므로 세계 여행이 호황을 맞이하지는 않을 것이다. 그러나 남한 사람들의 북한 여행은 십중팔구 호황을 맞이할 것이다. 남한에는 여성이 매우 부족하므로, 결혼 관련 사업도 엄청난 호황을 맛볼 것이다. (중략) 앞으로 20~30년 동안 내가 지극히 낙관하는 기회 중 하나는 중국 관광업이다. 중국인들은 지난 수십 년 동안 여행할 수 없었지만, 이제는 할 수 있다. 이제는 중국 시민도 쉽게 여권을 만들 수 있고, 돈도 쉽게 외국으로 가지고 나갈 수 있다.(272쪽)

일본 인구는 1억2500만 명이지만, 중국 인구는 10배가 넘는 13억 명이다. 지금 중국인들을 세계 곳곳 다니지 않는 곳이 없다. 불과 5년 전만 하더라도 중국 정부관계자와 여행 전문가들은 요우커(중국관광객)가 1억 명을 돌파하는 시기를 2018년~20년 정도로 예측했다. 그러나 요우커 1억 명 시대는 이미 목전에 있다. 대한민국을 찾는 요우커는 2018년까지 매년 20% 이상 증가할 것이고, 늦어도 2018년까지 천만 요우커가 30조 원이 넘는 돈을 한국에서 소비하게 될 것으로 예상된다. 앞으로 4년 내에 국내 내수시장의 10%에 해당되는 새로운 시장이 형성되고 이를 책임질 천만 명의 새로운 소비자가 나타난다는 것은 대한민국 소비시장 성장에 새로운 이정표가 되는 사건이 아닐 수 없다.

책에는 제목처럼 '메가트렌드'만 나오는 건 아니다. 투자란 어떻게 해야 하는지, 시장에서 진정한 승자가 되려면 어떻게 해야 하는지에 대해서도 명쾌하게 설명하고 있다. 큰돈을 벌고 싶다면 우리가 상식처럼 알고 있는 분산투자를 해서는 안 되고, 좋은 종목 몇 개를 발굴해서 집중적으로 투자하라는 조언은 개인투자자들에게 쏠쏠한 정보다. 북촌에 앉아 이 책을 읽고 있는데 카페 창밖으로 한옥마을을 보러 온 중국 관광객들을 태운 버스가 쉴 새 없이 드나드는 게 보인다. 저자 예언(?)대로 5년 안에 남북통일이 이루어져서 대동강 맥주를 마시면서 그 아름답다는 원산 명사십리 해수욕장을 저들처럼 자유롭게 관광할 수 있는 날이 왔으면 하는 생각이 든다. 그러고 보니 오늘은 대동강물도 풀린다는 우수雨水다.

함께 읽으면 좋을 책

● 『백만장자 아빠가 딸에게 보내는 편지』,
  짐 로저스, 한국경제매거진, 2013

  월가의 투자 귀재 짐 로저스가 편지를 통해 두 딸에게 경
  험론적 인생 수업을 가르치는 내용을 담고 있다. 사무실에
  앉아서 투자용 차트와 통계, 보고서를 분석하는 것을 넘어
  온몸으로 세계를 여행하며 현장을 경험한 그가 던지는 인
  생의 바이블이자 투자의 필드 매뉴얼이다.

● 『2035년의 세계』, 다카시로 쓰요시, 한스미디어, 2015

  일본의 대표적인 크리에이터인 저자가 첨단 기술의 미래
  뿐만 아니라 정치·경제·문화·환경 등 20년 후의 총체
  적인 미래상을 100개의 핵심 키워드로 정리한 책이다. 테
  크놀로지에 대한 깊은 이해와 함께 다양한 측면에서 미래
  를 꿰뚫어보는 신선한 통찰을 엿볼 수 있다.

● 『지속 가능한 발전의 시대』, 제프리 삭스, 21세기북스, 2015

  뉴욕 타임스가 뽑은 '세계에서 가장 영향력 있는 경제학자'
  인 저자가 국제사회가 2016년부터 2030년까지 추진할 '지
  속 가능한 발전 목표'를 담았다. 재러드 다이아몬드 교수
  는 "만약 현대 세계를 이해하고 싶다면, 그리고 책장에 한
  권의 책만 꽂을 수 있다면 바로 이 책이다"라고 말했다.

문제는 인구다

『2018 인구절벽이 온다』
해리 덴트 지음, 권성희 옮김, 청림출판, 2015

인구통계학은 미래를 여는 열쇠다. 인구변수는 미래 사회 · 경제를
결정짓는 가장 상위 인자이다. 미래를 보고 싶다면 인구구조적 추
세를 살펴보라.

"한국은 2018년 이후 인구절벽 아래로 떨어지는 마지막 선진국이 될 것이다. 그 후 수십 년간 소비 흐름의 하락세가 중단 없이 이어질 것이다" 인구구조전문가이자 애널리스트인 해리 덴트Harry Dent의 신간 『2018 인구절벽이 온다』의 한국어판 서문에 나오는 섬뜩한 전망이다. '인구절벽'이란 한 세대의 소비가 정점을 치고 감소해 다음 세대가 소비의 주역으로 출현할 때까지 경제가 둔화되는 것을 말한다. 이는 처음으로 앞 세대보다 인구 규모가 작은 세대가 출현하는 것을 뜻한다. 경제예측 전문기관인 덴트연구소의 창업자이자 HS덴트재단의 이사장인 저자는 인구와 소비 변화를 변수로 한 경제 전망과 투자 전략의 권위자다. 인구와 인구변동 추이, 이에 따른 소비 변화가 세상과 경제를 해석하는 확고부동한 틀이라고 주장한다. 그에 따르면 인구통계학은 미래를 여는 열쇠다. 인구변수는 미래사회 · 경제를 결정짓는 가장 상위 인자라고 해도 과언이 아니다. 미래를 보고 싶다면 인구구조적 추세를 보면 된다. 경영학의 아버지라 불리는 피터 드러커 역시 미래예측의 가장 중요한 변수 중 하나로 인구통계를 사용했다. 2015년을 필두로 세계 경제의 최대 화두가 '인구'가 될 것이란 말도 들린다. 저자는 대부분의 경제학자들이 일본 경제가 곧 미국을 추월할 것이라고 예상했던 1990년대에 일본의 몰락을 전망했다. 이 틀로 지난 1980년대 일본 버블 붕괴와 1990년대 미국 경제 호황을 정확히 예측해 세계적 명성을 얻었다.

이 책은 심층적인 도표와 자세한 통계를 동원하여 선진국을 중심으로 인구절벽 상황을 살피고 있다. 특히 한국 경제와 얽히고설킨 일본의 식물경제와 중국의 버블을 분석한 2장, 7장은 중요하게 읽어야 한다. 일본은 역사상 가장 빠르게 서구형 국가로 성장했지만, 선진국 중에서 가장 먼저 인구절벽을 맞았다. 1989년과 1996년 사이에 인구절벽을 경험한 뒤 25년째 장기불황에 시달리며 경제가 혼수상태에서 벗어나지 못하고 있다. 지난 20년 간 물가상승률과 GDP성장률이 거의 0%였다. 한마디로 식물경제다. 거기다 인구가 빠르게 고령화되고 있고, 2020년 이후 또 한 차례 인구절벽을 맞을 것으로 보인다. 1990년대 일본에서 시작된 인구절벽은 2014년부터 2019년 사이에 거의 모든 선진국을 덮칠 것이다. 베이비붐 세대가 고점에 도달하면서 앞으로 몇 년 내에 한 국가에 이어 또 다른 국가가 일본을 따라 식물경제에 빠질 것이라 전망한다. 이제 일본은 성공 모델이 아니고 재앙 공식이 되었다. 저자는 경제학자들과 정부 관료들, 투자가들, 기업가들이 왜 일본의 사례를 더 많이 연구하지 않는지 의아하다고 말한다.

전 세계 경제학자들은 역사상 가장 인구 수가 많은 세대가 소비 정점에 도달했을 때 어떤 일이 벌어지고 그 대규모 인구 집단에 뒤이어 규모가 좀 더 작은 세대가 등장한다는 것이 어떤 의미인지 아직도 깊이 고민하려 하지 않는다. 우리는 일본은 물론 유럽 대부분의 국가와 북미 국가들, 심지어 중국까지 생산인구가 줄어들고 인구 증가세가 감소할 때 어떤 일이 벌어질지 심각하게 생각해 봐야 한다.(31쪽)

한국은 일본을 22년 뒤처져 따라가고 있다. 저자는 일본에서 출산 인구가 가장 많았던 해가 1949년이고 한국은 1971년으로 22년 격차가 난다며 이를 근거로 내세우고 있다. 가장이 47세일 때 가계 소비가 정점이라고 가정해 일본의 소비 정점을 1996년, 한국은 2018년으로 계산한다. 22년 후 한국이 일본이 될 텐데, 이때 부동산이 가장 먼저 타격을 입게 될 것이라고 경고하고 있다. 그렇다면 중국이 미래 자본주의의 모델일까? 대답은 NO다. 다른 선진국들과 달리 중국 경제를 이끈 것은 소비자들의 소득과 지출이 아니다. 지금 전 세계 크레인의 대부분은 중국에 있다. 오늘날 가장 높은 마천루가 올라가고 있는 곳 역시 중국이다. 중국은 수십 년간 오로지 대규모 과잉 건설을 통해 정부가 경제를 이끌어오며 현대 역사상 가장 큰 버블을 형성했다. 미국은 돈을 찍어내고 중국은 부동산을 찍어내는 형국이다. 다음 글로벌 금융 위기의 방아쇠는 남유럽이 당길 가능성이 높다. 그러나 진짜 심각한 골칫덩어리는 세계 2위이자 가장 빠르게 경제가 성장하는 중국이다. 중국의 부동산 버블은 다음 금융 위기의 희생양이 아니라 오히려 먼저 터져 다음 금융 위기를 촉발시키는 도화선이 될지 모른다. 중국은 그간의 과잉 건설을 흡수하는 데만 10년 이상 걸릴 것이고 다른 신흥국보다 훨씬 더 이른 2015년에서 2025년 사이에 인구절벽이 찾아 올 것이다. 2025년 이후 과잉 투자를 흡수한 다음에는 급격하게 인구절벽 아래로 떨어져 결코 세계 최대 경제대국으로 자리매김하지 못할 것이다. 오히려 앞으로 다가올 더 심각한 글로벌 금융 위기의 가장 큰 원인이자 향후 한국에 가장 큰 타격을 입힐 요인은 중국이 될 것이라는 것이 저자의 주장이다. 버블이 터지는 것은 시간문제라고 경고한다. 이 버블이 터지면 한국은 직격탄을 맞는다. 한국은 수출이 GDP의 50%를 차지하며, 특히 중국에 대한 수출이 전체 GDP의 20%에 달하기 때문이다. 중국 수출이 50%가 줄면 한국은 GDP의 6%가 사라지게 된다. 이는 깊은 침체를 의미한다. 버블은 팝콘 튀기는 기계 같다. 점점 더 커져 마침내 서로 다른 시간에 여기저기서 터지게 된다. 버블은 예외가 없다.

2008년 글로벌 금융 위기를 맞아 전 세계 주요 정부들은 상상 이상의 부양책을 쏟아냈다. 지금도 각국 정부들은 부채를 축소하려는 노력을 하지 않고 긴축을 피한 채 파산 상태의 경제를 구제하고 부양하는 데 초점을 맞추고 있다. 그러나 부양책은 장기적으로 효력을 발휘할 수 없다. 이는 단기 처방에 불과하다. 전가의 보도처럼 휘두르는 양적 완화는 중앙은행이 채권 등 시중의 금융자산을 사들여 돈을 푸는 것으로 새로운 '부채 마약'에 다름 아니다. 부채는 마약처럼 점점 더 많이 사용할수록 점점 더 효과가 떨어진다. 그리고 어느 순간이 되면 마약의 부작용과 독성으로 무너지거나 사망에 이르게 된다. 결국 빠르게 고령화하는 선진국들은 정상화하지 못할 것이고 더 큰 규모의 부양책을 쓴다 해도 경제 상태는 기껏해야 비틀거리는 수준에서 유지될 것이다. 앞으로 수년간 많은 국가들이 인구 구조적 절벽을 맞아 정부 부양책의 효과가 점점 떨어질 것이라는 게 저자의 진단이다. 책에서는 현재의 경제 겨울이 지나고 장기호황이 시작되는 시기를 2023년 말이나 2024년 초로 보고 있다. 그 말대로라면 우리는 지금부터 2023년 사이에 일어날 위기, 특히 지금부터 2019년 말까지 간헐적으로 계속될 위기에 대비해야 한다. 특히 한국 경제를 언급하는 대목을 흘려 듣기엔 너무 구체적이다. 한국의 가장 위험한 시기는 지금부터 2016년까지 그리고 2018년과 2019년이라며 대대적인 디플레이션에 대비해야 한다고 충고한다. 책의 마지막 부분인 8장과 9장은 다음 위기에 대비한 투자 전략과 경제의 겨울을 대비한 기업 전략에 할애했다. 끝까지 책을 손에서 놓지 못하는 이유가 거기에 있다.

● 『인구 충격의 미래 한국』, 전영수, 프롬북스, 2014

노인들은 예전보다 더 오래 사는 반면에 젊은이들은 더 이상 아이들을 낳지 않는 대한민국의 미래는 어떻게 달라질까. 이 책은 10가지 트렌드와 함께 인구 변화가 초래할 우리 사회의 충격적인 미래모습을 예측했다.

● 『인구 쇼크』, 앨런 와이즈먼, 알에이치코리아, 2015

약 20만 년 간 거의 일정수준을 유지하던 세계 인구가 역사의 마지막 0.1% 기간 동안 폭발하듯 증가하고 있다. 1900년에 16억 명, 2014년에 72억 명, 2082년에는 100억 명을 넘어설 것으로 추정하고 있다. 이렇듯 지구의 '과잉 인구 시대, 지구와 인류를 위한 최선의 선택'은 무엇일까?

● 『미래의 역습, 낯선 세상이 온다』,
매튜 버로스, 비즈니스북스, 2015

미국 국내외 정책의 컨트롤타워인 국가정보위원회(NIC)가 대통령에게만 보여주는 거시적 동향과 전망을 담은 보고서를 바탕으로 한 책이다. 세계의 정치 · 경제 동향을 비롯하여 인구 문제, 과학기술, 기후 변화 문제 등 우리가 직면할 15년 후의 세계에 대한 미래상을 보여준다.

3년 후가 궁금하다면

『첨단기술로 본 3년 후에』
이준정 지음, 시간여행, 2014

이 책은 3년 후 혹은 가까운 미래에 찾아올 기술혁신이 세상을 어떻게 바꾸어놓을지를 과학기술에 근거하여 현실적인 시각에서 예측하고 있다.

"모든 명령은 음성으로 처리하거나 허공에 열린 화면 위에서 손가락을 놀려 선택한다. 고어 글라스만 걸치면 세상 정보에 해박해지고 유식해지니 삶의 수준이 한 차원 높아진다. 특히 사무실에선 고어 글라스 없이는 업무를 제대로 볼 수가 없다. 회사가 운영하는 클라우드 컴퓨터에 접속하여 자료검색이나 고객관리를 하는 데에도 글라스는 필수장비이다" 『첨단기술로 본 3년 후에』의 첫 머리에 나오는 '3년 후 나의 하루'에 담겨진 내용 중 일부다. 빠르게 발전하는 첨단미래기술들이 가까운 앞날에 어떤 세상을 펼쳐나갈지 보여주고 있는 책이다. 저자인 이준정 미래탐험연구소장은 KAIST 재료공학부에서 석·박사를 취득하고 포스코 연구소 및 산하 연구기관에서 30여 년간 재료 및 기계가공기술 개발 분야에서 일했다. 현재는 서울대학교 공과대학 재료공학부에서 객원교수로 강의하며, 미래 첨단기술과 우리 삶의 변화를 대중에게 쉬운 언어로 소개하는 과학기술 칼럼니스트를 겸하고 있다. 책에는 인공지능, 3D프린팅, 정보통신, 생명과학 등 다양한 분야에 걸쳐 현재 과학계와 산업계에서 가장 주목받는 기술들이 등장한다. 급변하는 사회에서 앞으로 각광받을 일거리는 어떤 것인지, 어떤 능력을 필요로 하는지, 그 능력을 어떻게 키워 나갈지를 다루며 기술과 인간의 미래 모습을 함께 둘러본다. 저자는 호기심을 자극하는 다양한 아이템들이 세상에 끼칠 영향을 알기 쉽게 설명하면서, 단편적인 보도로는 알 수 없는 미래의 청사진을 크고 선명하게 그리고 있다. '꿈을 실현하는 슈퍼 컴퓨터', '빅데이터, 세상을 바꾸다', '늙지 않는 시대' 등 소제목만으로도 흥미가 당기는 이야기들을 8개 PART로 나누어 정리했다.

저자가 예상하는 미래는 이렇다. 지금 번역기술은 웬만한 구어는 동시통역이 가능한 수준까지 도달했다. 바벨탑이라는 언어 장벽이 무너질 날이 얼마 남지 않았다. 2017년 정도면 시장에서 스스로 말하고 움직이는 무인주행차를 만날 수 있고, 금융의 무게 중심은 모바일로 옮겨간다. 손톱만한 컴퓨터가 모든 일을 처리할 것이고 세상은 더욱 작아지고 섬세해지며 초연결사회가 된다. 미래에 인공지능은 생활필수품으로 자리 잡게 되고 데이터에 의해 좌지우지되는 세상이 될 가능성이 높다. 국내 스마트폰 이용률은 2012년 말 기준으로 78.5%이며, 20~30대 기준으로는 94%를 넘어섰다. 전 국민이 어떤 형태로든 소셜미디어의 영향권에 놓여 있다. 특히 모든 사물에 인터넷 기능이 삽입되고, 서비스도 인터넷으로 연결되는 사물인터넷 시대가 되면 변화의 속도는 상상하는 것 이상이 될 것이다.

사물인터넷 시대가 되면 약 1천억 개의 연결망이 생긴다고 한다. 우리의 모든 가치기준이 컴퓨터 속으로 들어가고 모바일 폰이 인체 밖에서 두뇌 역할을 하게 된다. 완전히 새로운 형태의 인터넷 세상이다.(105쪽)

우리가 일상생활에서 마주치는 정보들은 빅데이터의 산물이다. 빅데이터big data란 과거 아날로그 환경에서 생성되던 데이터에 비하면 그 규모가 방대하고, 생성 주기도 짧고, 형태도 수치 데이터뿐 아니라 문자와 영상 데이터를 포함하는 대규모 데이터를 말한다. 온갖 수치와 패턴으로 가득 찬 빅데이터는 경영의 원리를 담고 있다. 빅데이터를 가장 잘 활용하는 대표적인 기업이 바로 구글이다. 누가 착한 아이인지 나쁜 아이인지 아는 건 산타할아버지일지 모르지만, 엄청난 데이터를 분석해 '세상의 거의 모든 것'을 알고 있는 것은 구글이다. 첨단기술과 신소재가 만나 형성되는 디지털 쓰나미가 산업을 덮치면서 산업을 재편하게 될 것이다. 미래에는 경계를 파괴하는 산업, 가상과 현실의 공간을 넘나드는 산업이 주를 이루게 될 것이다. 디스플레이 혁명과 3D 인터넷이 일어날 것이고, 웨어러블 컴퓨터 기술이 활성화되고, 인공지능에 의존하는 사회로 변할 것이다. 사람들은 원하기만 하면 누구든지 더 똑똑해질 수 있는 환경에서 살게 된 것이다.

레이 커즈와일은 2005년에 출간한 『특이점이 온다』에서 "2029년이 되면 컴퓨터 지능이 인간 지능을 능가하며 2040년 이후엔 초월적 인간사회가 오고 심지어 사람이 죽지 않는 시대가 된다"고 예측했다. (344쪽)

　그러나 미래가 장밋빛만은 아니다. 와해성 기술 시대로 인해 일자리가 사라지는 심각한 일이 생긴다. 많은 미래학자와 과학자들은 2030년에는 저급 일자리와 고급 일자리의 구분이 뚜렷해지며, 현재의 일자리가 거의 새로운 일자리로 대체될 것이라고 말한다. 지금 산업현장에서 진행 중인 로봇 자동화는 어정쩡한 기술을 가진 노동자의 일자리를 빼앗고 있다. 시간외수당을 주지 않아도 되고 파업할 염려도 없는 로봇 활용이 늘어나면서 괜찮은 임금을 받을 수 있는 일자리가 줄어들고 있다. 공장은 로봇 기계가 점령하고 사무실은 인공지능이 휩쓸 날이 조만간에 올지 모른다. 거기다 경험 있는 핵심 관리자만 있으면 대부분의 사무직 업무는 분리해서 외주업무로 소화된다. 미래에는 흰 와이셔츠 차림의 '화이트칼라'는 더 이상 전문성과 고연봉의 상징이 될 수 없다. 21세기의 블루칼라 노동자일 뿐이다. 모든 계층의 노동자들이 새로운 지식으로 무장하지 못하면 도태되는 상황에 몰린다. 중산층 일자리가 사라지면서 미래 일자리에 적응하지 못한 노동자들이 거리로 쏟아져 나올 수 있다. 물론 미래를 긍정적으로 전망하는 사람들은 앞으로 많은 일자리가 사라지더라도 더 많은 일자리가 새롭게 탄생하여 인류는 더 고급스런 일을 하면서 살게 될 것이라고 말한다. 증기기관이나 컴퓨터가 등장했을 때 그러했듯이 말이다. 물론 그렇게 되어야 한다. 그러나 그 과정에서 많은 사람이 어마어마한 고통을 감내해야 한다. 50~52쪽에는 어떤 일들이 벌어질 수 있는지 세 가지 가상 시나리오를 그리고 있다. 각자처하게 될 상황에 따라 가슴이 서늘해지는 대목이다.

흔히들 미래예측을 '예언'이라고 오해하는 경우가 있다. 그러나 미래학은 예언이 아니라 예측의 영역이다. 인간의 사고나 과학기술을 통해 논리적으로 또는 확률적으로 일어날 변화의 가능성을 연구하는 학문이다. 다양한 시각으로 미래를 대비하는 노력이지 앞으로 벌어질 일들을 알아맞히려는 시도가 절대로 아니다. 그렇기 때문에 예측 시나리오가 맞든 틀리든 상관없이 더 나은 미래를 만드는 데 좋은 통찰력을 제시한다. 현대사회에서 미래예측의 주요 요소는 과학기술이다. 특히 산업혁명 이후 지난 250년의 세계사를 보면 더욱 명확하게 드러난다. 빛의 속도로 변하는 미래사회에서는 과학적 예측 없이는 미래지도를 그리기가 불가능해진다. 이 책은 50년, 100년 후를 말하는 책이 아니다. 제목처럼 3년 후 혹은 가까운 미래에 찾아올 기술혁신이 세상을 어떻게 바꾸어 놓을지를 과학기술에 근거하여 현실적인 시각에서 예측하고 있다. 이 책이 다른 미래 예측서보다 믿음이 가는 이유가 여기에 있다. 그럼에도 정확한 미래를 그리는 것은 여전히 도박에 가까운 일이다. 현재 상황을 바탕으로 분석하고 예견한 것이라고 해도 책을 읽다 보면 정말 이런 세상이 펼쳐질 수 있을까 하는 의문도 함께 드는 게 사실이다. 그런 면에서 이 책은 대답과 동시에 질문을 던지게 만든다. 책에 나오는 대부분의 이야기들은 결코 먼 미래의 일이 아니다. 이들 중 일부는 현실로 나타나고 있거나 가까운 장래에 실현된다는 것이 저자의 주장이다. 분명한 건 21세기 기업경영은 첨단과학을 외면하기 어렵다는 것이다. 세상은 변하고 있고 전 세계가 한 뭉치로 움직이고 있다. 미래에는 과학기술이 발전을 주도하고, 변화 속도는 더욱 빨라지고 그 폭도 더 커질 것이 분명하다. 책을 처음부터 순서를 따라 읽을 필요는 없다. 각자가 흥미 있는 대목부터 찾아 읽어도 된다. 그러다 보면 '가장 관심을 갖는 주제'에서 '가장 관심을 가져야 할 주제'로 시선이 옮겨질 것이다. 특히 경영자와 직장인은 첨단기술이 어떻게 산업을 재편할지에 대해 기술한 PART 6을, 자녀의 미래를 걱정하는 학부모나 진로에 대해 고민이 많은 학생이라면 미래교육에 대해 언급한 PART 8을 놓치지 않기를 바란다. 현미경 같은 세심한 눈으로 현재를 살펴보고, 망원경 같은 원대한 눈으로 미래를 내다보는데 도움이 될 통찰을 얻게 될 것이 분명하기 때문이다.

함께 읽으면 좋을 책

● 『특이점이 온다』, 레이 커즈와일, 김영사, 2007

세계적 미래학자이자 사상가인 커즈와일이 인류와 기계 문명의 미래를 예측한 책이다. '미국에서 가장 많이 블로깅된 책 13위'인 840쪽에 이르는 이 '벽돌책'을 독서모임에서 읽는데 5개월이 걸렸지만, 개인적으로 2010년도에 잘한 일이 있다면 이 책을 읽은 것이다.

● 『3년 후 대한민국』, 매일경제 산업부, 매경출판, 2014

국내외 산업 동향과 트렌드를 취재 · 보도하는 매일경제 산업부 베테랑 기자들이 대한민국 미래 산업을 주도할 10대 아이템을 소개한 책이다. 자율주행 스마트카, 웨어러블 기기, 탄소섬유, 지능형 사물인터넷, 인텔리전트 로봇, 초고속 이동통신기술 등에 대한 깊이 있는 분석과 전망을 담았다.

● 『2015-2017 앞으로 3년 세계 트렌드』,
김상훈 외, 한스미디어, 2015

기술, 경제경영, 소비, 사회, 문화 등 총 5개 분야에서 미래사회의 핵심 이슈가 될 39개의 트렌드를 정리했다. 다른 예측서와 달리 먼 미래가 아닌 아주 가까운 미래에 초점을 맞추었다. 가능성이 있는 미래가 아닌 확실한 미래를 보여준다.

당신도
혼자 살지 모른다

『고잉 솔로 싱글턴이 온다』
에릭 클라이넨버그 지음, 안진이 옮김, 더퀘스트, 2013

혼자 살기의 급증은 사회적 생활양식에 변화를 일으킨다는 측면에서 주목해야 할 부분이다. 혼자 살기는 자기 자신을 이해하고 도시를 형성하고 경제활동을 하는 방식에 지대한 영향을 끼친다.

구약성서 첫머리를 보면, 하나님은 천지를 창조하실 때 하루에 한 가지씩 만들 때마다 "하나님이 보시기에 좋았더라" 하셨다고 한다. 하지만 아담을 만드시고는 그렇지 않았다. "사람이 혼자 사는 것이 좋지 아니하니……" 그래서 하느님은 이브를 만드셨고, 아담은 더는 혼자가 아니게 되었다. 그러나 지금 '혼자 살기'가 인류의 새로운 실험으로 등장했다. 1인가구는 고령화와 더불어 가장 급격한 변화를 보이는 현대사회의 현상 중 하나다. 미국 성인들의 50% 이상이 독신이며 7명 중 1명이 혼자 산다. 미국에서는 전체 가구의 28% 정도가 1인가구이고, 스웨덴에서는 이 수치가 47%로 뛰어 오른다. 스웨덴 스톡홀름에서는 주거 시설의 60%를 혼자 사는 사람들이 점유하고 있다. 한국도 예외가 아니다. 통계청에 따르면 우리나라 1인가구 비중이 이미 25%를 돌파했으며, 2035년이면 34%에 이를 전망이다. 사실상 1인가구 급증은 일시적 유행이 아니라 베이비붐 이후 가장 큰 인구 변동이다. 사정이 이러한 데도 혼자 살기는 우리 시대에 가장 적게 논의되고 가장 이해가 부족한 주제 중 하나다. 혼자 살기의 급증은 사회적 생활양식에 변화를 일으킨다는 측면에서 주목해야 할 부분이다. 혼자 살기는 자기 자신을 이해하고 도시를 형성하고 경제활동을 하는 방식에 지대한 영향을 끼친다. 뿐만 아니라 우리가 성인이 되는 방식과 나이 들고 죽음을 맞이하는 방식에도 큰 변화를 일으킨다.

저명한 사회학자이자 저술가인 에릭 클라이넨버그Eric Klinenberg 뉴욕대 교수가 쓴『고잉 솔로 싱글턴이 온다』는 혼자 사는 것이 새로운 표준이 된 세상을 보여준다. 솔로의 형태는 다양하다. 대학교육과 취업을 위해 세상으로 나온 20대 젊은이들, 자유로운 사생활 보장을 위해 기꺼이 더 비싼 집세를 지불하는 직장인들, 쉽게 아무하고나 결혼하지 않고 자기 경력과 생활방식을 고수하려는 청장년 독신자들이다. 거기다 낭만적인 사랑이나 축복받은 결혼이 행복과 안정의 든든한 버팀목이라는 환상을 경험을 통해 탈출한 이혼한 남녀들, 친구 또는 자녀와 함께 살기보다 혼자 사는 편을 택하는 노인들이 가세했다. 책은 뜻밖의 통계와 1차 자료를 제시하고 300명이 넘는 혼자 사는 사람들과의 생생한 심층 인터뷰를 통해 전통적 상식과 고정관념에 반박한다. 혼자 살기가 늘어가는 이유와 혼자 살기가 현대 도시인들의 경험을 어떻게 긍정적으로 변화시키는지를 보여준다. 또 혼자 살기에 도전하는 사람들이 어떻게 혼자 살 것인지, 어떻게 함께 잘 살 것인지에 대한 해답을 함께 제시한다. 혼자 살기에 대한 편견들을 해체하고, 장점을 재조명하며, 어려움에 대해서도 자세히 설명한다. 저자는 1인가구가 증가하는 이유가 여성의 지위 상승, 통신혁명, 대도시의 형성, 엄청난 수명연장(고령화)이라는 네 가지 사회 변동에 있다고 말한다. 20세기 중반 이후에 일어난 이러한 네 가지 거대한 사회적 변동은 개인이 활약하기에 좋은 여건을 창출했고, 이들 요인들이 서로 맞물려 인류역사상 처음으로 1인가구의 비약적인 증가를 가져왔다. 그렇다면 왜 이렇게 많은 사람들이 혼자 사는 것을 매력적인 대안으로 여길까? 혼자 살기가 제공하는 가장 큰 혜택은 바로 고독을 되찾을 시간과 공간을 주기 때문이다. 다시 말하면 혼자 살기는 우리의 자아 발견을 도와주고 의미와 목적을 찾는 일을 도와준다. 역설적으로 들리겠지만, 혼자 살기야 말로 우리가 다시 만나야 할 대상인 셈이다. 책에는 혼자 살면서 매우 풍부하고 다양한 경험을 하는 사람들의 사례와 증언이 가득하다. 단, 여기서 혼자 사는 것과 외롭게 사는 것은 결코 같지 않다는 것에 주목해야 하며, 혼자 사는 사람들이 집에 있기를 좋아한다는 뜻도 아니다. 사회적 고립과 신기술에 관한 조사에 따르면, 오히려 혼자 사는 사람들이 더 자주 친구를 찾고 모임에 참여한다는 것을 보여준다. 인터넷과 소셜미디어를 적극적으로 이용하는 사람들이 그렇지 않은 사람들보다 넓고 다양한 인맥을 확보하고 있었으며, 낯선 사람들과 엮이는 공적인 자리에 자주 나갔고, 자원봉사 단체에 참여하는 비율도 더 높았다. 독신자들과 혼자 사는 사람들은 결혼한 사람들보다 술집이나 댄스클럽에 가는 횟수가 2배 많았다. 그들은 외식을 더 자주 하고, 음악이나 미술 강좌를 더 많이 듣고, 공적인 행사에 더 자주 참석하고, 친구들과 쇼핑도 더 자주 다녔다. 독신이지만 누군가와 동거하는 사람들보다 혼자 사는 사람들이 정신적으로 건강하다는 증거도 있다.

젊은 독신자들은 혼자 사는 것이 사회적 실패가 아닌 성공의 표지이며 개성의 발현이라는 쪽으로 시각을 바꾸고 있다. (86쪽)

독신자들이 갈수록 미혼인 자신의 상태를 일시적이고 부정적인 상황으로 여기지 않고 하나의 선택으로 여긴다는 점을 마케팅 담당자들이 인식해야 한다.(197쪽)

인류가 집단생활을 해온 지는 20만 년에 달하는 데 반해 수많은 사람이 혼자 살기에 도전한 기간은 50년에서 60년밖에 되지 않는다. 인류의 혼자 살기 실험은 아직 초기 단계이며, 혼자 살기가 우리의 삶에, 가족과 공동체와 도시와 국가에 어떤 영향을 끼치는가를 이제 막 이해하기 시작했다. 분명한 것은 지금 지구상에는 혼자 사는 사람이 과거 어느 때보다 많으며, 부富와 안전에 대한 염려가 해소될 경우 앞으로 혼자 살려는 사람이 더욱 많아지리라는 것이다. 여자들은 더 이상 아버지 집에서 살다가 남편 집으로 들어가는 걸 원치 않는다. 노인들 역시 그전과 다른 생활방식을 배워서라도 혼자 사는 노년을 택한다. 이렇게 1인가구는 우리가 그것을 어떻게 받아들이느냐에 상관없이 뚜벅뚜벅 다가오고 있는 현실이다. 궁극적인 문제는 얼마나 많은 사람이 혼자 사느냐가 아니라, 이렇게 많은 사람들이 혼자 산다는 사실을 어떻게 받아들이느냐다. 우리 중 누구라도 언젠가 혼자 살게 될 수 있으며, 혼자 사는 사람들이 지금보다 더 건강하고 행복하게 사는 세상을 만들어야 하기 때문이다. 혼자 사는 사람들을 이해하고, 이들이 선택한 삶의 형태를 존중하는 것에서부터 출발해서 우리가 힘을 합쳐서 해결해야 할 많은 과제가 남는다. 혼자 살기를 사회적 문제로만 바라본다면 1인가구의 급증이 다양한 삶의 형태와 공존하는 사회제도 및 제품과 서비스 개발 등에 대한 새로운 가능성을 열어줄 기회를 놓치게 된다. 그러니 가정적 결합을 촉진하는 무익한 캠페인에 에너지를 쏟을 게 아니라, 이미 혼자 사는 사람들이 더 건강하고, 더 행복하고, 더 잘살도록 돕는 데 정책을 집중하고 대안을 마련하는 것이 중요하다. 마케팅 전문가들이 혼자 사는 사람들의 행동을 세심하게 추적하고, 기업 경영자들이 혼자 사는 사람들의 수요에 맞는 새로운 사업영역을 개척하려고 애쓰는 것도 그 때문이다. 유비쿼터스 미디어와 초연결성hyper-connectivity의 세계에서 혼자 살기는 새로운 인생을 창조하는 통로이기도 하다. 1인가구의 생활상과 욕망과 미래가 그려내는 지형도가 곧 우리가 살아갈 세상이다. 지금 이들이 사는 세상이 앞으로 우리가 살아갈 세상이라니 허투루 읽어 넘겨서는 안 될 책이 분명하다.

 함께 읽으면 좋을 책

● 『혼자 사는 즐거움』, 사라 밴 브레스낙, 토네이도, 2011

'얼마나 바쁜가?'가 성공의 척도가 된 세상이다. 이 책은 세상에 단 한명밖에 없는 '나' 자신에게 집중하는 책이다. 일상에서 실천할 수 있는 방법을 통해 복잡한 관계 속에서 다양한 역할을 수행하며 혼자 사는 즐거움의 묘미를 보여준다.

● 『혼자 산다는 것에 대하여』, 노명우, 사월의책, 2013

혼자 사는 사람은 괴물인가? 결혼해서 함께 사는 것만이 '정상'이고 혼자 사는 것은 '비정상'인가? 그러나 이미 전국의 네 가구 중에 한 가구는 1인 가구이다. 이 책은 그 자신 역시 혼자 사는 사회학자가 '혼자 살기'의 삶이 가진 의미들을 사회학적 시선으로 풀어낸 책이다.

● 『혼자 있는 시간의 힘』, 사이토 다카시, 위즈덤하우스, 2015

저자는 일본 메이지 대 인기 교수이자 유명 저자이지만 서른 살이 넘도록 변변한 직업이 없었다. 열여덟 살부터 첫 직장을 얻은 서른두 살까지 철저히 혼자 지내는 동안 자신을 믿으며 혼자 있는 시간의 힘을 쌓아나갔다. 누구에게나 혼자 있는 시간이 필요하다는 게 저자의 주장이다.

그레이마켓에
주목해라

『그레이마켓이 온다』
무라타 히로유키 지음, 김선영 옮김, 중앙books, 2013

디플레가 불가피한 시대에 유력한 대안은 저성장·고령화와 맞물린 시니어 시장의 잠재 파워다. 향후 우리나라 역시 실버산업과 노인시장에서 경쟁이 더욱 심화될 것이다.

일본의 고령화율(총인구에서 65세 이상 인구가 차지하는 비율)은 2012년 기준으로 세계 최고치인 24.1%에 달한다. 일본인 4명 중 1명은 65세 노인으로, 이대로라면 2055년엔 거의 둘 중 하나가 노인 인구다. 근로자 1명이 노인 1명 가까이를 부양해야 하는 시대가 머지않았다는 뜻이다. 일본을 필두로 각국에서 급속도로 진행되는 고령화가 기업들의 경영전략을 뿌리부터 바꿔놓기 시작했다. 기업들의 성패가 거대한 고령 소비층, 이른바 '그레이 달러'를 잡느냐 놓치느냐에 달려있다. '위기를 기회로 바꾸는 미래경제 패러다임'이라는 부제가 붙은『그레이마켓이 온다』는 일본 시니어 비즈니스 분야의 전문가인 무라타 히로유키가 고령화사회의 일본 현실을 진단하고, 실버산업과 시니어 시장에 대한 통찰을 전한다. 저자는 미국 시니어 비즈니스 최대 싱크탱크인 〈더 소사이어티〉의 유일한 일본인 회원으로, 일본뿐만 아니라 미국과 유럽에서 시니어 비즈니스 분야의 일인자로 인정받고 있는 전문 컨설턴트이다. 일본은 지난 2007년, 베이비부머세대의 최연장자가 퇴직연령인 60세가 되면서 노인고객이 만들어낼 유례없이 큰 시장을 기대하며 경쟁적으로 실버 화두를 내세웠지만 결과는 참담했다. 고령사회 최대집단인 노인인구의 씀씀이는 애초 시장기대를 빗나갔다. 뚜껑을 열어보니 의외로 덜 쓰고 안 쓰는 노인이 태반이었다. 이 책은 이미 시니어 시장에 진출했지만 고전을 면치 못하고 있는 기업 관계자들에게는 어째서 고전하는지, 어떻게 하면 성공할지, 더 효과적인 방법은 없는지에 대한 실천적인 힌트와 구체적인 대안을 제시한다.

우리 생활 속에서 지금까지 오래도록 당연하다고 믿어 왔던 수많은 '상식'이 뒤집히고 있다. 최근 언론에 부쩍 등장하는 '시니어 시프트Senior Shift'가 그 중 하나다. 종이기저귀, 리카 인형, 노래방, 스마트폰, 패밀리 레스토랑, 슈퍼마켓과 같은 시장은 종래의 아동 및 청장년을 위한 서비스에서 시니어를 위한 서비스로 스타일을 바꾸어 매출을 높이고 있다. 편의점 역시 그간 청장년에게 맞췄던 포인트를 점차 고령손님에게 옮기는 추세다. 진열전략을 바꾸고 노인 입맛에 맞춘 상품과 서비스를 대거 확충했다. 미래시장의 주인공이 누군지 인구변화로 확인했으니 기업전략도 여기에 맞춰 전환하겠다는 뜻이다.

교외의 대형 점포는 시니어가 찾아가기 어려운 장소다. 나이가 들수록 운전을 멀리 하게 되고, 허리와 다리가 쇠약해지면서 행동반경이 자택을 중심으로 좁아지기 때문이다. 또한 넓은 점포에서 원하는 상품을 찾으려면 일일이 먼 거리를 걸어야 하므로 금세 지친다. 그렇게 되면 점포가 넓은 대형 마트에 쇼핑하러 가는 일이 귀찮아진다. (중략) 이러한 상황에 대한 반성을 밑거름으로 각 대형 마트에서는 2011년부터 본격적으로 시니어 시프트에 주목하기 시작했다. 시니어 고객들이 좋아하는 매장, 상품, 서비스 개발 등 각 분야에서 다양한 고민이 이루어졌다.(43~44쪽)

그 결과, 각 점포에서는 휠체어가 충분히 통과하고도 남는 넓은 통로, 보행이 어려운 사람도 쉽게 탈 수 있는 느린 에스컬레이터, 도중에 휴식을 취할 수 있는 의자를 설치했다. 또한 큰 글씨로 가격을 쉽게 알아보도록 했고, 원하는 상품을 쉽게 찾을 수 있도록 빼기 쉬운 선반을 도입했다. 이들 사례는 빙산의 일각에 지나지 않는다. 시니어 시프트는 대세이고 기다려주지 않는 시대의 물결이다. 이 변화의 흐름을 효과적으로 활용하지 못하고 있다면 바로 눈앞에서 일어나고 있는 비즈니스 기회를 두 눈 멀쩡히 뜨고 놓치는 셈이다.

그렇다면 어떻게 시니어 시프트에 대처할 것인가? 먼저 시장을 정확히 분석해야 한다. 시니어 자산의 특징은 '고자산 빈곤층'이다. 자산이 많다고 해서 그 자산을 전부 일상 소비에 사용하는 것은 아니다. 또 시니어층의 소비 행동은 청장년층에 비해 매우 다양하고 다면적이다. 시니어 시장은 매스마켓이 통하지 않는 다양한 마이크로 시장의 집합체임을 잊지 말아야 한다. 시니어 시장에서 주목해야 할 또 하나가 인터넷을 자유자재로 활용해 정보를 수집하고, 적극적인 소비행동을 취하는 스마트 시니어의 등장이다. 2001년 일본의 50대 인터넷 이용률은 30%대였지만 2010년에는 90%로 급격하게 증가했다. 시장은 이전의 '판매자 시장'에서 '구매자 시장'으로 변화하고 있다. 정보로 무장한 스마트 시니어가 증가하면서 시니어 시장도 종래의 판매자 논리가 더 이상 통하지 않게 되었다. 실버타운 체험 입주를 할 때 운영 체제가 가장 약해지는 새벽 1시에 긴급신고 버튼을 눌러 직원의 대응상황을 디지털카메라로 찍어서 철저한 사전 검증을 하는 사람까지 있을 정도다. 무엇보다 시니어 비즈니스의 기본은 '3불不' 해소에 있음을 명심해야 한다. 시니어의 '3대 불안'은 건강 불안, 경제 불안, 고독 불안이다. 책에는 이런 불안, 불만, 불편의 해소를 통해 비즈니스에 성공한 사례가 소개되고 있다. 여성 전용 피트니스 클럽 커브스 Curves는 여성이 기존 피트니스 클럽에 품고 있던 불만을 철저하게 분석하여 해소함으로써 7년 사이 점포 수 1200개, 회원 수 50만 명인 대형 클럽으로 성장했다. 게이오 백화점은 고령자가 에스컬레이터를 탈 때 넘어지기 쉽다는 점을 고려해 에스컬레이터 속도를 일반적인 평균 속도보다 늦추었다. 포화된 것은 시장이 아니라 오히려 사람들의 머릿속이다. 시니어 시장에서는 언뜻 '비합리적'으로 보이는 것에서 사업의 기회를 찾기도 한다. 미국 펜실베니아 주 인구 6만 명의 작은 시골 마을에 있는 2000가구의 대규모 은퇴자 커뮤니티인 윌로우 밸리Willow Valley가 그 예이다. 윌로우 밸리는 플로리다나 애리조나처럼 따뜻하고 편리한 장소가 아니다. 겨울에는 춥고 시가지에서 멀리 떨어진 곳에 있는데도 시설 입주율이 거의 100%에 이르는 비결은 입주자가 참가하는 독특한 영업활동에 있다. 견학자가 전미에서 모여드는데, 이때 입주자가 직접 안내를 맡는다. 가령 플로리다 주에서 온 견학자는 플로리다에서 입주한 입주자가, 캘리포니아 주에서 온 견학자는 캘리포니아에서 이주한 입주자가 안내한다. 그렇게 되면 처음에는 이렇게 추운 시골에서 어떻게 사나 걱정스러운 마음에 망설이던 사람도 자기와 같은 지역에서 살다가 이곳으로 이사 온 사람의 실제 체험을 듣고 안도하는 것이다.

우리나라도 예외가 아니다. 흔히들 일본의 현재가 한국의 미래를 보여준다고 말하는 근거는 바로 '인구구성'이다. 한국은 전 세계에서 고령화 속도가 가장 빠른 국가다. 이미 고령화사회를 넘어 고령사회로 다가서고 있다. 미국의 경우 65세 이상 노인인구 비율이 7%인 고령화사회에서 14%인 고령사회로 가는 데 90년이 걸렸지만, 우리는 20여 년에 불과할 것으로 예측된다. 2050년쯤에는 65세 이상 인구 비율이 37%까지 오를 것으로 예상한다. 이는 일본 다음으로

65세 이상 인구의 비율이 가장 높아지는 것을 뜻한다. 저출산과 고령화는 근로인구 부족과 부양인구 증가로 나타나며 이는 세수 부족으로 이어져 복지 부담과 성장 동력 상실의 원인이 된다. '현재 일본'은 '미래 한국'의 바로미터이다. 오늘날 한국의 위기감을 고조시키는 이러한 암울한 미래 전망은 세계에서 가장 고령화된 인구구성을 가진 일본을 연구해야만 답을 찾을 수 있다. 일본에서 시니어 산업과 고령화 이슈를 오랫동안 연구해온 현장 전문가의 치밀한 분석과 설득력 있는 해법은 '내일의 한국'을 보는 현미경이자 망원경이다. 우리나라 실버산업은 아직 갈 길이 멀다. 디플레가 불가피한 시대에 유력한 대안은 저성장·고령화와 맞물린 시니어 시장의 잠재파워다. 향후 우리나라 역시 실버산업과 노인시장에서 경쟁이 더욱 심화될 것은 불을 보듯 뻔하다. 앞으로 10년, 우리가 아는 시장은 지금과는 전혀 다른 모습일지 모른다. 이미 성큼 다가와 있는 미래 시장 '그레이마켓'에 대비해야 한다는 저자의 주장에 바짝 귀 기울여야 할 것 같다.

📖 함께 읽으면 좋을 책

● 『어모털리티』,
  캐서린 메이어, 퍼플카우콘텐츠그룹, 2013
  '어모털리티Amortality'란 죽을 때까지 나이를 잊고 살아
  가는 현상을 의미하는 신조어이다. 이 책은 건강 · 자녀 ·
  노후 등에 대한 걱정에서 벗어나, 젊은 감각을 유지하고 사
  회 전반에 영향력을 끼치는 꽃중년들의 라이프스타일에서
  시대의 변화를 읽어내고, 새로운 마케팅 전략을 구상한다.

● 『활짝 핀 꽃에서 멈추다』, 박윤희, 현자의마을, 2015
  우리 시대 6080세대들의 행복한 인생 2막 휴먼스토리이
  다. 노인복지를 공부하며 자신의 인생 후반전에 대한 롤
  모델을 찾아 나선 저자가 만났던 50여 명의 행복한 '오래
  된 그녀들'과의 아름답고 진솔한 인생 여정에 대해 나눈
  인터뷰를 엮은 책이다. 살갑고 가슴 찡한 울림의 폭이 진
  하다.

● 『라이프 트렌드 2016 : 그들의 은밀한 취향』,
  김용섭, 부키, 2015
  매년 이맘 때면 기다려지는 책으로 생활 · 문화 등 우리 일
  상의 모습을 통해 내년의 핫 트렌드를 보여준다. 2016년
  에는 '그들의 은밀한 취향'을 핵심 키워드로 잡고 불황 속
  에서도 늘어나는 '취향 소비'의 시대를 살펴보며 한해를 헤
  쳐 나갈 인사이트와 기회를 찾아본다.

경제경영서야말로
진짜 자기계발서다

"자기계발서 대신 경제경영서를 읽자"

초보는 이기려고 하지만 고수는 지지 않으려고 한다. 당신이 미래에 대해 아무것도 모른다는 것을 인정할 수 있다면 다른 누구보다 앞설 수 있다.

– 나심 니콜라스 탈레브(뉴욕대 교수)

세상이 갈수록 거대하고 복잡해지고 있다. 불확실성이 커지면서 세상을 한눈에 파악하는 것이 점점 어렵다. 이 틈을 자기계발서가 비집고 들어와 긍정에 대한 강박과 힐링에 대한 집착을 쏟아낸다. 결과는 뻔하다. 반짝하는 각성효과와 잠시뿐인 진통효과가 반복된다. 정교한 이론과 합리적인 논리를 바탕으로 쓴 경제경영서를 읽어야 하는 이유가 거기에 있다. 그런데 시중에 나와 있는 경제경영서들을 보면 정작 유익한 책들은 꼭꼭 숨겨져 있고, 기껏해야 재테크나 부동산투자를 다룬 책들이 경제경영서로 둔갑해서 읽히는 것을 보면 안타까울 때가 많다.

지난 여름에 지인이 휴가 가서 읽을 만한 책을 골라 달라기에 『생각에 관한 생각』과 『안티프래질』을 추천한 적이 있다. 두 책 모두 550~750쪽에 이르는 '벽돌책'에 가까운 경제경영서이다. 내심 시집이나 추리소설 같은 말랑말랑한 책을 기대했는지 뜨악한 표정을 짓는다. 하긴 움베르트 에코는 언젠가 휴가 때 해변에서 읽기 가장 좋은 책을 묻는 질문에 마르크스의 『정치경제학 비판』이라는 뜬금없는 농담을 한 적도 있지 않은가. 그러나 바쁜 직장생활중에 마음 놓고 두꺼운 책을 읽을 만한 기회가 여름휴가철 말고 또 있을까. 무한경쟁시대를 사는 현대 직장인이 '피서避暑' 간다고 '피서避書'까지 하면 곤란하다. 공허한 자기계발서보다 묵직한 경제경영서 읽는 쪽이 여러 모로 낫다. 저런 책을 '독파讀破'하지 않으면 자칫 인생이 '작파斫破' 당하지 않을까 염려스러워 하는 말이다.

빌린 차를
세차하는 사람은 없다

『부의 탄생』
윌리엄 번스타인 지음, 김현구 옮김, 시아출판사, 2008

이 책은 우리가 언제부터, 어떻게, 왜 잘살게 된 것인지, 그리고 앞으로 얼마만큼 더 잘살게 될 것인지, 그리고 더 잘살게 되면 우리 모두가 더 행복해질 것인가 하는 의문에서부터 출발한다.

1571년 그리스 서부 해안 앞바다인 레판토에서 알리 파샤가 이끄는 오스만투르크민주주의 국가 선단과 오스트리아의 돈 후안이 이끄는 신성동맹군 간의 역사상 가장 피비린내 나는 해전이 있었다. 4만 명이 죽은 이 전쟁에서 오스만투르크 측은 대패를 당했고 사령관인 알리 파샤 장군이 전사했다. 그런데 알리 장군은 이 전투에서 자신이 평생 모은 재산도 함께 잃었다. 신성동맹국 수병들은 기함의 보물상자에서 전쟁 수행과 직접 관련이 없는 금붙이를 15만개나 발견했다. 해군 사령관이 왜 그의 전 재산을 개인 막사 안에 보관했을까? 『부의 탄생』의 저자인 애널리스트이자 칼럼니스트 윌리엄 번스타인William Bernstein이 던지는 질문이다. 이 책은 우리가 언제부터, 어떻게, 왜 잘살게 된 것인지, 그리고 앞으로 얼마만큼 더 잘살게 될 것인지, 그리고 더 잘살게 되면 우리 모두가 더 행복해질 것인가 하는 의문에서부터 출발한다.

하지만 내가 정작 궁금했던 것은 다음과 같은 것들이었다. 왜 경제 성장과 그 근저의 기술 진보는 특정한 시점에 갑자기 폭발적으로 일어났는가? 왜 플로렌스 사람들은 다빈치가 도안

한 비행기와 증기 엔진을 발명하지 못했는가? 야금기술이 뛰어났던 로마인은 왜 전기를 발견하거나 전신을 발명하지 못했는가? 수학의 천재였던 그리스인은 왜 자본시장 기능에 필수적인 확률 법칙을 발견하지 못했는가? 아테네인은 민주주의, 재산권, 자유시장, 자유로운 중산계급 등의 경제성장의 조건들을 갖추고 있었음에도 불구하고 두 세기 동안—페르시아를 물리친 이후 알렉산더에게 포위되기까지—왜 그토록 지독한 빈곤을 겪었는가?(6쪽)

책에는 19세기 초에 갑자기 등장해 근대 세계의 거대한 경제적 도약을 이끈 문화적·역사적 요인들을 밝히고 있다. 우선 경제성장의 궁극적인 원천이 무엇인지 살피고, 다음으로 이 요인들이 여러 나라에서 어떻게 작용했는지 기술하고 있다. 그리고 마지막으로 근대 세계의 폭발적인 경제성장이 야기한 사회적·정치적·군사적 결과들을 조명하고 있다. 1820년을 전후로 하여 그 이전에는 세계 경제가 사실상 전혀 성장하지 않은 반면 19세기 초기에는 특정한 장소와 시점에서 지속적이고 강력한 성장이 일어나 근대 세계의 거대한 경제적 도약을 이룬 점에 주목한다. 이 성장의 시간은 역사적으로 보면 한순간에 지나지 않아 인간의 전 역사를 하루에 비유한다면, 번영하는 현대가 점하는 시간은 10초도 안 된다는 것이다. 그러면서 번영에 꼭 필요한 4가지 요소로 재산권, 과학적 합리주의, 자본시장 그리고 현대적인 수송과 통신을 든다. 이 요소들은 물질적이기보다는 제도적인 것으로 부를 쌓기 위해서는 무엇보다도 이러한 기본적인 틀이 갖추어져야 한다고 저자는 역설한다. 그중에서도 특히 재산권의 중요성을 강조한 역사적 고찰은 흥미롭다.

  처음 질문에 대한 답은 애덤 스미스의 『국부론』에서 찾을 수 있다. "자기보다 지위가 높은 사람들의 폭력을 끊임없이 걱정해야 하는 불행한 나라에 사는 국민들은 '자기 부common stock'의 대부분을 파묻거나 숨기곤 한다. 이것은 터키와 인도뿐 아니라 아시아 모든 나라의 일반적인 관행인 것으로 생각된다" 오스만 제국에서는 황제를 제외한 어느 누구도 자유인이 아니다. 황제의 처남이었던 알리 장군도 예외는 아니었다. 사람들의 생명과 자유, 재산은 언제든지 황제의 변덕에 따라 몰수될 수 있었다. 바로 여기에 모든 전체주의사회가 몰락한 궁극적인 원인이 있고, 자유시장 시스템의 강점이 있다. 재산권과 시민권 없이는 어떤 것도 발명가와 사업가들이 직접적인 필요 이상의 것을 창조하고 생산하도록 유인하지 못한다. 전쟁보다 더 나쁜 것이 재산권의 침식이다. 재산권은 앞서 말한 근대적 번영의 네 가지 기초 중에서 가장 중요한 요소다. 다량의 주화와 금괴를 금고 속에 잠궈 두거나 과수원과 정원에 묻어 두는, 혹은 전쟁터까지 가져가야 하는 국가나 사회는 더 이상 발전을 기대할 수 없다. 밀턴 프리드먼은 "재산권 없이는 자유사회도 있을 수 없다"라고 했고, 프리드리히 하이에크는 재산권을 양도하는 자는 '예속으로 가는 길'에 놓일 것이라고 말했다. 그래서 "세계 역사상 어느 누구도 빌린 차를 세차하는 사람은 없다"라는 말은 곱씹어 볼만한 금언이 틀림없다. 그런데 사실한 나라의 발전에 네 가지 근본적인 요인들의 상대적 중요성을 판단하는 것은 쉽지 않다. 케이크를 만드는 데 밀가루, 설탕, 쇼트닝, 계란 중에서 어느 것이 가장 결정적인 재료인지를 묻는 것과 똑같이 무의미하다. 모두가 필수적이고 각자는 다른 요인들을 보완한다. 네 가지 요인 중 하나라도 없으면 디저트도 없다.

2부 '부자나라, 가난한 나라'에서는 가장 먼저 부를 창출한 국가로 네덜란드와 잉글랜드를, 두 번째로 부를 이룬 나라로 프랑스, 스페인, 일본을 들고 있다. 이슬람 세계와 라틴아메리카는 지금까지도 번영에 뒤처진 국가로 꼽고 있다. 그들 국가들에 대한 경제 · 정치 · 사회구조 등을 다각도로 살피면서 번영을 누리기 위해 꼭 필요한 요소들을 도출하는 과정을 통해, 이 중 한 가지라도 없는 경우 부가 축적되지 않거나 외부로 빠져나가게 된다고 역설한다. 프랑스의 불완전한 재산권이 그 사례인데, 프랑스는 소유권을 허용했음에도 불구하고 인센티브를 창출하지 못했다. 자동차 의무검사에 대한 과도한 수수료, 최고경영자에 대한 낭비적인 보수

체계 등 '지대추구행위'(기업활동이나 힘든 노동에 반하여 특권을 이용해 돈을 벌려는 성향)에 대한 친숙한 예는 오늘날에도 얼마든지 찾아볼 수 있다.

프랜시스 후쿠야마는 '자유'란 개인적 권리, 특히 재산권이 국가에 의해 보호된다는 것을 뜻하고 '민주주의'란 일국의 지도자가 다당제 선거에서 비밀투표에 의해 모든 선거민으로부터 선출된다는 것을 의미한다고 '자유민주주의'를 정의내린 바 있다. 책의 3부에서 다루는 '번영의 결과와 부의 흐름', 그중에서도 국가의 번영과 개인의 행복에 대한 고찰은 오늘날 우리에게도 많은 정책점 시사점을 준다. 부가 더욱더 증대한다고 해서 사람들이 반드시 더 행복해지는 것은 아니며 부국과 빈국에서 국민들이 느끼는 행복이나 만족 지수는 그리 차이가 나지 않는다는 것이다. 그리고 경제적 발전이 민주주의를 낳는 것이지 그 역은 아니라는 점을 밝히며 오히려 '과도한' 민주주의는 경제성장을 가로막을 수도 있다는 것을 보여준다. 부의 차이는 국가 내부에서 더욱 중요하게 작용하며 흔히 말하는 상대적 빈곤, 상대적 박탈감이 더 문제가 된다고 지적한다. '부자란 그의 동서보다 더 많이 버는 사람을 가리킨다'라는 조크가 의미심장하게 들리는 까닭이다. 이 책은 '부에 관한 세계지도'라 할 만하다. 540여 쪽에 달하는 방대한 분량만 보더라도 결코 쉽게 읽거나 만만하게 이해할 수 있는 책은 아니다. 다분히 서구 편향적인 시각과 가치관이 배어나고, 일부 견해는 신자유주의적 색채가 묻어나긴 하지만, 서구의 '부의 본질'에 대한 지식의 지평을 넓히고 시사점을 얻기에는 충분하다. 역사적 사실과 풍부한 자료를 바탕으로 국가의 번영에 대해 새롭게 접근한 저자의 지적 궤적을 함께 따라가다 보면 자신도 모르게 경제사에 바싹 흥미를 느끼게 된다. 경제성장의 원천에 대한 탐구를 통해 우리 시대의 많은 문제들을 들여다볼 수 있는 통찰력을 얻을 수 있는 점은, 경제사로부터 배우지 못하는 사람들은 그 역사의 궤적 속에 뒤처질 것이라는 교훈과 함께 이 책이 주는 중요한 메시지 중 하나다.

 함께 읽으면 좋을 책

● 『이야기로 읽는 부의 세계사』,
데틀레프 귀르틀러, 웅진지식하우스, 2005
역사를 통들어 최고의 부자들은 늘 세계사를 새롭게 썼다. 책은 카이사르에서 빌 게이츠까지, 세계사에 큰 획을 그었던 역대 최고의 '부와 부자'들을 뽑아 그들이 어떻게 새로운 기회를 발견하고 부를 축적하고 세계사의 지형을 뒤흔들었는지 이야기한다.

- ●『부는 어디에서 오는가』,
에릭 바인하커, 알에이치코리아, 2015

복잡계 경제학이란 수많은 행위자들이 상호작용하며 창발
적 결과를 빚어내는 '복잡 적응 시스템'으로 경제를 이해
하는 새로운 경제학이다. 복잡계 경제학의 선두주자인 저
자가 부의 원천은 지식과 진화임을 증명한다. 2007년에
나온『부의 기원』을 재출간한 책이다.

- ●『권력과 부』, 로널드 핀들레이 외, 에코리브르, 2015

세계 경제의 기원에서부터 오늘날에 이르기까지 지난
1000년에 걸친 세계 무역의 발전을 한 눈에 보여주는 책
이다. 서유럽 경제의 출현을 수백 년 전 유라시아 전역에
걸친 경제적 · 정치적 발전까지 거슬러 올라가 연결한다는
점에서 단연 압도적인 분석 범위를 자랑한다.

숨겨진
부의 코드를 찾아라

『앨빈 토플러, 부의 미래』
앨빈 토플러 · 하이디 토플러 지음, 김중웅 옮김, 청림출판, 2006

세계는 지금 화폐경제와 비화폐경제가 서로 공존하면서 엄청난 변화를 일으키고 있다. 이 둘의 상호 작용을 통하여 동시에 혁명적인 변화가 발생하고 새로운 부 창출 시스템이 창조되고 있다. 이렇게 창출된 부 시스템이 자본주의의 미래를 바꿔 나갈 것이다.

일주일에 한 번씩 저녁에 모여 소리 내어 책을 읽는 〈북
코러스〉라는 낭독독서모임을 6년째 하고 있는데, 주로 혼
자 읽기 힘든 두껍고 딱딱한 고전이거나 고전에 가까운 책
들을 윤독輪讀한다. 여기서 함께 읽은 책 중 하나가『앨빈 토
플러, 부의 미래』다. 금세기 최고의 미래학자로 불리는 앨
빈 토플러Alvin Toffler 박사는 소개되는 책마다 우리에
게 미래에 대한 일련의 새로운 아이디어를 제공했다. 1970
년『미래쇼크』는 다가오는 미래에 우리 사회가 어떻게 변
화하게 될 것이며, 어떻게 대처해야 하는지에 대한 해답을
제시했다. 1980년『제3물결』은『미래쇼크』에서 예견한 미
래를 지식혁명의 관점과 문명 비판적 시각에서 기술했으
며, 1990년『권력이동』은 지식혁명이라는 새로운 질서 하에
서 사회 각 권력의 구조적 변화, 원인, 통제 시스템에 대하
여 놀라운 통찰력을 보여줬다.『앨빈 토플러, 부의 미래』는
'Revolutionary Wealth'라는 원제가 말해주듯이 새로운 삶
의 지평을 열어 줄 혁명적 부富의 세계로 안내하고 있다. 여
기서 부는 돈과 동의어가 아니다. '부wealth'를 단순히 돈이
나 자산을 의미하는 것을 넘어 유·무형의 소유로 욕망을
충족시키는 것, 즉 효용을 가진 모든 것을 일컫는 넓은 의미

로 새롭게 정의하면서, 부를 창출하는 시스템과 부의 미래
에 대해 자세히 설명하고 있다.

> 부는 결국 모든 가능성의 축적물일 뿐이다. (중략) 부와 돈은
> 동의어가 아니다. 잘못된 인식이 만연되어 있기는 하지만 돈
> 은 여러 가지 부의 증거 혹은 상징적인 표현 중 하나에 불과
> 하다. 때때로 부는 돈으로 살 수 없는 것을 살 수 있다. 따라
> 서 누구든 부의 미래를 가장 포괄적으로 이해하려면 그 근원
> 인 욕망을 이해하는 것부터 시작해야 한다.(37쪽)

세계는 지금 '눈에 보이는 부visible wealth'와 '보이지 않
는 부invisible wealth', 즉 화폐경제와 비화폐경제가 서로
공존하면서 엄청난 변화를 일으키고 있다. 이 둘의 상호 작
용을 통하여 동시에 혁명적인 변화가 발생하고 새로운 부
창출 시스템이 창조되고 있으며, 이것이 궁극적으로 자본주
의의 미래를 바꿔 나갈 것임을 예견한다.

저자는 앞으로 미래사회를 주도할 혁명적 부를 만들어 낼
심층 기반으로 시간, 공간, 지식을 내세운다. 누구나 알고
있지만 모두가 지나쳐온 이 세 가지에 주목한 이유는 무엇
일까. 먼저 시간과 관련하여 전 세계가 직면하고 있는 위기
상황이 속도의 충돌 때문이라 단언한다. 고속도로 비유를
통해 오늘날 가장 빠르게 변화하는 조직이 기업이라고 말하

며 그 뒤를 이어 시민단체, 가족, 노조, 정부관료, 학교 등을 꼽는다. 가령 기업이 시속 100마일을, 시민단체(NGO)가 90마일을 달리고 있을 때 정작 정부는 25마일을, 학교는 10마일을, 정치권은 3마일을 달리고 있다는 것이다. 사회 제도나 정책 등이 경제 발전의 속도를 따라가지 못하기 때문에 여러 가지 문제가 발생한다는 것이며 속도를 맞추는 일, 즉 '동시화synchronization'가 중요함을 역설하고 있다. 두 번째로 공간과 관련하여 산업혁명을 통해 유럽으로 넘어갔고, 제2차 세계대전으로 미국으로 옮아간 부의 중심축이 아시아로 옮겨지는 지각 변동이 일어날 것이라고 내다보고 있다. 특히 아시아 가운데서도 중국을 주목한다. 2050년쯤이면 세계 인구의 절반 이상, 세계 경제의 약 40%, 세계 정보 기술 산업의 절반 이상이 아시아에 있을 것이다. 이는 유럽과 미국으로 옮아갔던 부의 주도권이 지구를 한 바퀴 빙 돌아 지식혁명이라는 제3물결과 함께 아시아로 다시 돌아오고 있음을 말한다. 이 책이 처음 나온 2006년에서 채 2년도 지나지 않아 미국발 금융 위기가 전 세계를 덮쳤고, 이어서 유럽 국가들의 재정 위기까지 겹치면서 아시아의 경제 비중이 급격히 커진 현실이 이를 증명한다. 마지막으로 지식이야말로 부의 원천이라고 말한다. 지식은 미래의 석유다. 석유는 쓰면 쓸수록 줄어들지만 지식은 쓰면 쓸수록 늘어나 수확체증의 법칙을 만들어낸다. 지식정보사회에서는 지식이 노동의 가치를 결정한다. 같은 시간을 일하더라도 지식 · 정보의 수준에 따라 노동의 가치가 달라진다. 산업화 시대에 맞춰진 조직은 지식경제가 요구하는 속도와 세계화된 공간에 어떻게 적응하느냐에 따라 성장과 몰락이 좌우된다. 또 여러 분야에 걸친 지식을 요구하는 직장이 늘어나면서 천문생물학자, 바이오물리학자, 환경기술자처럼 두 단어의 조합으로 나타나는 직업군들이 증가하고 있다. 어떤 직업은 신경정신약리학자처럼 3가지 전문 직업이 조합된 것도 있다. 지금 일어나고 있는 변화가 개인, 기업, 조직, 가족, 정부 등 모든 시스템과 삶의 방식을 뒤바꾸며 새로운 가치를 창조해 낼 것이라고 강조한다. 인류 역사상 단 한 번도 경험해 본 적 없는 지식에 기반한 거대한 부의 혁명이 눈앞에 다가오고 있다.

토플러는 판매나 교환을 위해서라기보다 자신의 사용이나 만족을 위해 제품, 서비스 또는 경험을 생산하는 이들을 '프로슈머prosumer'라는 신조어로 지칭했다. 개인 또는 집단들이 스스로 생산PROduce하면서 동시에 소비conSUME하는 행위를 '프로슈밍prosuming'이라고 하는데, 앞으로 프로슈머 경제가 폭발적으로 증가함에 따라 새로운 백만장자들이 수두룩하게 나타날 것이라고 전망한다.

시간, 공간, 지식의 혁명적 변화는 전혀 예상치 않았던 역사적 사건이 다시 모습을 드러내게 했다. 프로슈밍이라고 이름

붙인 방식이 부활한 것이다.(557쪽)

　프로슈머들은 취미를 비즈니스로 바꾸었을 뿐 아니라 산업 전체를 창출하고 전개하는데 기여한다. 또 지식경제에서의 실업은 조립라인 경제에서와는 달리 구조적인 문제이기 때문에 프로슈밍은 궁극적으로 실업 등의 문제를 해결하는 방식에도 변화를 일으킬 수 있다. 그동안 몇 차례의 내한을 통해 한국에 대한 끊임없는 애정을 보여줬던 저자는 이번 한국판에서도 남북관계에 대한 문제점을 날카롭게 지적하며 한반도의 미래에 대한 새로운 분석을 내놓았다.(490~499쪽) 뒤를 이어 나온 『청소년 부의 미래』도 반가운 책이다. 방대한 양과 낯선 개념이 많이 등장해 한 번만 읽어서는 좀처럼 이해하기 힘든 내용을 재미있는 삽화와 함께 청소년의 눈높이에 맞춰 썼기 때문이다. 청소년용이라지만 원책의 요약판으로도 손색이 없을 정도로 내용이 충실하다. 매일매일 수험지식을 억지로 머리에 구겨 넣느라 안스러운 청소년들에게 묵직한 지식의 향연을 들려주고, 앞으로의 세상에서 유용한 파워지식을 전해줄 든든한 책이다.

　책이 처음 나온 게 10년 가까이 되지만 지금도 그의 전망이 대부분 실현되고 있고, 강력한 현재성을 발휘하고 있다. 워낙 엄청난 자료와 방대한 문헌을 바탕으로 한 덕분에, 책을 읽는 내내 성능 좋은 망원경으로 개인이나 조직이 처한 현실과 미래를 한꺼번에 조망하는 듯한 느낌이 든다. 특히 650쪽이 넘는 분량 중 80쪽 이상을 차지하는 참고문헌, 주석, 색인의 충실함은 책에 대한 신뢰를 더한다. '미래의 부'를 말하는『부의 미래』에서 어떤 미래를 상상할지, 어떤 지식과 통찰을 구할지는 각자의 몫이다. 저자가 에필로그에서 인용한 시각 장애인이자 청각 장애인이었던 헬렌켈러의 말이 힌트가 될지도 모른다. "비관론자가 천체의 비밀이나 해도에 없는 지역을 항해하거나 인간 정신세계에 새로운 지평을 연 사례는 단 한 번도 없다" 이 책에서 받은 감명과 만족은 자연스레 독서모임에서 읽을 다음 책을 같은 저자의『불황을 넘어서』로 정하는 것으로 이어졌다.

 함께 읽으면 좋을 책

● 『청소년을 위한 앨빈 토플러 청소년 부의 미래』,
엘빈 토플러 외, 청림출판, 2007

650쪽에 이르는『부의 미래』가 부담스럽다면 청소년들을 위해 쓴 이 책을 먼저 읽는 것도 한 방법이다. 청소년용이라지만 원책의 요약판으로도 손색이 없을 정도로 내용이 충실하다. 물론 다 읽고 나면 틀림없이 자녀들 책상 위에 슬그머니 올려놓게 될 책이다.

- 『한계비용 제로사회』, 제레미 리프킨, 민음사, 2014

  세계적인 미래학자 제레미 리프킨이 왜 자본주의가 역사에서 사라지게 될 것인지를 조명한 책이다. 저자는 이 책에서 소유 중심의 교환 가치에서 접속 중심의 공유 가치로 옮겨 가는 대전환이 새로운 경제 시대를 이끌 기술적 · 사회적 동력이 될 것이라고 갈파한다.

- 『새로운 부의 시대』, 로버트 J. 실러 외, 알키, 2015

  현재 전 세계를 움직이는 대표 경제학자 10명으로 구성된 이른바 '예측 드림팀'이 100년 뒤 세상을 내다본 책이다. 현재와 미래의 중요 이슈에 대해 낙관주의부터 신중한 비관주의에 이르기까지 다양한 시나리오를 통해 폭넓은 예측과 전망을 쉴 새 없이 쏟아낸다.

직관을 믿는다고요?

『생각에 관한 생각』
대니얼 카너먼 지음, 이진원 옮김, 김영사, 2012

카너먼은 인간의 비합리성과 그에 따른 의사결정에 주목하며 심리학과 경제학의 경계를 허물고 인간을 사회활동의 주체로 새롭게 정의했다.

2002년에 스웨덴 한림원은 이례적으로 경제학자가 아닌 인지심리학자인 대니얼 카너먼Daniel Kahneman 프린스턴 대학 명예교수에게 노벨경제학상을 수여했다. 심리학을 경제학에 통합한 공로를 인정한 것이다. 이스라엘 출생으로 예루살렘 헤브루 대학교에서 심리학을 전공한 카너먼은 '세계 100대 사상가'와 '세계 금융을 움직이는 50대 인물'에 선정되기도 했다. 행동경제학의 창시자로 불리는 카너먼은 300년 전통의 경제학 프레임을 완전히 뒤집으며, 경제학을 전공하지 않은 학자 중 경제학에 가장 큰 영향을 미친 인물로 평가된다. 21세기 가장 탁월한 학문으로 꼽히는 행동경제학은 합리적 인간 가설을 벗어나 실제 인간이 어떻게 선택하고 행동하며, 그 결과 어떤 사회 현상이 나타나는지를 연구한다. 인간의 실제 행동을 심리학, 사회학, 생리학적 견지에서 바라보고 그로 인한 결과를 규명하려는 경제학의 한 분야로서 이성적이고 합리적으로 경제활동을 할 것이라 여겼던 '이상적 인간'의 신화를 깬다. 다시 말해, 인간은 합리적으로 판단하거나 행동하지 않는다는 것이다. 그리고 이 과정에서 각종 인지상의 편의가 의사 결정을 지배한다고 말한다. 카너먼은 인간의 비합리성과 그에 따른 의사결정에 주목하며 심리학과 경제학의 경계를 허물고 인간을 사회활동의 주체로 새롭게 정의했다. 1979년에 처음 발표한 '불확실한 상황에서 행하는 인간의 판단과 선택'을 설명한 혁신적 연구인 '전망이론prospective theory'으로 인해 그 해는 '행동경제학의 원년'으로 명명되었고, 카너먼은 노벨경제학상을 수상하게 된다. 원제가 'Think, fast And slow'인 대니얼 카너먼의 『생각에 관한 생각』은 판단과 의사결정, 특히 특정 상황에서 합리적으로 예측 가능한 '편향bias(시스템적 오류)'에 관해 수행한 유명한 실험을 정리한 책이다. 인간의 합리성에 대한 가정이 잘못됐다는 것은 저자가 줄곧 주장해왔던 내용이다.

온순하고 착하며 수줍음을 많이 타는 스티브라는 미국 소년이 있다. 스티브는 나중에 도서관 사서나 농부 둘 중 어떤 사람이 될 가능성이 높을까. 대부분 사람들은 스티브의 성격에 착안해 십중팔구 사서가 될 것이라고 확신할 것이다. 그러나 사실 스티브는 농부가 될 가능성이 더 높다. 미국에는 사서보다 농부의 수가 20배나 더 많기 때문이다. 이처럼 현실에서는 엄연히 통계가 존재함에도 사람들은 단순히 유사성이나 각자의 고정관념에 의존해 판단을 내리는 경향이 있다. 이를 '휴리스틱heuristic(고정관념에 기초한 추론적 판단)'이라고 한다. 저자는 인간의 모든 행동과 의사결정 방식을 크게 두 가지로 구분해 설명한다. 직관을 뜻하는 '빠르게 생각하기(fast thinking)'와 이성을 뜻하는 '느리게 생각하기(slow thinking)'다. 시스템 1이라고 이름붙인 전자가 직관적이고 지극히 심리적인 자동 시스템이라면 후자는 합리적이고 이성적인 숙고 시스템인 시스템 2다. 달려드는 자동차를 피하는 동물적 감각의 순발력, 2+2의 정답, 프랑스의 수도를 떠올리는 것처럼 완전히 자동적인 개념과 기억의 정신활동이 시스템 1이다. 반면 전문가의 해결책이나 연말정산 서류작업처럼 머릿속에 즉시 떠오르지 않는 문제의 답을 심사숙고하여 노력하는 사고방식이 시스템 2다. 아침에 눈을 뜸과 동시에 활성화되는 시스템 1은 우리를 둘러싼 모든 상황들을 자동적으로 인식하며 시스템 2를 위해 수많은 인상, 직관, 의도, 느낌 등을 제시한다. 시스템 2는 검토하고 승인하며 인상과 직관을 믿음으로, 충동을 자발적 행위로 변환시킨다. 물론 시스템 1이 처리할 수 없는 돌발 상황이나 인지적 노력이 필요한 경우, 시스템 2가 전면에 나서 문제를 해결하기도 한다. 나름대로 효율적인 시스템인 셈이다. 문제는 시스템 1이 특정 오류에 취약하다는 사실이다. 우리는 살면서 그때그때 받는 느낌과 인상에 따라 행동하고, 자신의 직관과 기호에 의존해 행동을 정당화하는 경우가 많다. 그러나 우리의 직관은 다양한 이름이 붙은 '효과'와 '편향'을 통해 우리를 속이고, 안타깝게도 많은 경우 우리는 그런 사실조차 깨닫지 못한다.

두 교수는 농구공을 패스하는 두 팀이 나오는 짧은 동영상을 만들었다. 한 팀 학생들은 흰색 셔츠, 다른 팀 학생들은 검은색 셔츠를 입고 있다. 동영상의 시청자들은 흰색 셔츠를 입은 팀의 패스 횟수를 세라는 지시를 받는다. 이는 몰입과 집중이 필요한, 쉽지 않은 일이다. 동영상 중간에 고릴라 복장을 한 학생이 등장해서 약 9초 간 코트를 가로질러 천천히 걸으며 가슴을 두드리는 등 제스처도 취한다. 수천 명이 넘는 사람들이 이 동영상을 봤는데도 절반 정도는 이 특이한 장면을 전혀 눈치채지 못했다. 그들이 고릴라 복장의 여학생을 보지 못한 이유는, 검은색 셔츠를 입은 팀을 무시하고 흰색 셔츠를 입은 팀의 패스 횟수를 세라는 지시를 따랐기 때문이다. 이 지시를 받지 않고 동영상을 본 사람들은 거의 모두 고릴라를 알아보았다.(38쪽)

한때 유행했던 신종플루도 비슷한 사례이다. 그것이 여느 독감보다 치사율이 더 높지 않은데도 연일 뉴스에서 사망 소식을 방송하고 학교가 휴교하고 그러니까 훨씬 더 위험한 것으로 생각한다. 이런 '가용성 편향'은 결국 잘못된 판단으로 이어진다. 성급하게 판단하고 경솔하게 내린 결론을 어찌지 못해 늘 그럴싸한 변명을 늘어놓는 존재가 인간이다. 우리는 우리가 생각했던 것보다 훨씬 많이 비합리적인 판단을 내리는 존재인 것이다. "인간은 합리적 행동과 논리적 사고를 하는, 유일한 이성적 동물"이라는 기존 경제학의 가설은 그야말로 독단적인 가설일 뿐이다. 책에는 냉철한 판단을 내려야 할 판사나, 환자의 생명을 다뤄야 할 임상 의사들도 성급한 판단 오류에 빠지는 사례가 허다하게 나온다. 고도의 과학적 기법에 기댈 것 같은 주식투자도 마찬가지다. 매도 · 매수 결정과 성과를 분석해 보니 일반투자자들은 물론이고, 펀드매니저들조차 '직관에 의존하는 주사위 게임'처럼 투자해 왔다는 결과가 나왔다. 그러니까 포커 상대를 믿는 정도로만 자신을 믿어야 하는 셈이다. 그렇다면 직관적 사고과정에서 비롯되는 오류들을 막기 위해서는 어떻게 해야 할까. 저자는 인지적 지뢰밭에 있다는 신호를 인식해 사고의 속도를 줄이고 시스템 2에 더 많은 도움을 요청하라고 말한다. 빠르고 정확한 판단을 내리기 위해, 즉 시스템 1과 2의 조화를 위해 무의식적 패턴 인식을 끊임없이 연마해야 한다는 것이 저자의 조언이다.

카너먼의 첫 대중교양서인 이 책은 풍부한 실험사례와 각종 이론을 동원하여 인간이 얼마나 '체계적으로' 인지적인 실수를 범하는지를 깨닫게 해준다. 인간은 보통 직관적이고 휴리스틱(지름길)한 방법으로 사고를 하지, 절대 논리적인 사고를 하지 않는다. 그런 사고思考가 사고事故를 일으킨다. 무엇보다도 우리는 우리 자신의 합리성을 과신하는 경우가 많다. 인간이 제한적 합리성만을 가지고 있기 때문이다. 개인의 선택에서부터 기업경영이나 국가정책에 이르기까지 다양하게 소개되는 실험 사례는 다양한 직업군의 독자들에게 영감과 통찰을 제공한다. 특히 11~13장에 나오는 대중의 경험과 전문가의 지식 사이 갈등관계에 대해 유용한 개념화를 보여주는 실험은 지금 우리가 현실에서 부딪치는 현실과 맞닿는 표면적이 넓다. 처음 입력된 정보가 정신적 닻으로 작용해 이후 판단에 지속적 영향을 미치는 '닻 내림 효과anchoring effect'나 언론 보도로 시작해서 대중의 공포와 정부의 대규모 조치로 이어지는 사슬을 다룬 '가용성 폭포'의 개념이 대표적이다.

흥미로운 소재이긴 한데 쉽게 읽을 수 있는 책은 아니다. 본문만 500쪽이 넘는데다 만만치 않은 주제에, 낯선 개념과 이론들이 머릿속에 사뿐히 자리 잡지 못하고 지루하게 반복되며 앞을 가로막는다. 원래 원문 자체가 어렵게 표현되어 있는 것인지, 아니면 직역 투의 어색한 번역 탓인지 가독성이 다소 떨어지는 게 사실이다. 노벨상 수상자라는 저자 후광효과 때문에 쉽게 입구에 들어섰다가 자칫 출구에서 헤매기 쉽다. 그러나 인간의 선택 방법과 이유에 호기심을 갖고 있거나 나심 니콜라스 탈레브의『블랙 스완』이나『안티프래질』같은 책에 끌렸던 독자라면 충분히 구미가 당길 것이다. 내가 읽은 '이 책에 관한 생각'은 그렇다.

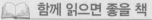 **함께 읽으면 좋을 책**

● 『야성적 충동』, 로버트 실러 외, 랜덤하우스코리아, 2009

'야성적 충동'은 경제사상가 존 케인스가 인간의 비경제적 본성을 가리키는 개념으로 처음 사용했다. 금융 위기를 낳은 우리의 경제관념에 의문을 제기하면서 경제학을 변화시킬 수 있는 새롭고 과감한 시각을 제시한다.

● 『욕망의 경제학』, 피터 우벨, 김영사, 2009

행동과학과 결정심리학의 세계적 석학인 저자는 "인간은 왜 이성적인 경제활동을 할 수 없는가?"라는 의문을 던지며 인간의 비이성적 본능이 시장경제에 미치는 영향을 분석한다. 자유시장이 소비자의 불합리한 선택을 조장하는 문제를 냉철하게 꼬집는다.

● 『누가 내 생각을 움직이는가』, 노리나 허츠, 비즈니스북스, 2014.

세상은 갈수록 스마트해지는데, 왜 우리의 선택은 늘 실패하는가? 이 책이 던지는 질문이다. 세계적인 스타 경제학자이자 〈가디언〉이 선정한 '영국 최고의 지성'으로 꼽히는 저자가 평소 우리의 선택과 결정이 얼마나 오류투성이며 합리적이지 못한지를 설득력 있게 풀어냈다.

추수감사절의
칠면조가 되지 말자

『안티프래질』
나심 니콜라스 탈레브 지음, 안세민 옮김, 와이즈베리, 2013

진화는 스트레스, 무작위성, 불확실성, 무질서를 좋아한다. 그러나 인간은 그렇지 않다. 안티프래질을 싫어하는 정신적인 바이어스에 휘둘려 어설픈 합리주의자, 또는 합리화하는 사람이 되기 쉽다.

어떤 똑똑하고 과학적인 칠면조가 있었다. 이 칠면조는 농장에서 맞은 처음 아침 9시에 모이를 받아먹었다. 칠면조는 다음 날도, 그 다음 날도, 따뜻한 날과 추운 날, 비오는 날과 맑은 날 언제나 변함없이 아침 9시가 되면 모이를 들고 꼬박꼬박 나타나는 주인을 반겼다. 칠면조는 1000일째 되는 날 자기를 향한 인간배려의 통계적 유의성이 증가하고 있다는 확신에 이른다. 그렇게 결론을 내린 날은 추수감사절 이브였다. 그러나 칠면조는 1001번째가 되는 다음날 아침에 먹이를 받아먹는 대신 목이 잘리게 되었다. 칠면조는 자신을 아끼는 주인에 대한 믿음이 최고조에 이르고 자신의 삶에 대해서 아주 편하게 예측하고 있는 바로 그 순간이 되어서야 비로소 자신의 믿음을 바꾸게 된 것이다. 이런 바보 같은 칠면조가 되지 않는 것은 진정한 안정과 인위적인 안정의 차이를 구분하는 데서 시작한다. 레바논 출신의 경제학자이자 투자 전문가인 나심 니콜라스 탈레브Nassim Nicholas Taleb의 『안티프래질』에 나오는 버트란트 러셀의 칠면조 이야기를 각색한 비유다. 탈레브는 2009년 포브스지가 선정한 '세계에서 가장 영향력 있는 경제전문가'로, 금융 위기를 예측한 『블랙 스완』으로 유명하다. 평생을 운,

불확실성, 확률, 리스크에 몰두해 왔는데, 그의 예견대로 2008년 금융 위기가 닥쳤을 때 '월가의 현자'라는 새로운 별명을 얻었다. 그는 와튼 스쿨 시절에 '확률probability' 혹은 '확률적stochastic'이라는 단어가 들어간 제목의 책을 거의 모두 사서 읽었다고 한다. 결국 리스크는 탈레브가 가장 잘 아는 주제가 되었다.

『안티프래질』에는 '블랙 스완' 현상, 즉 발생 가능성이 낮고 예측하기 힘들지만 일단 발생하면 엄청난 충격을 가져오는 사건들에 대한 해독제로서 '안티프래질'을 소개하고 있다. 안티프래질Antifragile은 사전에 없는 단어다. '취약한'이나 '부서지기 쉬운'이라는 뜻의 'Fragile'에 반대(대응)되는 개념으로 만든 신조어인데, 충격을 받으면 오히려 더욱 단단해진다는 뜻을 담고 있다. 안티프래질은 무작위성과 불확실성을 좋아한다. 우리는 무작위성이란 위험한 것이고, 나쁜 것이기 때문에 제거해야 한다는 잘못된 믿음을 갖고 있다. 택시운전기사, 매춘부, 목수, 배관공, 재단사, 치과의사는 소득이 일정하지 않다. 대신 소득을 제로로 만들어버리는 블랙 스완 앞에서 하루아침에 허무하게 무너지는 일은 생기지 않는다. 기능을 보유한 사람들은 무작위성 덕분에 위험요소를 뚜렷하게 볼 수 있는 일정 수준의 안티프래질을 지니고 있다. 반면 안정적으로 보이는 회사원은 그렇지 못하다. 회사원에게는 위험이 숨어 있다. 그들은 인사팀에서 걸려오는 전화 한 통에 소득이 제로가 되는 끔찍한 상황을 만날 수 있다. 자연 역시 안전하기만 한 것은 아니다. 오히려 대자연은 드물게 일어나는 일에 관한 한 가장 뛰어난 전문가이자 최선의 관리자이다. 파기하고 대체하고 선별하고 개조하는데 자연처럼 능숙한 것도 없다. 노자老子는 이를 '천지불인天地不仁'으로 표현했다. 즉, 천지는 만물을 생성화육生成化育함에 있어 어진 마음을 쓰는 것이 아니라, 자연 그대로 행한다는 말이다(도덕경 5장). 오히려 자연은 작은 실수를 좋아한다. 이런 실수 없이는 유전적인 변이가 불가능하기 때문이다. 사실 진화에서 가장 흥미로운 측면은 오직 진화의 안티프래질적 특성 때문에 진화가 발생한다는 사실이다. 진화는 스트레스, 무작위성, 불확실성, 무질서를 좋아한다. 그러나 인간은 그렇지 않다. 안티프래질을 싫어하는 정신적인 바이어스에 휘둘려 어설픈 합리주의자, 또는 합리화하는 사람이 되기 쉽다.

전작인 『블랙 스완』은 전혀 예측하지 못한 상황이 우리를 충격으로 몰아넣을 것이라는 점을 보여줬다. 이번 책은 이미 블랙 스완 현상이 사회와 역사 전반을 지배하고 있다는 전제 하에 정치, 도시계획, 금융, 경제 시스템, 의학에 이르기까지 전 분야에 대한 실천적인 문제를 다루고 있다. 안티프래질의 특성과 안티프래질하기 위한 방법을 소개하며 불확실성, 무작위성, 가변성을 피하지 말고 적극 활용할 것을 주문한다. 전작에 비해 사회 전반이나 인간 심리적 측면에서 볼 때 훨씬 유용한 부분이 많다. 저자는 프래질에서 안티프래질로 전환하는 방안으로 '바벨(운동기구) 전략'을 제시한다. 이원적인 전략으로서 하나는 안전하고 다른 하나는 위험한 두 개의 극단을 조합하는 방식이다. 이는 일원적인 전략보다 더 강건하며, 때로 안티프래질로 가기 위한 필요조건이 되기도 한다. 재산의 90%는 현금으로 보유하고, 10%를 가장 위험한 주식에 투자하는 경우다. 운이 좋으면 많은 돈을 벌 수 있고, 최악의 경우에도 10% 이상은 잃지 않는다.

예를 들어 회계사와 결혼하고 가끔은 록 스타와 바람을 피려는 전략, 작가가 안정적인 한직을 갖고 남는 시간에 직업이 주는 압박에 시달리지 않고서 글을 쓰려는 전략이 이에 해당한다.(664쪽)

심지어 시행착오도 일종의 바벨 전략이 될 수 있다. 핵심은, 바벨 전략은 생존을 위한 보험이라는 사실이다. 선택이 아니라 필수라는 것이다. 우리는 눈을 가린 운전기사가 운전하는 버스에 타고 있으면서도, 그 사실을 모르는 경우가 많다. 안티프래질 이론을 요약하면, 미래에 닥칠 충격을 예측하기란 불가능하므로 현시점에서 추정 가능한 프래질(허약성)을 최대한 제거하고 안티프래질을 강화하라는 것이다.

부족한 정보와 부족한 이해, 즉 부족한 '지식'을 바탕으로 결정을 내려야 하는 상황에서 칠면조, 즉 '멍청한 인간'이 되지 않는 방법을 찾아내야 한다.

나는 지금도 전문 분야에서 알아두어야 할 중요한 것은 반드시 원론적인 내용을 벗어나 중심으로부터 멀리 떨어진 곳에 있다고 생각한다. 그러나 무엇을 읽어야 할 것인지 정할 때는 자신이 정해 놓은 방향을 따라야 하고, 바로 여기에 중요한 것이 있다. 나는 학교에서 가르쳐 준 것은 잊어버렸다. (382쪽)

저자는 자신의 주장을 설명하기 위해 통계학, 철학, 수학, 문학 등을 종횡무진 넘나든다. 통계나 확률에 대한 사전지식이 있다면 좋겠지만 그렇지 않더라도 읽어 내는데 별 지장은 없다. 책에서 저자는 이름만 대면 누구나 아는 유명인사와 투자전문가들에 대한 비판과 독설도 서슴지 않는다. 토머스 프리드먼, 조지프 스티글리츠 등 프래질리스타라고 명명되는 유명 경제학자와 노벨상 수상자들이 탈레브에게 된통 깨지는 것을 보면 딱하다.

이 책은 먼저 읽는 사람이 임자다. 기본적으로는 경제경영서나 투자전략서로 분류되지만, 미래의 불확실성에 대처하고 인생에 대한 깨달음을 주는 것이 자기계발서 혹은 인간 본성을 통찰한 인문서적이라고 해도 무리가 없다. 깨어지지 않기보다, 깨어져도 다시 겹겹이 이어 붙이는 중층의 가변적인 삶을 환하게 내다보게 해준다. 이번 서평집에서 다룬 40권 중에서 가장 두꺼운 720쪽이 넘는 '벽돌책'에 가깝다. 그러나 우물쭈물하다가 자칫 인생이 '작파' 당할까 염려된다면 반드시 '독파' 하기를 권하는 책이다. 일단 읽고 나면 보상이 확실하다. 세상을 다른 눈으로 바라볼 수 있다. 서점의 자기계발서 매대에 있는 책들을 몽땅 자루에 쓸어 담고, 그 자리에 놓아야 할 책이 있다면 바로 이런 책일 것이다.

 함께 읽으면 좋을 책

● 『블랙 스완』, 니콜라스 탈레브, 동녘사이언스, 2008

무작위성에 대해 우리 인간이 가지고 있는 맹목성을 통해 세계 금융 위기의 진원지인 월가의 허상을 파헤친 책이다. 우리가 경험에 너무 의지하여 지식에 무지했다는 것과 사건의 사소한 징조를 쉽게 무시했다는 것을 비판한다.

● 『무조건 가위바위보 이기는 법』,
니시우치 히로무, 비전코리아, 2015

확률을 알면 최선의 답이 보인다! 확률적 사고를 자신의 무기로 만들 수 있는 자세한 방법을 안내하는 책이다. 재미있고 다양한 사례를 통해 대학 진학, 취업, 결혼, 이직 등 중요한 결정을 내려야 하는 상황일 때 최선의 후회 없는 선택을 할 수 있는 비결을 알려준다.

● 『거대한 사기극』, 이원석, 북바이북, 2013

그동안 열광적으로 소비되어 왔던 자기계발서를 본격적으로 평가한, 자기계발서에 대한 '거의 모든 것'이 담겨 있는 책이다. 인적 자원, 1인기업, 다단계, 픽업아티스트, 힐링, 열정노동, 영어교육 열풍 등 여러 가지 사회 현상들을 '자기계발'이라는 키워드로 엮어낸 점이 흥미롭다.

경제경영서,
인문학으로 톺아보기

"왜 기업들이 인문학에 주목할까"

사람들은 자기보다 재산이 열 배쯤 많은 사람
한테는 욕을 하고, 백 배쯤 많은 사람은 두려
워하고, 천 배쯤 많은 사람한테는 그 사람 밑
에서 일을 하려고 하고, 만 배쯤 이상 많은 사
람한테는 기꺼이 가서 노예가 되고자 한다.

— 사마천(중국 역사가)

요즘 대학에서는 인문관련학과가 점차 없어지는 등 인문학의 위기를 말하는 반면 기업에서는 '경영은 살아있는 인문학'이라는 말을 앞세울 정도로 인문학이 대세다. 심지어 일부러 인문학과 출신자들을 뽑으려는 움직임조차 있을 정도다. 구글은 전체 채용인원 6000명 중 5000명을 인문학 전공자로 선발하겠다고 공언했다. 애니메이션 기업 픽사는 문학, 역사, 철학 등 소위 '문사철'로 이루어진 100여개 이상의 인문학 강좌를 개설해 직원들을 교육시키고 있다. 국민은행의 채용 자기소개서에는 '기업이 인문학적 소양을 강조하는 이유를 쓰라'는 항목까지 등장했다. 왜 인류기업들은 이렇게 '인문학'에 주목하는 걸까? 기업인은 다른 부류의 직업군보다 현실감각이 뛰어나고 촉이 예민하다. 아마도 지금까지 해온 방식으로는 더 이상 안 된다는 위기위식이 자리 잡고 있는 듯하다. 기술과 인문학의 접목을 통해 기술 개발의 한계를 극복하고 성장의 돌파구를 찾으려는 전략이 그 뒤에 숨어 있는 것으로 보인다. 저성장 시대를 건너야 하는 경영자와 직장인은 물론 창조적 크리에이터가 되고 싶은 사람이라면 인문학을 외면할 수 없는 시대이다. 마음 깊숙한 곳에 숨어 있는 결핍과 욕망을 끄집어내고 싶은 눈 밝은 독자라면 인문학적 통찰과 감성이 녹아 있는 경제경영서에 주목해야 하는 이유가 여기에 있다.

간결함이 기업을 구한다

『삶의 정도』
윤석철 지음, 위즈덤하우스, 2011

개인이든 조직이든 '복잡함을 떠나 간결함을 추구하고' '이익을 가치 위에 두지 말아'야 한다. 한마디로 삶의 정도正道는 단기최적short-term optimum과 장기최적long-term optimum, 부분최적partial optimum과 전체최적total optimum 사이의 조화를 모색하는 데 있다.

지난 2010년 8월 칠레 북부의 산호세 구리광산에서 낙반사고가 발생해 지하 700m의 갱도에 갇혔다가 69일 만에 극적으로 구출된 33인의 칠레 광부 이야기는 당시 전 세계적인 뉴스였다. 처음에 칠레 정부는 매몰된 광부들을 크리스마스에나 구출할 수 있을 것 같다고 했고, 이것은 광부들에게 너무나 긴 시간이었다. 그래서 '구출시간 최소화'를 목적함수로 하였고, 목적함수 달성을 위한 수단매체로써 드릴 공법만이 아닌 망치 공법이 채택되었다. 그 결과 구출시간이 두 달 이상 단축되었고 매몰 광부 모두가 구출되었다. 코스트 절감 같은 복잡한 문제가 제거되고, '단순화'된 목적함수와 그에 필요한 수단매체라는 이진법적 구조로 문제가 간결화 되면서 인명구조에 성공한 것이다. 윤석철 한양대 석좌교수는 『삶의 정도』에서 '복잡함complexity'을 떠나 '간결함simplicity'을 추구하라고 말한다.

　저자는 '한국의 피터 드러커'로 불린다. 서울대 독문과에서 물리학과로 전과한 뒤 미국 펜실베이니아 대학에서 전기공학을 공부하고 경영학 박사학위를 받는 등 인문사회과학과 자연과학을 넘나들며 양 분야를 아우르는 독특한 학

문 역정으로 유명하다. '한국이 어떻게 하면 잘살 수 있을
까' 하는 고민이 윤석철 교수가 여러 방면의 공부를 하게 된
출발점이었다. 독일의 경제발전 모델을 배우고 싶어 독문
학을 전공으로 선택했고, 경제발전을 위해서는 과학과 기
술 발전이 중요하다는 것을 깨닫고 물리학과 전기공학을 공
부했다. 또 미국 유학 시절 만난 한국 기업인들로부터 '경영
학을 공부해 기업을 도와달라'는 말을 자주 들은 것이 경영
학으로 들어선 계기가 됐다고 한다. 그의 책에서 인문학과
자연과학을 자유로이 넘나드는 학문적 넓이와 깊이를 느끼
게 되는 이유가 거기에 있다. 이 책은 『경영학적 사고의 틀』
(1981), 『프린시피아 메네지멘타』(1991), 『경영학의 진리체
계』(2001)에 이어 10년 주기로 펴내는 저서의 네 번째 신물
로 저자의 학문 세계와 철학을 집대성한 역작이다.

세상이 복잡해지면서 사람들의 머릿속 생각도 함께 복잡
해지고, 욕망과 가치관도 복잡해진다. 물리학적으로 말하
면 엔트로피, 즉 무질서가 증가하는 것이다. 현상을 파악
하기도 어렵고 해법을 찾기는 더 어려워지고 있다. 복잡한
것은 자기 스스로의 복잡함에 얽매여 힘이 없어진다. 복잡
한 것은 단순화 쪽으로 진화해야 살아남는다. 기업도 조직
이 복잡해지면서 경영 이념과 목표가 혼란에 빠지고, 의사
결정의 기준이 모호해진다. 자연 의사결정의 속도도 느려지
게 된다. 그런 가운데 의사결정을 내리려면 중요한 것을 찾

아내고, 덜 중요한 것은 버려 문제를 간결하게 만들어야 한다. 어떻게 그렇게 완벽한 다비드 조각상을 만들어 낼 수 있는지 묻는 교황에게 미켈란젤로는 이렇게 대답했다고 한다. "간단합니다. 다비드가 아닌 것은 모두 제거하면 됩니다" 어쩌면 혁신은 더하는 것이 아니라 빼는 것인지 모른다. 저자는 '수단매체'와 '목적함수'라는 2개의 개념으로 인간 삶의 세계를 분석하며, 이것으로 삶에 필요한 모든 의사결정이 가능하다고 판단한다. 목적함수란 인간 삶의 질을 높이기 위한 노력의 방향이며, 수단매체란 목적함수를 달성하기 위해서 필요한 수단적 도구이다. '칠레 산호세 광산 광부 구출사건'은 간결화의 위력을 단적으로 보여준 사례다. 반면에 자본주의사회에서 생존경쟁 속 이익 최대화 목적함수가 만들어내는 '부조리'의 단적인 케이스도 있다. 1960년대 후반, 미국의 한 자동차 회사가 수은공해의 위험성을 대중들에게 널리 알리기 위한 다큐멘터리를 제작했다. 텔레비전 방영 직전, 이 회사는 사내에서 시사회를 가졌는데 이 자리에서 중대한 의견이 제기되었다. 다큐멘터리 방영 1시간 동안 '수은'이라는 단어, 즉 '머큐리mercury'가 수백 번 음성으로 나가는데, 이는 이 회사의 경쟁사 자동차 모델 '머큐리 Mercury'를 수천만 소비자들의 귀에 심어주는 결과가 된다는 것이었다. 결국 수백만 달러의 연구비와 제작비가 들어간 다큐멘터리는 폐기되었고, 일반 국민들은 수은의 위험에 대해 알 기회를 박탈당한 셈이 되었다.

그런데 수단매체가 아무리 좋아도 목적함수 없이는 소용없다. 저자는 먼저 의미 있는 목적함수를 설정하라고 조언한다. 유한한 자원을 살아가는 생명체인 인간은 자원과 시간을 최소화하기 위해 '코스트 최소화minimization of cost'를 인간이 추구해야 할 가장 중요한 목적함수로 삼아야 한다. 코스트 최소화 목적함수와 쌍벽을 이루는 또 하나의 목적함수를 들자면 '이익 최대화maximization of profit'이다. 경제활동의 자유가 보장되는 현대사회에서 이익 최대화 목적함수는 사회의 경제 발전을 견인하는 원동력처럼 느껴진다. 그러나 이익 최대화 목적함수가 '그림자 코스트 shadow cost'를 유발하고, 이것이 고용 축소의 주범이 될 수 있다. 그래서 이익 최대화 목적함수를 대체할 수 있는 새로운 패러다임, 즉 생존부등식 이론을 탐구해야 한다. 저자가 말하는 생존부등식은 가치(V)>가격(P)>원가(C)로 표시할 수 있다. '소비자가 느끼는 제품의 가치가 가격보다 크고, 또 가격은 생산자가 부담하는 원가보다 커야 한다'는 논리다. 소비자는 가치에서 가격을 뺀 만큼을 순가치로 얻고, 생산자는 가격에서 원가를 뺀 만큼의 순이익을 얻을 수 있다. 즉 가격 이상의 가치를 주는 기업이 성공한다는 것이 핵심이다. 또 수단매체와 목적함수를 결합하는 생존부등식의 충족요건으로 감수성, 상상력, 탐색시행을 꼽고 있다. 특히 한국적 풍토에서 혁신적인 기업가정신과 상상력이 필요하다고 강조한다.

올림픽 양궁에서 금메달을 가장 많이 따는 나라는 한국이다. 하지만 올림픽 성화 점화에 가장 먼저 불화살을 이용한 나라는 스페인이다. 스페인은 1992년 바르셀로나 올림픽에서 불화살을 이용한 성화 점화라는 참신한 방법을 이용하여 세계인의 뇌리에 깊은 인상을 심었다. 만약 불화살 점화를 1988년 서울 올림픽에서 했다면 우리나라가 양궁의 강대국임을 과시하는 한편, 우리가 생산한 정밀 조립제품의 품질을 선전하는 계기도 마련했을 것이다. 아쉽게도 우리는 활을 잘 쏘면서도 활을 쏘아 성화에 불을 붙인다는 생각은 하지 못했다. 자유로운 분위기와 토양, 그리고 실패할 수 있는 여유가 숨쉬는 조직 분위기가 상상력 부족으로 나타난 탓이다.(225~226쪽)

학문의 진정한 가치는 사회문제를 해결하고 삶의 질을 높이는데 있다. 문제의 구조가 복잡해지고 상호 연결이 심오해진 오늘날에는 단편적이고 부분적인 방법만 갖고는 문제를 해결할 수 없다. 인문학, 사회과학, 자연과학 등 여러 각도에서 문제를 보고 해답을 찾는 통섭統攝의 방법론이 필요한 시대다. 수많은 사례와 사진·그림·도표를 동원하여 책에서 저자가 말하고자 하는 요지는 단순하다. 개인이든 조직이든 '복잡함을 떠나 간결함을 추구하라'는 것과 '이익을 가치 위에 두지 말라'는 것이다. 한마디로 삶의 정도正道는 단기최적short-term optimum과 장기최적long-term optimum, 부분최적partial optimum과 전체최적total optimum 사이의 조화를 모색하는 데 있다. 가치 있고 올바른 삶을 살아가는 삶의 정도를 생각할 때마다 맨 먼저 떠올리는 책이다.

 함께 읽으면 좋을 책

- 『경영학의 진리체계』, 윤석철, 경문사, 2001

  요즘처럼 불확실성이 높아지고 풀어야 할 문제의 규모와 복잡성이 증대하면 부분해법만 가지고는 자기한계를 만날 수밖에 없다. 이 책은 무한경쟁 속 적자생존의 숙명을 넘어서기 위해 경영학의 역할과 위상을 다시 돌아보게 한다.

- 『윤석철 문학에서 경영을 배우다』,
  윤석철, 서울대학교출판문화원, 2010

  2004년부터 서울대학교에서 진행된 〈관악초청강연〉을 단행본으로 출간한 시리즈이다. 문학에서 인생과 경영을 배우며 지식을 넘어 지혜의 의미를 발견한 내용을 충실히 전달하면서도 최대한 육성을 살려 강연의 현장성을 생생하게 전달하기 위해 노력했다.

● 『인문경영의 신을 만나다』,
조선비즈, IWELL(아이웰콘텐츠), 2015

인문학이 대세라지만, 정작 경영에는 어떻게 적용해야 할
지 난감한 경우가 많다. 이 책은 글로벌 인문석학과 경영
인이 들려주는 실전 인문경영지침서이다. 테스코, 후지필
름, 디즈니 등 인문학을 실전경영으로 접할 수 있는 기회
를 제공한다.

그림 속에 숨겨진
경제코드

『그림 속 경제학』
문소영 지음, 이다미디어, 2014

명화 속에 숨겨진 경제학 코드를 찾아 예술, 경제, 정치, 사회의 유
기적 관계를 종합적으로 해석하고 친절하게 설명해주는 책. 미술
사를 대표하는 명화 속에 한 시대를 상징하는 경제적 사건과 사회
적 지문이 묻어난다.

007 시리즈 영화 '스카이폴'을 보면, 제임스 본드가 미술관에 앉아 물끄러미 그림 하나를 바라보는 장면이 있다. 19세기 영국 화가 윌리엄 터너의 비극적 걸작으로 꼽히는 유명한 〈전함 테메레르〉인데, 해체 직전 마지막 정박지로 예인되는 전함을 그린 경이적인 작품이다. 작은 증기선이 무력해진 거대한 전함을 이끌고 황금빛 석양 속으로 사라지는 모습을 표현함으로써 증기선의 승리를 상징적으로 보여주고 있다. 영화에서 세대교체를 상징하는 이미지로 등장하는 이 그림은, 산업혁명으로 인한 새로운 기계 문명과 저무는 옛 문명의 충돌을 드라마틱한 이미지로 구현하고 있다. 이렇게 모든 예술 작품에는 그 시대의 상황이 녹아 있고, 예술가들의 사고와 정서가 시대적 상황에 맞물려 있기 마련이다. 미술 역시 예외가 아니다. 미술가들도 사회적·경제적 변화의 흐름에 의식적으로든 무의식적으로든 반응해왔다. 그래서 한 꺼풀만 벗겨내면 당대의 미술 작품과 사회현실이 긴밀하게 연결되어 있다는 것을 발견하게 되고 작품 감상의 단초 하나를 더 얻게 된다. 그러니 화가가 아무 생각 없이 붓 가는 대로 그림을 그린다는 이야기는 여기서는 맞지 않는다. 『그림 속 경제학』은 경제학이 인간과 예술을 어떻게

움직여 왔는가를 조망한 책이다. 경제학과 예술학을 전공한 현직 기자가 예술의 꽃인 명화 속에 숨겨진 경제학 코드를 찾아 예술, 경제, 정치, 사회의 유기적 관계를 종합적으로 해석하고 친절하게 설명해준다. 미술사를 대표하는 명화 속에 한 시대를 상징하는 경제적 사건과 사회적 지문이 묻어나는 생생한 현장을 목격할 수 있다.

1640년, 네덜란드 화가 얀 브뢰헬 1세는 독특한 그림 한 편을 그렸다. 왼편 아래의 원숭이는 손에 든 목록과 튤립 꽃들을 꼼꼼히 비교하고 있다. 그 오른편에서는 원숭이 무리가 거래를 하고 있다. 튤립을 가리키고, 악수를 하고, 돈주머니를 흔들고, 장부에 기록을 한다. 계단 위에서는 원숭이들이 성찬을 즐긴다. 그림의 중앙 오른편으로는 알뿌리의 무게를 재고 탁자 위에서 돈을 세는 모습이 보인다. 그 오른쪽은 거품 붕괴의 결과를 보여준다. 맨 앞의 원숭이는 값이 폭락한 튤립에 오줌을 누고, 뒤로는 법정에 끌려오는 원숭이와 손수건으로 눈물을 훔치는 원숭이가 보인다. 멀리 뒤에서는 부채負債에 눌려 목숨을 끊은 원숭이의 장례식이 치러지고 있다. 그림은 한바탕 투기 광풍이 휩쓸고 간 비참한 현실을 풍자하고 있다. 당시 네덜란드에 불었던 튤립 광풍과 그 후유증을 이처럼 실감나게 표현한 작품도 없다. 1630년 초, 오스만투르크 제국에서 물 건너 온 튤립은 희소성 덕에 별안간 명품으로 둔갑했고, 튤립 가격은 비정상적으로 급등했다. 이른바 '튤립 버블' 속에 당시 최저 소득층인 굴뚝 청소부까지 튤립 투기에 나섰다. 그러다 반전이 일어났다. 오를 대로 오른 가격 탓에 튤립을 사려는 사람이 없었고, 수요가 뚝 끊기며 버블 붕괴가 시작된 것이다. 얀 브뢰헬의 그림 속에 나오는 우스꽝스러운 원숭이는 바로 튤립 투기자들을 그린 것이다. 위대한 과학자 아이작 뉴턴조차 영국 남해 회사에 투자했다가 2만 파운드를 날린 뒤 "천체의 움직임은 계산할 수 있지만 사람들의 광기는 예측하지 못하겠다"라고 투덜거렸다고 한다. 그런데 이런 바보 원숭이들의 행진은 역사 속에서 한 번만 등장한 것이 아니다. 우리나라 금융시장까지 뒤흔들었던 2008년 세계 금융 위기의 시작은 미국의 부동산 버블이었다. 그보다 앞선 1990년대엔 일본이 부동산 버블 붕괴로 '잃어버린 10년'을 겪어야 했다.

소위 '이발소 그림'이라는 것에 빠지지 않고 등장하는 밀레가 그린 〈이삭 줍는 여인들〉이라는 그림이 있다. 마치 이 그림을 걸어놓지 않으면 이발소 허가가 취소되기라도 하듯이 모든 이발소마다 걸려 있던 그림이다. 날카로운 면도기에 얼굴을 내맡겨야 하는 곳이기에 그런 따뜻하고 평화스런 느낌의 그림이 필요했던 걸까. 그러나 이 차분한 그림이 1857년 처음 발표됐을 때, 선동적이고 불온하다는 비난을 들었다면 믿을 수 있겠는지.

그러나 당시의 보수적 부르주아 평론가들은 '이삭줍기'를 불편하게 여겼다. 일단 농민 여성이 "마치 운명의 세 여신처럼" 화면을 압도하며 무게 있게 등장하는 게 그들에게는 어딘지 위협적이었다. 게다가 이들의 굽힌 등 너머로 저 멀리 보이는 풍경이 문제였다. 거기에는 늦은 오후의 햇빛을 받아 황금색으로 풍요롭게 빛나는 곡식 낟가리들과 곡식을 분주히 나르는 일꾼들, 그들을 지휘하는 말 탄 감독관, 즉 지주의 대리인이 있다. 반면에 여인들은 기울어진 햇빛을 등지고 서서 어둑어둑해지는 밭에서 자잘한 이삭을 찾고 있지 않은가. 이 조용하면서도 드라마틱한 대조야말로 빈부 격차를 고발하고 농민과 노동자를 암묵적으로 선동하는 것이라고 당시 비평가들은 생각했던 것이다.(200쪽)

먼 옛날 구약성서 시대부터 추수가 끝난 뒤에 이삭을 줍고 다니는 사람은 자신의 농지가 없어서 주운 이삭으로 배를 채워야 하는 최하층 빈민이었다. 추수 때 땅에 떨어진 이삭은 이런 사람들을 위해 그냥 내버려두는 것이 고대부터 내려오는 관례였다. 일종의 자선행위인 셈이다. 그러니 밀레의 그림 속 여인들은 자기 밭에서 이삭을 줍는 것이 아니라 남의 밭에서 품을 팔고 품삯으로만은 모자라 이삭을 줍는 가난한 아낙네들일 것이다. 그들의 얼굴과 손은 고된 노동으로 검붉게 그을렸고 거칠고 투박하다. 그 중 한 여인은 이삭을 쥔 팔을 등에 댄 걸로 보아 허리가 아픈 모양이다.

하긴 하루 종일 넓은 밭을 헤매며 고개를 숙여 이삭을 찾고 허리를 굽혀 이삭을 주워야 했으니 허리가 뻐근할 것이다. 엄격한 반공주의 교육 시절에 밀레의 이런 그림이 교과서에 거리낌 없이 실리고, 식당이나 이발소에 척척 내걸린 것은 참으로 아이러니하면서도 재미있는 일이다.

우리가 명화에서 느끼는 감동은 미학적 아름다움뿐만 아니라 사회적 메시지와도 깊은 관련이 있다. 특히 미술의 경우 상징과 은유는 작품을 제대로 이해하기 위해 꼭 필요하다. 여기서 저자는 명화의 배경과 메시지를 설명하기 위해 경제학을 동원한다. 책에 등장하는 명화가 다루는 주제와 당시의 시대적 배경이 신기할 정도로 조응照應하고 있다. 그도 그럴 것이 사회적 현상과 역사적 맥락을 이해하는 데 경제학만큼 구체적이고 유용한 학문이 없기 때문이다. 그림을 통해 경제학을 설명하고, 경제학을 통해 그림의 안쪽을 들여다보게 한다. 명화 뒷부분에 숨겨진 경제학 코드를 꼼꼼하게 짚어내고, 그것을 당시의 경제이슈와 버무려 비벼내는 저자의 맛깔난 글 솜씨가 자꾸만 몸을 그림 앞으로 내밀게 한다. 그런 점에서 보아도 매우 반가운 안내서임에 틀림없다. 그림설명을 위해 동원되었던 어려운 경제용어를 정리해 놓은 친절함도 느껴지고, '재미있는 미술사 이야기'처럼 미술사 에피소드가 담긴 뒷 담화를 읽는 재미도 쏠쏠하다. 잘 어울릴 것 같지 않은 '경제학'과 '미술'의 조합을 새로운 미술 감상의 세계로 매끈하게 이끄는 이런 책을 경제경영 서가에서 발견하기란 흔치 않은 일이다. 경제 기자와 미술 기자로 오랫동안 일해 온 저자의 내공을 짐작할 수 있는 부분이다. 그림만으로도 책값을 뽑는 셈이니 '꿩 먹고 알 먹는다'라는 말이 이 책을 두고 하는 말이다.

 함께 읽으면 좋을 책

● 『미술관에 간 CEO』, 김창대, 웅진지식하우스, 2011

기업이 진화하는 것처럼 소비자도 진화한다. 기업을 움직이던 기존의 시장 문법은 더 이상 통하지 않게 되었고, 기업들은 1년 뒤의 미래조차 예측할 수 없게 되었다. 이 책은 예술가의 눈을 통해 진화하는 소비자의 욕망을 읽어낸다. 창조경영은 오직 예술을 통해서 배울 수 있다고 주장한다.

● 『경제학자의 미술관』, 최병서, 한빛비즈, 2014

경제학자는 미술관에 가면 무엇을 볼 수 있을까? 이 책은 이질적으로 보이는 미술과 경제학이라는 두 개 주제를 한 그릇에 버무린 책으로, 미술작품이 태어날 당시의 경제상황을 이해함으로써 미술을 경제학적으로 감상하는 새로운 방법을 제시한다.

- 『알랭 드 보통의 영혼의 미술관』,
  알랭 드 보통, 문학동네, 2013

한국인이 '애정하는' 작가 알랭 드 보통이 특유의 철학적 글쓰기를 통해 예술의 치유 기능에 대해 말하고 있다. 빼어난 예술작품 140여점을 선보이며 우리 삶으로 예술을 끌고 들어와 삶, 사랑, 일을 더욱 아름답고 풍요롭게 만드는 예술의 가치를 설파한다.

세계역사에서 배우는
비즈니스

『나는 세계역사에서 비즈니스를 배웠다』
임흥준 지음, 더퀘스트, 2015

'영업의 기본은 사람'이라는 깨달음이 섬광처럼 찾아오는 책. 비즈니스는 결국 '인간'을 다루는 일이므로 역사에서 성공 해법을 찾을 수 있다.

우리나라가 닮고 싶은 모델로 떠올리는 나라 중 하나가 스위스다. 스위스는 유엔이 158개국을 대상으로 국민 행복도를 조사한 '2015 세계 행복 보고서'에서 1위를 차지했다. 우리나라와는 강대국에 둘러싸인 지정학적 위치와 지하자원이 부족함에도 경제 강국을 이룬 공통점이 있다. 그러나 근세까지만 해도 스위스는 공업 기반이 거의 없던 삼류 농업 국가에 지나지 않는 유럽의 최빈국이었다. 부존자원이 척박했고, 가진 것이라고는 산과 호전적인 기질만 다분한 사람들뿐이었다. 밀크초콜릿을 먹으며 요들송이나 부르던 나라였다. 그런 스위스가 일류국가가 된 역사적 배경에는 스위스 용병이 자리 잡고 있다. 그런데 스위스 용병 부대가 유럽 역사의 중앙 무대에 화려하게 등장할 수 있었던 데에는 전투력 못지않게 그들이 보여준 철저한 계약정신의 역할이 컸다. 1527년에 교황 클레멘트 7세가 기거하던 교황청이 신성 로마군에게 점령당하는 전대미문의 사건이 발생했다. 2만 명의 로마군의 공격으로 교황청의 수비가 뚫리고, 189명의 스위스 용병으로 구성된 근위대만이 교황을 지키게 되었다. 이미 전세가 기울었고 저항해 봤자 죽을 게 불 보듯 뻔한 위기상황이었다. 근위대는 선택을 해야 했다. 교황은 자신들을 고용한 고용주였고 고용주를 버리고 도망치면 목숨은 건지겠지만 용병으로서의 불명예를 감수해야 한다. 결국 스위스 근위대는 계약의 충실한 이행을 위하여 도망 대신 전멸을 택했다. 근위대가 성베드로 성당으로 통하는 길목을 막고 2만 병력을 상대하며 시간을 버는 동안 교황은 간신히 피신하는 데 성공했다. 대신 근위대는 40명을 제외하고 전원이 전사하는 엄청난 희생을 치러야 했다. 이 사건은 전 유럽에 깊은 인상을 남겼다. 이 일에 감동한 교황청은 이탈리아인이 아닌 스위스 용병들로만 근위대를 구성하는 전통을 만들었고, 이 전통은 이후로도 무려 500년 동안이나 이어졌다. 대가를 받고 그 계약 관계에 따라 움직이며 고용주를 위해 싸웠던 용병 한 사람 한 사람이 모두 비즈니스맨들이었던 셈이다. 세계역사에서 배우는 비즈니스 비결을 담은 『나는 세계역사에서 비즈니스를 배웠다』에 나오는 일화 중 하나다.

이 책은 미니 프린터 세계 2위 글로벌 기업인 빅솔론의 해외영업부장인 저자가 세계역사에서 배운 비즈니스 노하우를 담고 있다. 빅솔론은 국내 최초로 미니 프린터 개발에 성공한 삼성전기에서 2003년 1월에 분사한 기업이다. 미니 프린터는 가게나 식당에서 영수증을 인쇄하거나 바코드를 찍는데 사용되는 작은 사이즈의 프린터를 말한다. 빅솔론이 뒤늦게 동종업계에 뛰어들었을 당시에는 이미 엡손, 시티즌, 스타 같은 유명한 일본 브랜드가 시장을 장악하고 있었다. 그러나 분사 10년 만인 2013년에 빅솔론은 매출 840억 원, 영업이익 150억 원을 달성하며 세계 2위 기업으로 성장했고, 코스닥 '히든챔피언'으로 선정되기도 했다. 저자는 이 과정에서 지구를 50번 일주할 만큼의 거리를 비행했고 전 세계 60개국 이상을 발로 밟았다. 1년의 절반 이상을 해외에서 보낸 셈이다. 그렇다고 저자가 처음부터 프로 비즈니스맨의 삶을 살았던 것은 아니다. 은행원으로 잠시 일했을 뿐 영업과는 전혀 무관한 삶을 살았다. 안정적이지만 보수적인 은행을 박차고 나온 것은 순전히 그의 내면에 꿈틀거리고 있던 해외영업에 대한 도전의식이었다. 그가 새로 들어간 삼성전기가 미니프린터를 생산·판매하는 팀을 분사할 때 저자에게는 또다시 두 가지 선택지가 주어졌다. '삼성'이라는 커다란 조직에 계속 머물 것인가, 아니면 새로운 회사와 함께 모험을 할 것인가. 그는 후자를 택했다. 그러나 영업 경험이 없는 초짜 비즈니스맨이었던 저자에게는 도움을 받을 선배나 그럴듯한 매뉴얼은 물론 찾아갈 거래처도 없었다. 아침저녁으로 영어 학원과 중국어 학원을 동시에 다니면서 어학 실력을 쌓는 것과, 구할 수 있는 모든 미니 프린터를 직접 분해·조립해보면서 제품의 작동 원리를 하나씩 깨우쳐 나가는 것 외에는 다른 방법이 없었다. 거듭되는 실패와 좌절로 몸과 마음이 녹초가 되어 있을 때 불현듯 대학 시절 교수님의 말이 떠올랐다고 한다. "경영학의 많은 용어들이 군사 용어에서 유래됐다. 전략·캠페인·게릴라 마케팅 등이다. 비즈니스도 전쟁도 사람이 하는 일이어서 기계적인 인과관계를 기대해서는 안 된다" 시장과 고객을 이해하지 못하는 영업자에게 성공은 신기루에 불과한 법이다. '영업의 기본은 사람'이라는 깨달음이 섬광처럼 찾아온 것이다. 그때부터 저자는 역사서, 특히 전쟁사를 손에서 놓지 않았다. 비즈니스는 결국 '인간'을 다루는 일이므로 역사에서 성공 해법을 찾을 수 있다고 생각했기 때문이다.

> 기존의 사고방식과 전략으로는 감당할 수 없는 위기가 찾아왔을 때 우리에게 필요한 것은 디지털 유목민으로서의 창조적이고 유연한 사고다. 그리고 그 유연한 사고를 가로막는 가장 큰 걸림돌은 선입견과 고정관념이다.(82쪽)

그의 생각은 정확했다. 역사 공부는 그가 전 세계를 대상으로 하는 영업전쟁에서 승승장구하며 당당히 업계의 거물로 우뚝 설 수 있는 계기가 되었다. 역사는 세상과 미래를 읽는 더없이 좋은 도구다. 그럼에도 치열한 비즈니스 현장에서 한가하게 역사지식이나 역사에서 배운 교훈을 활용하는 일은 언뜻 상상하기 힘들다. 그런데 『나는 세계역사에서 비즈니스를 배웠다』는 책에서 배운 역사적 지식을 비즈니스 현장에 곧바로 써먹을 수 있는 독특한 형식을 취하고 있다. 저자가 체험한 비즈니스 사례를 세계역사에서 배울 수 있는 교훈과 짝을 이루어 소개하기 때문이다. 다음과 같은 일화가 그 중 하나다. 새로운 거래선을 찾아 유럽을 종횡무진 하던 저자는 '발칸반도의 화약고'라고 불리는 세르비아의 수도 베오그라드로 출장을 앞두고 고민이 되었다. 준전시나 다름없는 곳에 목숨을 내놓고 가는 일이었기 때문이다. 그러나 저자는 앞에서 언급한 스위스 용병을 떠올리고, 다른 업체는 모두 취소한 출장 약속을 혼자서 지킴으로써 파트너와 확고한 신뢰관계를 구축할 수 있었다. 경쟁업체와 특허분쟁에 휘말렸을 때는 신라장군 이사부가 사용했던 나무사자 전술을 응용하여 이를 슬기롭게 해결했다. 그밖에도 칭기즈칸의 창의적이고 유연한 발상, 제2차 세계대전 당시 단번에 전황을 뒤집은 둘리틀 공습 작전 같은 동서양 역사를 넘나들며 비즈니스 감각을 일깨워주는 흥미롭고 유용한 다양한 사례들이 눈길을 끈다.

이 책은 전쟁 이야기를 들려주는 역사서가 아니고 신화 창조류의 성공 스토리도 아니다. 대신 방대한 인문학적 역사 지식과 실전 비즈니스 노하우가 생동감 있고 오롯하게 담겨 있는 책이다. 역사 속 사건과 인물이 비즈니스 현장을 누비며 겪었던 생생한 경험들과 기가 막히게 버무려져 시종일관 책에서 눈을 떼지 못하게 한다. "비즈니스의 주옥 같은 비법을 이렇게 책으로 내놓기 아까웠을 것"이라는 추천사에 저절로 고개가 끄덕여지는 것도 그 때문이다.

함께 읽으면 좋을 책

● 『종횡무진 시리즈』(전5권), 남경태, 휴머니스트, 2015

대한민국의 수많은 편집자가 가장 사랑한 작가, 사전을 외우고 사전을 쓴 저자인 남경태의 『종횡무진 시리즈』 최종판이다. 〈종횡무진 한국사1,2〉, 〈종횡무진 동양사〉, 〈종횡무진 서양사1,2〉가 역사와 철학을 가로지르는 휘황輝煌한 지성의 향연을 보여준다. 감탄스러운 저작이다.

● 『세계사브런치』, 정시몬, 부키, 2015

인류의 수천 년 역사 가운데 드라마보다 더 흥미진진한 27가지 명장면을 불멸의 고전으로 생생하게 전한다. 원전을 곁들인 맛있는 인문학의 레시피쯤 되겠다. 어지러운 사건과 인물들이 교차하는 가운데 역사 속 결정적 장면들이 파노라마처럼 펼쳐진다. 무엇보다 재미있다.

● 『세상에서 가장 재미있는 세계사 1,2』,
래리 고닉, 궁리, 2006

1992년에 처음 나온 『만화로 보는 인류의 역사』를 복간한 책이다. 총 48부작을 4권에 나누어 담을 계획이다. 만화책이지만 하버드, 예일, 버클리 등의 미국 유명 대하에서 부교재로 사용될 정도로 가치를 인정받고 있다.

소설로 읽는 경제경영서

"누가 그래, 경제경영서가 재미없다고?"

독서는 내게 여흥이고 휴식이고 위로이다. 세
상이 못 견디겠으면 책을 들고 쪼그려 눕는다.
그건 내가 모든 걸 잊고 떠날 수 있게 해주는
작은 우주선이다.

– 수전 손택(미국 작가 · 비평가)

매달 출판서평전문잡지인 〈기획회의〉에 경제경영서 서평을 쓰고 있지만, 학자나 기업인 등 업계사람(?)들을 제외한 일반인들 중에 경제경영서를 읽는 사람이 과연 얼마나 될지 의심스럽다. 시중에 나와 있는 경제경영서는 많지만 때론 전공자도 어려워하는 게 이 분야이다 보니 책 좀 읽는다는 사람들도 외면하기 십상이다. 그럴 때에 입문용으로 가볍게 시작하기 좋은 책이 흥미 있는 스토리 위주로 쓴 경제경영소설이다. 특히 현실과 매우 밀접한 회계나 금융 분야는 소설로 풀어내기가 수월해서 그런지 생각보다 그 수가 많다. 그 밖에도 경영전략, 마케팅, 무역실무, 기업공개, 기업회생 등 다양한 주제를 소설로 다룬 경제경영서도 제법 눈에 띈다. 최근 미국에서도 각종 그래프, 차트, 복잡한 공식 등으로 가득 찬 어렵고 골치 아픈 경제학 교과서 대신에 연애소설, 추리소설 등 스토리 위주의 다양하고 소프트한 경제학 교과서가 활발하게 출간되고 있다. 또 이러한 책들이 프린스턴, MIT 등 미국의 많은 대학에서 경제학 개론 수업의 부교재로 널리 활용되기도 한다. 예를 들어 최근에 국내 출간 14주년 기념 개정판으로 나와 주목을 끌고 있는 『더 골』(원제 Goal)도 그렇다. 이 책은 1984년 미국에서 출간 이후 30년 동안 35개국에서 1000만 부 이상 팔린 경이적인 기록을 갖고 있는 경제경영의 고전이다. 현대 경영학의 아버지라 불리는 피터 드러커로부터 극찬을 받았으며, 아마존 CEO 제프 베조스는 이 책을 비즈니스 필독서로 꼽았다. 이 책이 경제경영서로 드물게 전 세계적인 베스트셀러가 될 수 있었던 요인 중 하나는 마치 한편의 흥미진진한 추리소설을 읽는 듯한 느낌을 주기 때문이었다.

애덤 스미스가
부활한다면

『애덤 스미스 구하기』
조나단 B. 와이트 지음, 안진환 옮김, 생각의 나무, 2009(개정판)

애덤 스미스가 소설로 살아나 심화되는 부의 불균형, 환경파괴로 인
해 인류 생존 위기까지 몰린 신자유주의 시장경제의 폐해에 일침을
가한다. 그러면서 그가 구상한 시장의 원래 모습인 인간들의 올바른
덕성과 이익, 부가 조화롭게 구성된 인간다운 시장경제를 보여준다.

이런 생각을 해보자. 만약 사회주의의 이론적 토대를 마련해 준 마르크스와 엥겔스가 사회주의가 한창 맹위를 떨치던 근대에 부활했다면 당시의 사회주의를 보고 무슨 말을 했을까. 아마 머리를 움켜쥐고 '노우!'라고 외쳤을지 모른다. 그들의 눈에 당시의 사회주의 모습은 인간의 진정한 해방을 꿈꾸던 자신들의 생각과 달라도 너무 달랐을 것이다. 이번에는 자본주의에 커다란 영향을 끼친 애덤 스미스가 다시 태어난다면 자신의 이론에 따라 지구화된 자본주의 체제의 현실을 보고 무어라 말할까. 미국 월스트리트의 탐욕에서 촉발된 지난 2008년의 글로벌 금융 위기와 2010년에 시작된 유럽 재정 위기 등 지구촌 곳곳에서 나타나고 있는 자본주의의 이상 징후들을 본다면 그 역시 '오 마이 갓' 하고 비명을 질렀을지 모른다.

　애덤 스미스Adam Smith(1723~1790)는 시장경제의 성경이라고 할 수 있는 『국부론(1776)』의 저자다. 스미스가 책에서 설파한, 경제행위는 인간의 이기심을 동기로 한다는 생각은 경제에 대한 기본적 사고가 됐으며, 그가 말한 '보이지 않는 손invisible hand'은 자본주의의 금과옥조로 둔갑했다. 스미스는 『국부론』에서 보이지 않는 손을 언급한 것은 단 한번 뿐이지만, 세월이 흐르면서 보이지 않는 손은 스미스의 의도보다 더욱 광대한 은유적 위상을 획득했다. 시장의 보이지 않는 손이 이익을 산출할 뿐만 아니라 공동체의 행복까지도 증진시킬 수 있다고 주장한다. 인간이란 이기심과 자기애를 제어하며 타인과 더불어 행복하고자 하는 존재라는 믿음을 전제로 하기 때문이다. 스미스는 경제학자의 본질적인 임무로 보았던 사회적 복리에 대한 이성적이고 인간적인 평가를 중시했다. 그는 현대사회가 정의와 덕성의 배양에 관심을 기울이지 않으면서 자유시장과 사회에 커다란 위험을 초래하고 있다고 경고했다. 무절제한 부의 추구는 반드시 부패로 연결되게 마련이므로 이타적인 감징에 기초한 도덕적 양심을 중요하게 여겨야 한다는 것이다. 스미스 주장의 핵심은 시장이 제멋대로 놀도록 내버려둬야 한다는 게 아니라, 국가가 시장을 잘 부려먹어야 한다는 것이다. 그가 쓴 책 중에서 가장 널리 알려진 것은 『국부론』이지만 정작 스미스 자신은 『도덕감정론』을 최고로 꼽는다. 『도덕감정론』은 인간의 행복과 덕성의 근원을 파헤치는 고전으로 '인간이 타인의, 그리고 자기 자신의 행동과 덕성을 판단하는 근본적인 원칙을 분석 검토한 논문'이라는 긴 부제를 달고 있다. 그가 남긴 '최고의 머리에서 최고의 가슴으로'라는 말은 경제학이 분명 도덕철학의 일부라는 것을 보여준다. 본래 영국 글래스고 대학의 도덕철학 담당교수였던 스미스는 타계 직전까지 자신의 철학을 집대성한 『도덕감정론』의 개정작업을 계속했을 정도로 도덕철학을 중시했다. 『국부론』이 인간의 이기심을 논하고 있는 데 비해 『도덕감정론』은 인간의 행복과 덕성의 근원을 탐구한 책이다. 아담 스미스는 우리가 종종 그 사실을 잊어서 그렇지 경제학을 만든 '아버지'일 뿐 아니라 경제학을 양육한 '어머니'이기도 한 셈이다.

애덤 스미스 연구자이며 미국 리치먼드 대학 경영대학원 교수인 조나단 와이트Jonathan B. Wight가 근대경제학의 창시자이자 경제학의 아버지로 불리는 애덤 스미스를 그가 죽은 지 2백여 년 만에 소설의 주인공으로 다시 불러냈다. 『애덤 스미스 구하기』는 애덤 스미스가 한 자동차 정비공의 몸을 빌어 나타나 경제학 교수와 영적 대화를 나눈다는 설정을 깔고 시작한다. 여기에 독점적 이윤을 꾀하는 거대 기업의 음모에 맞서는 흥미로운 내용이 보태져 시장경제에 대한 통찰력까지 보여준다. 스미스 사상의 본질을 일반 독자에게 쉽게 이해시키기 위해 경제소설이라는 형식을 택해 유익함과 흥미를 동시에 충족시킨다. 이 책은 『국부론』을 통해 우리에게 알려진 애덤 스미스의 사상은 그의 또 다른 명저 『도덕감정론』의 측면에서 재조명해야 그 실체를 정확하게 파악할 수 있다는 점을 강조한다. 『국부론』에서 '보이지 않는 손'만큼 많이 인용되는 말이 또 있다. "우리가 저녁식

사를 할 수 있는 것은 푸줏간 주인이나 양조장 주인, 빵 제
조업자들의 박애심 때문이 아니라 그들의 돈벌이에 대한 관
심 때문이다" 그런데 그걸 '이기심은 훌륭한 것이다'라는 의
미로 이해한다면 완전히 번지수를 잘못 짚은 것이 된다. 스
미스의 책 두 권을 합치면 1200여쪽이 넘는데, 그 방대한
분량에서 한 문장을 딱 떼어내 그런 해석을 하는 건 얼토당
토않은 일이다.

> 『국부론』만을 따로 떼어내서 읽으면 안 된다네. 생각해 보라
> 고, 구약성서는 읽지 않고 신약성서만 읽는다면 그게 말이나
> 되나? 그런데 왜 사람들은 후속판인 『국부론』의 한 문구만을
> 인용하면서, 그것의 기초가 되는 사상은 완전히 무시하는 거
> 지? 『도덕감정론』에 그 기본사상이 명확히 설명되어 있는데
> 말이야.(87쪽)

소설 속에서 부활한 애덤 스미스는 "이기심만으로 모든
게 해결되지 않는다. 왜 인간들은 내가 한 말의 반쪽밖에 이
해하지 못하는가"라며 화를 낸다. 또 "왜 사람들은 국부론
의 한 문구만을 인용하면서 그것의 기초가 된 사상은 완전
히 무시하는 거지? 내가 가장 하고 싶은 말은, 도덕성이 없
으면 경제적 자유는 절대로 유지될 수 없다는 점이야. 특히
지배계급의 도덕성이 중요해"라고 말한다. 심화되는 부의
불균형, 환경파괴로 인류의 생존 자체까지 위협하고 있는

신자유주의 시장경제에 가하는 애덤 스미스의 일침이다. 이렇게 그가 구상한 시장의 원래 모습은 인간들의 올바른 덕성과 이익, 부가 조화롭게 구성된 곳이었다.

『애덤 스미스 구하기』가 전하는 메시지는 우리 사회와 비즈니스를 존속시키는 데 가장 중요한 원리를 우리들이 모두 잊고, 아니 오히려 그 원칙에 거꾸로 가고 있다는 점이다. "시장은 어떠한 경제 문제에 대해서도 만병통치약"이라고 주장하며 시장으로 돌아가자고 외치는 시장주의자들과 신자유주의 경제학자들에게 경고의 목소리를 담고 있다. 또 투명경영 · 윤리경영이 강조되는 최근의 유행을 감안할 때 경영자들에게도 좋은 지침서가 될 것이다. 소설을 읽다보면 저절로 『도덕감정론』이나 『국부론』에 관심을 가질 수밖에 없게 된다. 물론 원전을 읽는 것이 가장 확실하겠지만 쉽지 않은 도전이며, 읽다 포기할 가능성이 크다. 그럴 때면 이 소설처럼 애덤 스미스에 대한 재해석을 돕는 책들부터 시작해 나가는 것도 한 방법이다. 전체적인 흐름을 파악하는 데 도움이 되며, 장차 원전을 읽게 되는 징검다리로 활용할 수 있다. 애덤 스미스에 대한 불충분한 이해는 오히려 위험할 수 있다는 것을 알게 되는 것만으로도 이 소설을 읽은 작지 않은 성과라고 할 수 있다.

함께 읽으면 좋을 책

● 『지금 애덤 스미스를 다시 읽는다』,
도메 다쿠오, 동아시아, 2010

경제학설사 분야에서 국제적인 학자로 이름 높은 저자의
산토리학예상 수상작이다. 애덤 스미스가 활동하던 당시
의 시대 상황과 그의 학문적, 사상적 배경을 설명하면서,
수많은 경제학자와 사상가들에게 영감을 제공한 『도덕감
정론』과 『국부론』에 대한 새로운 해석과 통찰을 제공한다.

● 『모피아』, 우석훈, 김영사, 2012

『88만원 세대』의 저자 우석훈의 첫 장편소설이다. 모피아
는 재정경제부(MOFE)와 마피아(MAFIA)의 합성어이다.
2014년을 배경으로 새롭게 정권을 창출한 '시민의 정부'가
'모피아'가 기획한 경제쿠데타로 인해 국권을 찬탈당하는
사건을 중심으로 이야기가 펼쳐진다.

● 『수요 공급 살인사건』, 마샬 제번스, 북앤월드, 2015

추리소설을 읽으면서 제반 경제 원리와 경제학 법칙을 배
울 수 있는 '소설로 읽는 경제학' 시리즈 제1권이다. 기회
비용과 수요공급의 법칙 등 기본적인 경제학 법칙을 적용
해 범인을 쫓는 과정을 흥미진진하게 그리고 있다. 노벨상
수상자 밀턴 프리드먼도 극찬했다는 후문도 들린다.

소설로 읽는 피터드러커

『만약 고교야구 여자 매니저가 피터드러커를 읽는다면』
이와사키 나쓰미 지음, 권일영 옮김, 동아일보사, 2011

야구이야기를 통해 경영학의 기본적인 내용을 독자에게 알기 쉽고
흥미롭게 전달하는 책. 줄거리는 간단하다. 피터 드러커에 빠진 소
녀가 꼴찌 야구팀을 정상에 올려놓는 이야기.

피터 드러커Peter Ferdinand Drucker(1909~2005)는 경영관리의 방법을 체계화시켜 현대경영학을 창시한 인물로 유명하다. '사회생태학자'라고 불리길 원했던 그는 경영학자, 작가, 기업인, 사회과학 교수 등 다양한 분야에서 활동했다. '경영을 발명한 사람'과 '현대경영학의 아버지'로 불리며, 지금도 시대를 선도한 경영철학과 탁월한 통찰력으로 전 세계 기업인의 멘토로 추앙받고 있다. 드러커는 생전에 40권에 가까운 저서를 통해 지식노동자, 학습조직, 목표관리, 정보사회, 평생학습 등의 경영학 신조어를 만들며 20세기 후반 등장한 새로운 사회 현상들을 예고했다. 2002년 미국 시민에게 수여하는 최고 훈장인 '대통령 자유메달'을 받은 그는 2005년에 96세 생일을 며칠 앞두고 죽었다. 우리나라에서도 그렇지만 특히 일본에서는 드러커를 인용한 서적들이 끊임없이 나온다. 그 분야도 다양한데 2010년에는 세라복을 입은 여학생 이미지가 표지에 등장하는, 드러커 이론을 고교 야구부 운영에 적용하는 내용의 소설이 나와 화제를 모았다.『만약 고교야구 여자 매니저가 피터드러커를 읽는다면』이라는 숨이 찰 정도로 긴 제목을 지닌 소설이다. 출간된 지 1년 만에 무려 21만 부가 팔려나가며, 그해 세계적인 인기작가 무라카미 하루키의 『1Q84』를 우습게 제치고 베스트셀러 1위에 오르며 이슈를 뿌렸다. 누적 판매부수로는 250만부를 넘어섰다고 하니 일본에서 드러커의 위상을 짐작할 만하다. 도쿄예술대학 미술학부에서 건축을 전공하고 방송작가로 텔레비전 프로그램 제작에 참여했던 저자 이와사키 나쓰미의 경력도 이채롭다. 경영학엔 문외한이었던 저자가 드러커를 접하면서 경영학의 새로운 매력에 빠지게 되었고, 게임, 웹 코딩 등의 개발 회사를 거쳐 지금은 작가로 활동하고 있다.

야구이야기를 통해 경영학의 기본적인 내용을 독자에게 알기 쉽고 흥미롭게 전달하는 이 책의 줄거리는 비교적 간단하다. 한마디로 피터 드러커에 빠진 소녀가 꼴찌 야구팀을 정상에 올려놓는 이야기다. 피터 드러커의 역작으로 꼽히는 경영서 『매니지먼트』를 주인공인 고교 야구부 매니저 의 눈으로 재구성한 경영소설이다. 여고생 미나미는 아픈 친구를 대신해 이렇다 할 성적을 내지 못하는 만년 하위팀인 고등학교 야구부의 매니저를 떠맡게 된다. 책의 구성은 그러한 이야기 중간 중간에 『매니지먼트』에 나오는 경영원칙들을 팀 운영에 인용하는 방식으로 전개된다. 미나미가 맡은 야구부 팀 분위기는 엉망이었고, 부원들은 연습에도 제대로 나오지 않는 등 가망이 없는 상태였다. 그러나 이왕 할 거면 매니저 노릇을 제대로 하겠다는 생각에 미나미는 서점 직원이 추천한 피터 드러커의 『매니지먼트』를 읽기 시작한다. 야구 매니지먼트에 대해 쓴 책이라고 착각한 것이다. 알려진 대로 피터 드러커는 재계에 신봉자가 많은 '기업경영의 신'으로, 『매니지먼트』는 그들에게 바이블과 같은 책이다. 당연히 야구와는 관련이 없는 책이지만 미나미는 책에서 배운 기업경영(조직관리)의 원칙들을 하나하나 야구부에 적용한다. 예를 들면 "무엇을 팔 것인지 고민하지 말고, 고객이 무엇을 원하는지를 물어보라"라는 드러커의 조언에서 '야구부의 고객들이 원하는 것은 감동'이라는 결론을 이끌어내고, 이를 위해 '고시엔(일본 전국 고등학교 야구선수권대회) 결선에 진출한다'는 목표를 세우는 식이다. 드러커는 '고객창조'와 '이노베이션', '리더의 자질'을 경영의 중요한 요소라고 끊임없이 역설해 왔다. 고교 야구부 역시 여러 구성원들로 이루어진 하나의 조직이 틀림없다. 미나미는 책의 지침에 따라 야구부에 있어서의 '고객'과 '이노베이션' 그리고 '진정한 리더십은 무엇인가'를 끊임없이 고민한다. 처음엔 드러커가 누군지 조차 몰랐던 야구부 선수들 역시 "기업(조직)의 존재 이유는 고객이고, 기업의 목적은 시장을 창조하는 것"이란 드러커의 명언을 통해 자신들이 무엇을 위해 야구를 해야 하는지 사명감을 깨닫게 된다.

변화의 첫 번째 모습은 매주 토요일에 열리는 소년야구교실에서 나타났다. 지도하던 팀 가운데 하나가 지역 대회에서 우승한 것이다. 그러자 그 답례로 어린이들이 편지를 써서 보내왔다. 그것도 야구부 부원 한 사람 한 사람 앞으로 쓴 것이다. 그 일이 부원들에게는 큰 자극이 되었다. 난생처음 받아보는 감사 편지에 감동한 것이다. 부원들은 매니지먼트팀이 여러 차례 주장해 온 '사회문제에 대한 공헌'과 '고객에게 감동을 주기 위한 조직'이라는 야구부의 정의가 지닌 의미를 비로소 또렷하게 느꼈던 것이다.(188쪽)

미나미가 들인 정성과 노력이 드디어 효과를 발휘하면서 절대 변할 것 같지 않았던 호도고 야구부에 서서히 변화의 바람이 불기 시작하더니 결국 고시엔에 진출하는 기적이 일어나게 된다.

기업 경영이나 조직 경영을 주로 다루는 경영학이 여전히 일반인에게는 다소 어렵고 생소한 것으로 여겨질 것이다. 그런데 책을 읽어보면 언급되는 경영 원칙들이 사실 학문적으로 어렵거나 복잡한 것이 아니다. 기업이나 조직생활을 조금이라도 해본 사람이면 누구나 한번쯤 경험을 해 보았을 만한 가장 기초가 되고 본질적인 것들이다. 이를 소설형식으로 흥미롭게 풀어놓아 경영의 세계에 쉽게 다가갈 수 있게 한다. 경영학에 조금이라도 관심을 가진 사람에게는 진정한 '경영'과 '경영학'의 의미가 무엇인지 기초부터 차근차근 배울 수 있는 기쁨을 준다. 딱딱한 경영서와 달리 쉽고 재미있게 읽히면서도 리더십과 매니지먼트 본질에 대한 탐구를 놓치지 않고 있다. 책에서 주인공이 고민하는 것처럼 초심으로 돌아가 '우리의 사업은 무엇인가? 무엇을 해야 하나?'를 고민한다면, 여러 가지 복잡한 문제가 자연스럽게 실타래처럼 풀리는 마법을 경험하게 될 지도 모른다. 물론 야구를 좋아하는 독자라면 이것저것 생각할 것 없이 표지만 보고도 선뜻 집어들 것이다. 특히 스트라이크 하나에 '와!' 하고, 볼 하나에 '어!' 했던 고교야구선수권대회에 대한 향수가 있는 세대라면 추억의 책이 될 수도 있겠다. 물론 읽고 난 다음에는 진짜 드러커의 저서를 찾아 읽고 싶어진다.

 함께 읽으면 좋을 책

● 『피터 드러커 자서전』, 피터 드러커, 한국경제신문, 2005

드러커의 화려한 경력과 더불어 그가 만난 사람들에 대한 관찰기다. 역사책에서는 알지 못했던 유럽 지성인들의 세계가 고스란히 드러난다. 그는 누구에게서든 배울 점을 찾아내는 사람이었고, 이는 훗날 그의 사상관을 정립하는 밑거름이 되었다. 드러커의 다른 그 어느 책보다 매력적이다.

● 『은행을 털자』, 박상섭, FMBA경영컨설팅, 2006

제목만 보고 영화 '내일을 향해 쏴라'의 후속편으로 오해하면 안 된다. 한 은행 직원이 피터드러커의 경영방식을 받아들여 변화를 모색하는 내용을 담은 금융경영 전문소설이다. 한때 은행 취업을 준비하는 취업준비생들에게 필독서로 꼽히던 작품이다.

● 『머니볼』, 마이클 루이스, 비즈니스맵, 2011

140년의 메이저리그 역사상 가장 기적 같은 역전 드라마를 그린 책이다. 미국 프로야구 30개 구단 중 가장 가난한 구단인 '오클랜드 어슬레틱스'가 4년 연속 포스트시즌에 진출한 성공 신화를 담았다. 현대경영에 있어서 잘못된 자본주의의 가치와 기준도 통쾌하게 함께 날려버린다.

악마의 거래,
투자시장의 불편한 진실

『데블스 딜』
안드레아스 로이조우 지음, 김무겸 옮김, 시그마북스, 2012

실업, 금리, 불황, 경기회복과 인플레이션, 부동산 거품, 서브프라임 모기지 등을 소설로 쉽고 재미있게 풀어놓은 책. 딱딱한 문체 대신 추리물 형식을 빌려 비교적 술술 읽히는 게 마치 눈앞에서 강연을 듣는 듯하다.

자본주의 세계를 지배하는 힘의 실체는 무엇인가? 금융과 기업은 자본주의 체제를 뒷받침하는 대표적인 세력이다. 이들은 자신들의 이윤을 극대화하기 위하여 서슴지 않고 악마와도 손을 잡는다. '악마의 거래'라는 뜻을 가진 『데블스딜』은 금융전문가가 폭로하는 투자시장의 불편한 뒷이야기를 담은 금융소설이다. 전 세계를 다니며 개인 및 기업을 상대로 경제·금융에 대해서 가르치고 자문하는 일을 하는 금융교육전문가가 사기 사건에 말려들어 이를 뒤쫓는 여정 속에서 금융시장의 기본 개념부터 투자원리, 선물시장과 파생상품, 복잡한 금융시스템, 국제경제의 흐름에 이르기까지 금융세계의 뒷면을 속속들이 파헤친다. 저자인 안드레아스 로이조우Andreas Loizou는 국제 금융시장에서 20년 넘게 경험을 쌓은 금융 분야의 교육 전문가다. 세계 주요 은행과 정부기관의 직원들을 상대로 교육을 했으며, 〈파이낸셜 타임즈〉의 한 프로그램에서 6년 연속 최고의 연사로 선정되기도 했다.

　주인공 안드레아스는 거대한 부를 쌓은 고객과의 만남 중에 믿기지 않을 정도로 엄청난 투자 기회가 기록된 미스터리한 보고서를 입수하게 된다. 고객과 헤어져 집으로 돌아가는 기차 안에서 오래 전 한 연수원에서 가르쳤던 제자인 가이 애버크롬비와 우연히 마주치게 되는데 잠시 후 그가 불가사의하게 사라진다. 안드레아스는 그의 실종에 연루되면서 경찰의 의심과 감시를 받게 되는데 그는 수백만 달러 사기사건의 용의자로 추적을 받던 중이었던 것이다. 알고 보니 애버크롬비는 물론이고 주인공이 가르쳤던 연수원 제자들 모두가 로듐이라는 원자재를 둘러싼 이번 사건과 연결돼 있었다. 주인공은 과거에 겪었던 경험을 떠올린다. 자신이 어떻게 금융계에 발을 들여놓게 되었는지, 그곳에서 만난 사람들, 그리고 그들이 펼치는 거래·사기·음모에 관한 기억들이 꼬리를 물고 이어진다. 상황은 점점 불리하게 전개되고, 주인공은 과거로 돌아가 엄청난 음모와 리스크, 큰돈이 오고가는 추악한 거래가 담긴 사건의 전모를 알게 된다.

책은 이런 소설 형식 중간에 실업, 금리, 불황, 경기회복과 인플레이션, 부동산 거품, 서브프라임 모기지 등을 자연스럽게 끼워넣어 설명하는 형식을 취하면서 금융·투자시장을 움직이는 보이지 않는 손의 정체를 파헤친다. 딱딱한 문체 대신 추리물 형식을 빌려 비교적 술술 읽히는 게 마치 눈 앞에서 강연을 듣는 듯하다. 외환 시장과 외환거래, 환율, 헤지펀드, 연금펀드, 통화 스와프, 행동 금융학 등의 낮선 용어와 난해한 수식이 튀어나오며 앞을 가로막긴 하지만 참고서나 계산기를 준비하지 않고 읽어도 전체 맥락을 이해하는 데 하등 지장이 없다. 특히 중간 중간 '돈에 얽힌 이야기'나 '사실은 이렇다'라는 팁박스 내용은 일요일 아침에 하는 〈신비한 TV 서프라이즈〉에 나올 법한 흥미로운 이야기로 채워져 있다. 그밖에 "돈은 인간의 신체에서 가장 예민한 신경이다"(336쪽)처럼 돈이나 투자에 대한 인간본연의 속성에 대한 성찰이나, 글로벌 금융 위기의 원인까지도 짐작하게 하는 다음과 같은 대목에는 저절로 밑줄을 긋게 된다.

도박을 하는 것은 아마 남성적인 특성일 것이다. 투자로 큰 수익을 낸 것을 떠벌리는 것은 분명 남성적인 특성이다. 사람들이 많은 술집으로 급히 달려가서 "내가 리스크 없는 채권에 투자해 4%의 수익을 냈습니다"라고 말하는 남자는 아무도 없다. 하지만 주식거래로 큰 수익을 낸 남자는 마을의 모든 여자들에게 샴페인을 돌릴 것이다.(257쪽)

"난 이 게임에서 15년의 경험을 갖고 있습니다" 그는 1년의 경험을 열다섯 차례 반복했을 뿐이라고 나는 생각했다.(264쪽)

"소수의 사람들은 아주 부유하죠. 그리고 그들은 모두 과거에도 대단한 부자였고요. 전 헤지펀드 회사가 하는 일을 목격했어요. 그들은 탐욕스러운 사람들에게 돈을 끌어 모아 그 돈을

한층 더 탐욕스러운 사람들에게 주죠. 전 이런 시스템의 일부
가 되고 싶지 않아요"(307쪽)

세상은 금융의 '소포 돌리기 게임'을 합니다. 음악이 멈추면 우
리 중 최고의 바보가 과대평가된 자산을 떠맡는 거죠.(329쪽)

저자는 서문에서 왜 금융 위기가 또 다른 금융 위기로 이
어지는지 이해하기 바란다고 시작하며 이 책을 재테크 지침
서로 삼기 바란다는 마음을 비친다. 또 은행가가 어떻게 돈
을 버는지 궁금해 한 적 있는 모든 사람들을 위한 책이라며
궁극적인 내부자 이야기이자 스릴러물이지만 허구가 아닌
사실이라는 점을 강조한다. 한마디로 오늘날 시장거래에 관
한 불편한 진실을 담고 있는 책이다. 투자와 금융에 대한 생
생한 지식을 서스펜스와 음모를 담은 빠른 이야기 전개를
통해 흥미진진하게 전해주면서 금융가의 갖가지 비밀스러
운 테크닉과 교활한 책략에 대한 호기심과 궁금증을 해소해
준다. 두껍고 딱딱한 경제경영서와 씨름하는 중간에 폭신하
게 끼워놓고 읽기에 맞춤한 책이다.

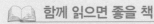
함께 읽으면 좋을 책

● 『디폴트』, 아이바 히데오, 미래인, 2008

냉혹한 정글의 법칙이 지배하는 금융·경제계의 실상을
파헤친 신개념 하드보일드 엔터테인먼트 소설인 〈BIZ
NOVEL 시리즈〉의 첫 번째 책으로, 제2회 다이아몬드 경
제소설 대상 수상작이다. 현역 경제 전문기자가 쓴 금융계
의 부실 은폐 커넥션을 파헤친 금융미스터리물이다.

● 『트레이더』, 장현도, 새움, 2012

원자재 거래를 둘러싸고 동물적 감각의 트레이더와 천재
해커가 벌이는 숨막히는 추격전을 그린 금융 스릴러물이
다. 저자가 경영학석사(MBA)를 마치고 여의도 금융가에
서 10억 원이 넘는 자금을 직접 운용하며 금융거래의 '이
면'을 제법 많이 맛본 경험으로 썼다고 한다.

● 『플래시 보이스』, 마이클 루이스, 비즈니스북스, 2014

'초단타매매'라는 그들만의 수법으로 거액을 챙겨온 월스
트리트 대형 투자은행들의 은밀한 실상을 고발하는 논픽
션이다. 약탈적 행위인 초단타매매의 숨겨진 작동원리를
폭로하고, 월가 트레이더들과 대형 은행의 흑막을 흥미진
진하게 파헤친다.

박일호 경제경영 서평집

경제는 살아있는
인문학이다

1판 2쇄 인쇄 | 2016년 2월 1일
1판 2쇄 발행 | 2016년 2월 5일

지은이 | 박일호
펴낸이 | 김태완

편집 | 맹한승
홍보·마케팅 | 송현정, 장민혁
디자인 | 가람디자인 _ 김효주

도서출판 현자의 마을
506-357 광주광역시 광산구 박호등임로 494
전화 | 062-959-0981
팩스 | 062-959-0980
등록번호 | 410-82-20233(2012. 12. 17)

잘못된 책은 바꿔 드립니다.
ISBN 979-11-951244-7-3 03320